ليدز ١٨ حزيران ٢٠١٤

تقديماً إلى الشيخ مهدي الخالصي
هذا الكتاب حول تاريخ المرجعية السياسي
مع اطيب تمياتي واشواقي المخلصة.

PieRRe-JeaN LuiZARD-

HISTOIRE POLITIQUE DU CLERGÉ CHIITE

Du même auteur

La Formation de l'Irak contemporain, CNRS Éditions, 2002.

La Question irakienne, Fayard, 2002, rééd. 2004.

Les Transformations de l'autorité religieuse (dir. avec Martine Cohen et Jean Joncheray), L'Harmattan, 2004.

Le Choc colonial et l'islam. Les politiques religieuses des puissances coloniales en terre d'islam (dir.), La Découverte, 2006.

Laïcités autoritaires en terre d'islam, Fayard, 2008.

Comment est né l'Irak moderne, CNRS Éditions, 2009.

Les Sociétés civiles dans le monde musulman (dir. avec Anna Bozzo), La Découverte, 2011.

Pierre-Jean Luizard

Histoire politique du clergé chiite

XVIIIᵉ-XXIᵉ siècle

Fayard

Couverture : © Ô Majuscule
Lettre de l'ayatollah Muhammad Taqi Shîrâzi aux cheikhs
des tribus de Rumaytha lors de la révolution de 1920 en Irak.

ISBN : 978-2-213-68070-5
© Librairie Arthème Fayard, 2014.

Introduction

L'histoire moderne et contemporaine de la direction religieuse chiite est celle de l'émergence d'une institution, la *marja'iyya*[1], sorte de Vatican collégial pour les chiites du monde entier. Car, contrairement à une idée reçue selon laquelle il n'y aurait pas de clergé dans l'islam, le chiisme connaît depuis plus de deux siècles un processus de cléricalisation accéléré et sans limite. La cléricalisation est allée de pair avec une fonction politique de plus en plus assumée, au point de proclamer qu'il faut confier le pouvoir au religieux réputé le plus savant (principe de la *velâyat-e faqîh* instauré par la Constitution iranienne de 1979). Un retour sur l'histoire montre aussi que l'« islamisme » actuel est loin d'être, comme on l'entend souvent affirmer, l'expression d'un islam politique tout à fait nouveau : en effet, les dirigeants religieux chiites revendiquent depuis deux siècles un rôle politique croissant.

Peu d'institutions religieuses ont eu un destin aussi singulier que le clergé chiite. Après plus de mille ans d'une évolution dogmatique d'une lenteur remarquable, en dépit de plusieurs « révolutions culturelles », la direction religieuse chiite a connu, à partir

---

1. *Marja'*, en arabe, désigne un religieux pris comme référence et dont l'imitation a été rendue obligatoire avec la victoire des conceptions *usûli* (voir ci-après). La *marja'iyya* est constituée de l'ensemble des *marja'*, dont le nombre varie d'une époque à l'autre.

de la fin du XVIIIᵉ siècle, un envol étourdissant qui l'a propulsée au centre du jeu politique. Ces « révolutions » ont consisté dans l'intégration au sein d'un même corpus et par les mêmes protagonistes de cultures en apparence opposées : la mystique et la raison, ouvrant la voie à la théologie spéculative (*kalâm*) et à la philosophie (*falsafa*). Le triomphe de la tendance *usûli*, qui fait obligation aux croyants de suivre les avis du religieux le plus savant, a donné le signal d'un processus de cléricalisation d'une radicalité telle qu'un chiite du siècle précédent aurait eu quelque difficulté à reconnaître sa religion.

Car, s'il y eut un sujet tabou dans le chiisme duodécimain[1] pendant des siècles, ce fut bien la capacité des ulémas à assumer certaines prérogatives des douze Imams impeccables et infaillibles, dont le douzième, bien qu'occulté aux yeux des croyants, n'en demeure pas moins la seule autorité religieuse et politique légitime. À quelques exceptions près, la politique était assimilée au monde de la corruption et de l'illégitimité. Qui aurait pu prévoir qu'un tel apolitisme aboutirait à la théorie de la *velâyat-e faqîh*, qui fonde aujourd'hui le système politique de la République islamique d'Iran ?

La montée en puissance politique du clergé chiite *usûli* s'est d'abord manifestée dans les trois « régions » historiques du chiisme, l'Iran, l'Irak et le Liban, en particulier là où se trouvent les villes saintes. Ces villes sont devenues des centres politiques de premier plan, jouissant même parfois d'une forme d'extraterritorialité, comme ce fut le cas des villes saintes d'Irak à l'époque ottomane. Cléricalisation et investissement du champ politique sont allés de pair. Contrairement à la papauté, la direction religieuse chiite est collégiale et le pluralisme y est la règle, malgré une intense concurrence. Au-delà des différences d'interprétation

---

1. Les chiites duodécimains croient en la succession de douze Imams pour assurer la direction des musulmans après la mort du Prophète.

entre religieux, on distingue des constantes dans l'identité politique de cette direction : la défense de l'islam à travers la lutte contre l'influence et la mainmise des puissances occidentales sur les territoires musulmans ; le refus de la tyrannie et du despotisme du souverain, même musulman ; l'attachement à l'idée des bienfaits de la Constitution ; le désir d'associer tous les croyants à la politique ; enfin, et ce n'est pas la moindre, la défense du clergé en tant que corps constitué, qui a motivé les réactions véhémentes à des réformes modernisatrices imposées par le souverain.

Ce positionnement a fait du clergé chiite un véritable « parti » anticolonial. L'expansion impérialiste de la Grande-Bretagne, de la Russie et de la France s'est heurtée à une direction politique déterminée qui n'a pas hésité à s'adresser aux musulmans par-delà les frontières de chaque pays. Il n'était pas rare, au début du XXe siècle, de voir des ayatollahs se transformer en chefs militaires, notamment en Irak. La direction chiite a intégré les principaux thèmes du réformisme musulman. Là où une majorité d'ulémas sunnites demeuraient attachés aux pouvoirs en place, les dirigeants chiites jouissaient d'une indépendance réelle. Ce sont les ulémas chiites eux-mêmes qui ont diffusé l'idée selon laquelle le retard des pays musulmans sur l'Europe n'était pas dû à l'islam, mais au contraire au fait que les souverains musulmans s'étaient éloignés de l'islam.

L'islam politique n'est donc pas d'invention récente. Il a légitimé toutes les dynasties musulmanes avant de servir de socle au réformisme musulman au XIXe siècle. Bien avant la révolution islamique en Iran, des religieux chiites ont occupé la charge de Premier ministre ou de président du Parlement en Irak et en Iran. Le mot « islamisme » a longtemps été synonyme de celui d'« islam ». Voltaire employait indifféremment l'un et l'autre. C'est en France, à la fin des années 1970, qu'« islamisme » a été remis au goût du jour. Bruno Étienne, professeur de sciences politiques à l'université d'Aix-Marseille, fut le premier à pointer l'« islamisme radical » comme « la forme politico-religieuse que revêt l'orthodoxie musulmane confrontée aux problèmes de la modernité[1] ». Mais il cherchait à identifier un nouvel islam idéologisé (radical) plus que sa soudaine politisation. À sa suite, Gilles Kepel déclara avoir « forgé l'expression *mouvements islamistes* pour étudier ce phénomène, [s]'éloignant délibérément des métaphores peu éclairantes de l'*intégrisme* et du *fondamentalisme* qui avaient cours. Le terme *mouvements* indiquait [que Kepel se situait] dans le registre de l'action politique ; celui d'*islamistes* constituait un néologisme qui marquait la politisation du registre religieux par les militants[2] ». Le néologisme a été repris par les médias et la classe politique pour désigner ce qui est devenu le « mauvais islam » – l'islam politique – par opposition au « bon islam », qui devrait se limiter à la sphère privée et au culte. C'est une vision bien française, liée à l'histoire du catholicisme en France, et qui ne correspond en rien à l'histoire du clergé chiite que nous nous proposons d'exposer ici. Car, s'il y eut nouveauté, elle ne consista pas dans l'apparition d'un islam politique, mais dans la modification des bases de la religion. Celle-ci est devenue aussi un langage et une idéologie qui ont accompagné un processus de sécularisation, avec tout ce qu'une telle confusion peut avoir de paradoxal pour un esprit français habitué à ce que sécularisation et laïcisation aillent de pair. Au sens d'« idéologisation », le mot « islamisme » peut avoir une certaine pertinence.

Défini comme tel, l'islamisme a d'abord été, chez les chiites, le fait des ulémas, presque toujours d'ulémas jeunes. À partir des

---

1. Bruno Étienne, *L'Islamisme radical*, Paris, Hachette Littératures, 1987.
2. Gilles Kepel, *Le Prophète et le Pharaon*, Paris, La Découverte, 1984, préface de Bernard Lewis ; nouv. éd. Paris, Gallimard, 2012, avant-propos inédit de l'auteur, p. II.

années 1950, il a été le système de valeurs d'une nouvelle génération de clercs qui ont bousculé l'establishment religieux, mais sans
le viser délibérément, comme ce fut souvent le cas en contexte
sunnite. Cela n'a pas empêché l'émergence, chez les chiites aussi,
de ceux qu'on appelle les « intellectuels musulmans ». Toutefois,
l'autorité des dirigeants religieux chiites n'a pas été gravement
remise en cause par ces nouveaux concurrents. Ou du moins pas
encore, car la cléricalisation et la fonction politique qui l'accompagne ne sont pas immunisées contre une sécularisation insidieuse
qui continue sa marche.

Naissance, apogée et déclin probable d'une institution : tel est
le parcours que se propose d'emprunter cet ouvrage à travers l'histoire politique du clergé chiite aux époques moderne et contemporaine.

I

Le dogme chiite à l'origine de la cléricalisation

Le chiisme n'est pas un schisme de l'islam, comme on peut considérer que le protestantisme est un schisme par rapport à l'Église catholique. Il s'est manifesté du vivant même du Prophète Muhammad par une attitude légitimiste face au pouvoir. L'épisode de Ghadir Khumm – cet endroit près de Médine où le Prophète aurait désigné Ali comme son successeur le 18 *dhu al-hijja* de l'année 10 – fait l'objet d'un consensus entre chiites et sunnites. Le sunnisme ne nie pas la réalité des faits, mais il en offre une explication différente. Un malentendu ayant surgi entre Ali et d'autres compagnons du Prophète, celui-ci l'aurait arbitré en donnant raison à Ali. L'insistance des chiites à commémorer chaque année le *Yawm al-Ghadîr*, l'une de leurs principales fêtes religieuses, a toujours été considérée par les sunnites comme une mauvaise interprétation des intentions du Prophète, ainsi que comme un acte hostile à la mémoire des trois premiers califes *râshidûn* (« bien guidés ») qui précédèrent Ali.

Les chiites duodécimains sont ceux qui croient, d'une part, que le Prophète a désigné son cousin et gendre Ali pour lui succéder en tant que calife et Imam, et, d'autre part, que cet héritage s'est transmis à travers une lignée de douze Imams – le dernier, l'Imam de notre temps (*sâhib az-zamân*) et de la Résurrection (*qâ'im al-qiyâma*), étant toujours présent, mais invisible pour ses fidèles. Au sens strict du mot, le qualificatif « chiite » ne s'applique généralement qu'aux duodécimains, également appelés imamites, à cause de leur foi en l'imamat, ou *ja'faris*, en référence au rôle essentiel attribué au sixième Imam, Ja'far al-Sâdiq (702-765), dans la formulation du *fiqh* (la jurisprudence) imamite. Les zaydites du Yémen, les ismaéliens (partisans de l'Agha Khan), les druzes (Syrie, Liban, Israël), les alaouites de Syrie, les alévis de Turquie et les Ahl-i-Haqq du Kurdistan d'Irak, autres branches du chiisme encore vivantes de nos jours, se désignent eux-mêmes par ces noms et n'entrent pas dans notre propos.

C'est donc aux origines mêmes de l'islam et à la question de la succession du Prophète que nous ramène l'histoire du dogme chiite. Cependant, au cours des siècles s'est édifiée une théologie dont une caractéristique remarquable est qu'elle n'a jamais été figée ; bien au contraire, son évolution, parfois lente, s'est accélérée jusqu'à s'emballer littéralement à la fin du XVIIIe siècle. À partir de Ja'far al-Sâdiq, surtout, sont jetées les bases du dogme, avec l'affirmation de l'imamat comme concept central de la foi chiite. Si la Révélation s'était achevée à la mort du Prophète, elle devait être développée, ce qui impliquait l'existence perpétuelle d'un Imam vivant pour éclairer l'humanité sur la voie à suivre. L'Occultation du douzième Imam en 874 fut l'événement majeur, fondement de toutes les constructions théologiques chiites jusqu'à nos jours.

L'imamat est ce qui caractérise le mieux les duodécimains par rapport aux autres musulmans. Selon la conception imamite, l'Imam est, depuis la mort du Prophète et l'interruption de la Révélation, le dépositaire de la Loi, son gardien et son interprète, le Coran et la Sunna (les paroles et les actes du Prophète tels que les recueils de hadiths les rapportent) étant impuissants à prévoir tous les cas particuliers. La fonction de l'Imam est de guider les croyants dans tous les aspects de leur existence. À l'instar du

Prophète, il doit être désigné par Dieu. L'imamat, comme la mission prophétique, est donc d'institution divine. L'Imam qui succéda au Prophète fut Ali, désigné le jour de *Yawm al-Ghadîr* sur ordre de Dieu, puis ce furent Hasan et Husayn, les deux fils d'Ali, jusqu'au douzième Imam, Muhammad bin al-Hasan al-Mahdi, chaque Imam désignant son successeur (en vertu de la *wasîya*). Seule la désignation testamentaire par l'Imam en place de son successeur (le *nass*) permet la continuité de la mission qui lui est dévolue. L'imamat est donc le prolongement de la prophétie, sans lequel celle-ci reste dépourvue de signification pour les fidèles. En conséquence, l'Imam détient, à l'exception de la Révélation, toutes les prérogatives du Prophète. Comme lui, il est impeccable (*afdal an-nâs*) et infaillible (*ma'sûm*). Sa science est divinement inspirée, et non acquise. *Ayatullâh*, « Signes de Dieu », et *Hujjâtul-Islâm*, « Preuves de Dieu » sur terre : nombreuses sont les expressions du Coran qui ont été interprétées comme une volonté de mettre en évidence le rôle divin des Imams. Entre autres qualités, ces derniers sont les médiateurs (*wasîta*) entre les hommes et Dieu, ainsi que les intercesseurs le jour du Jugement dernier. « Quiconque meurt sans connaître l'Imam de son temps, dit un hadith chiite, meurt comme on mourait au temps du paganisme » (Majlisi, *Bihâr al-Anwâr*).

Imam, calife : lequel choisir? À la différence de la conception sunnite, où le calife est élu par consensus pour assumer une direction essentiellement temporelle de l'*umma* musulmane (la communauté des musulmans), le chiisme investit l'Imam d'une fonction sacerdotale et fait de lui l'Homme parfait. Les Imams exerçaient la *wilâya*, la direction divine, fonction dont les califes sunnites étaient dépourvus. L'ensemble des pouvoirs temporels et spirituels leur étaient dévolus, même si Ali fut le seul parmi les douze Imams à les avoir assumés de façon effective (il fut le premier Imam et le quatrième calife). Tous les grands ulémas chiites, de Kulayni (mort en 939) à Majlisi (mort en 1699), ont écrit sur l'imamat, une abondante littérature qui témoigne de l'importance du concept dans la foi chiite.

Et puis il y a cette histoire de l'Imam caché, qui suscite l'interrogation ou le sarcasme chez les non-chiites. La théorie de l'Occultation repose sur un hadith du Prophète rapporté à la fois par les sunnites et par les chiites, dans lequel il est dit que Muhammad avait prévu douze successeurs appartenant à la famille des Quraysh. Toutefois, peu d'éléments du dogme chiite revêtent un caractère aussi confus que ceux liés au douzième Imam et à sa disparition. Miracles et événements surnaturels occupent une place de choix dans cette théorie. D'après elle, Muhammad bin al-Hasan, le douzième Imam, a été occulté par Dieu aux yeux des hommes en 874. Durant la période d'Occultation mineure, il devait rester en contact avec ses fidèles par l'intermédiaire de quatre agents (les *wakîl* ou *bâb*). À partir de 941, le quatrième agent de l'Imam caché n'ayant pas de successeur, les chiites sont entrés en période d'Occultation majeure, laquelle a duré jusqu'à nos jours. Dès lors, l'attente messianique du retour de l'Imam caché est devenue la base des perspectives religieuses chiites. Une profusion de sources décrivent les signes annonciateurs du retour de l'Imam « *Al-Mahdî* », précédant de peu le jour du Jugement et correspondant au rétablissement sur terre de la justice et de l'équité, ainsi qu'à la défaite des forces du Mal.

Au-delà de ses résonances eschatologiques, cette théorie a eu des conséquences politiques importantes. Elle impliquait en effet l'illégitimité des États et du pouvoir politique en général en l'absence de l'Imam, seule source de pouvoir légitime reconnue. La question de savoir à qui doit revenir le pouvoir en période d'Occultation fit l'objet d'âpres discussions entre les ulémas, qui furent ainsi amenés à préciser les qualités du *faqîh* (le docteur de la Loi). Parmi les principales sources établissant la légitimité de la doctrine de l'Occultation figurent évidemment les écrits des premiers ulémas chiites, tels Ibn Babûya (mort en 991) et Shaykh al-Tâ'ifa (mort en 1067).

Les rapports avec le pouvoir illégitime ont toujours constitué l'une des préoccupations majeures des ulémas chiites. La *taqîya*, pratique de la dissimulation légale, ne distingue pas les chiites des sunnites. Cependant, les premiers, qui ont été davantage soumis à la répression, durent y recourir plus que les seconds, si bien qu'on en est venu à considérer la *taqîya* comme une de leurs caractéristiques face au pouvoir. Après l'Occultation, certains ulémas adoptèrent une attitude conciliante envers le pouvoir, allant jusqu'à collaborer avec lui. D'autres, à l'instar d'Ibn Tâwûs au XIIIe siècle, décidèrent de privilégier le souverain infidèle juste plutôt que le souverain musulman tyrannique. Face à un pouvoir tyrannique (*zâlim*), les imamites estiment qu'il faut choisir entre la *taqîya*, si les forces de la religion ne semblent pas en mesure de l'emporter et qu'une défaite puisse avoir des conséquences néfastes, et le jihad pour le combattre, même si cela doit provoquer une effusion de sang, à l'image de la révolte de Husayn, le troisième Imam, contre les Omeyyades.

L'Occultation est demeurée la pierre angulaire de toutes les constructions dogmatiques chez les chiites. La première formulation du dogme chiite duodécimain est intimement liée à l'Occultation du douzième Imam infaillible en 874. Le dogme a interprété cette disparition comme une occultation volontaire : le douzième Imam devenait immortel et réapparaîtrait au moment choisi par Dieu en tant que *mahdi*. En l'absence de ce seul pouvoir légitime reconnu, l'idéalisme chiite s'exprima à travers deux attitudes opposées qui se sont perpétuées jusqu'à nos jours : un quiétisme hostile aux spéculations rationnelles quant aux intentions supposées de l'Imam caché, et une tendance favorable à l'exercice du raisonnement (*ijtihâd*) par une élite de savants en religion.

L'Occultation majeure, en 940, consacra la fermeture de la porte de l'*ijtihâd* chez les chiites, puisque seuls les Imams, en tant que continuateurs du Prophète, étaient aptes à l'exercer. En ce sens, la décision d'occulter le douzième Imam symbolisait la victoire d'un certain quiétisme en même temps qu'elle était une réaction de défense contre un environnement hostile. Ainsi, les premiers ulémas chiites, tels Kulayni et Ibn Babûya, avaient pour principale activité de transmettre les hadiths, les Traditions des Imams (*akhbâr*). Notons que, à côté du Coran et de la Sunna du Prophète, quatre recueils de Traditions des Imams sont considérés comme canoniques par les chiites : celui de Kulayni, mort à Bagdad en 939 ; celui d'Ibn Babûya, mort à Rayy, en Iran, en 991 ; et deux de Shaykh al-Tâ'ifa (Muhammad al-Tûsi), mort à Najaf en 1067.

Les chiites s'enorgueillissaient donc de pouvoir obtenir un avis religieux en puisant directement à la source des Traditions des Imams infaillibles, au contraire des sunnites, obligés de recourir à des méthodes faillibles telles que le *qiyâs* (raisonnement par analogie) et l'*ijtihâd* pour fonder les écoles de jurisprudence, parmi lesquelles les quatre futurs rites officiels du sunnisme (hanafisme, malékisme, chaféisme et hanbalisme). Toutefois, l'Occultation du douzième Imam créait un vide important dans la théorie chiite. L'Imam était le chef à la fois spirituel et temporel de la communauté, celui qui interprétait la *sharî'a* et était responsable de son application. Or, en son absence, aucune instruction spécifique n'avait été laissée pour organiser la communauté chiite. En particulier, un certain nombre de fonctions remplies par l'Imam demeuraient vacantes.

Dans un premier temps, les chiites s'en accommodèrent, ce vide institutionnalisé présentant l'avantage immédiat de les mettre à l'abri des menaces qui pesaient sur l'imamat et qui n'auraient pas manqué de prendre pour eux des proportions dramatiques si la succession des Imams s'était perpétuée. En effet, outre l'hostilité de certains califes abbassides à l'encontre des Imams et la prolifération des sectes extrémistes chiites, les *ghulât*, chaque succession voyait s'affronter des prétendants à l'imamat de plus en plus nombreux, ce qui constituait un grave danger pour l'unité d'une communauté déjà fragile. C'est à partir de la disparition du troisième Imam, Husayn, que commencèrent à se multiplier les prétendants à l'imamat à chaque succession – quand l'Imam défunt n'était pas purement et simplement décrété *mahdi* et le dernier de la lignée. Les Imams chiites, notamment Zayn al-Abidîn, Muhammad al-Bâqir, Ja'far al-Sâdiq et Mûsa al-Kâzim, eurent parfois le plus grand mal à se faire reconnaître comme tels.

Le terme de *ghulât* fut employé par les sunnites et les duodécimains pour désigner les sectes attribuant une nature divine à certains hommes et des qualités prophétiques à d'autres que Muhammad. Ali et sa famille fournirent un véritable panthéon à ces groupes, qui n'hésitaient pas à diviniser tel ou tel Imam ainsi que d'autres descendants d'Ali. Selon eux, les Imams se seraient vu déléguer par Dieu un pouvoir de création sur le monde. Les conceptions des *ghulât* dominèrent longtemps le chiisme, et ce n'est qu'à partir du sixième Imam, Ja'far al-Sâdiq, que le chiisme duodécimain commença à les réfuter. Toutefois, leurs idées, comme l'incarnation de l'Esprit saint, eurent une profonde influence sur l'élaboration du dogme duodécimain, même si celui-ci se développa en réaction à des théories jugées hérétiques et violemment condamnées par les ulémas.

Quelles fonctions l'Occultation du douzième Imam laissait-elle vacantes? Les fonctions des Imams étaient au nombre de six : diriger le jihad, répartir le butin, conduire la prière du vendredi, exécuter les jugements, imposer les peines et les châtiments, collecter les impôts islamiques comme la *zakât* et le *khums*. La *zakât*, ou aumône légale, est l'impôt destiné à venir en aide aux pauvres, aux nécessiteux, à ceux qui ont des dettes et aux voyageurs, selon les modalités prévues par le Coran (9, 60). Le *khums* représente un cinquième du revenu annuel net des croyants, dans lequel est inclus l'accroissement en biens (terre, or, argent, bijoux, minerais, produits de la mer et butins) réalisé au cours de l'année. Il est destiné au Prophète, à sa famille (donc aux *sayyid* – terme qui désigne les descendants du Prophète), aux orphelins, aux nécessiteux et aux voyageurs (Coran 8, 41).

Il devint bientôt évident que la situation induite par la vacance des fonctions de l'Imam caché était intenable, tant elle laissait la communauté chiite dépourvue de toute direction, de toute organisation et de toute structure financière. L'hiatus entre la théorie de l'Occultation, ses conséquences, et les réalités politiques fut encore plus patent lorsque survint l'avènement des premiers pouvoirs chiites. Les princes bouyides, qui dominèrent l'ouest de l'Iran et une partie de l'Irak de 935 à 1055, furent les premiers souverains iraniens à professer le chiisme duodécimain, alors même que se poursuivait, sous leur patronage, l'élaboration doctrinale de l'imamisme.

Toutefois, le chiisme des émirs bouyides reste à préciser. Malgré les conditions très favorables qu'ils créèrent pour le développement de l'infrastructure religieuse duodécimaine, ils ne pouvaient se définir eux-mêmes comme duodécimains. En effet, cela aurait impliqué le rejet de l'autorité nominale du calife abbasside ; or, dans la mesure où leur pouvoir était précisément légitimé aux yeux de leurs sujets par leur nomination du fait du calife, ils ne pouvaient se permettre de scier la branche sur laquelle ils étaient assis. Ils témoignaient donc d'une sympathie générale pour le chiisme plutôt que d'une reconnaissance de la doctrine duodécimaine. Dans le nord de la Mésopotamie s'était établie autour de Mossoul, entre 904 et 991, la dynastie chiite des Hamdânides, auxquels succédèrent sur le même territoire les Uqaylides. Les émirs maziyadides, qui gouvernèrent le sud de l'Irak à partir de Hilla de 1012 à 1150, se proclamaient également duodécimains. Mais il fallut attendre l'avènement en Iran de la dynastie séfévide pour voir d'éminents ulémas chiites propulsés sur le devant de la scène politique.

Puisque le douzième Imam, quoique occulté, était toujours vivant et promis à un retour triomphal, il restait le chef de la communauté, et aucune justification théorique pour prendre sa place ne put voir le jour avant longtemps. Dès lors, c'est par un long processus que les ulémas grignotèrent peu à peu les préro-gatives des Imams en s'attribuant une à une, au cours des siècles, les fonctions qui étaient réservées à ceux-ci, jusqu'à se poser en source légitime du pouvoir face à l'État à partir du XIXᵉ siècle.

Les premières revendications des ulémas furent formulées dès le XIᵉ siècle. Shaykh al-Tâ'ifa réinterpréta le dogme chiite de façon à permettre la délégation de certains pouvoirs de l'Imam caché à « ceux qui étudient le *fiqh* ». En particulier, il considérait que les ulémas étaient les mieux placés pour assurer la collecte de la *zakât* et du *khums* et procéder à leur redistribution équitable, même s'il laissait les croyants libres de choisir eux-mêmes d'autres admi-nistrateurs de leurs contributions si bon leur semblait. De sur-croît, il permit aux ulémas de diriger la prière du vendredi à la place de l'Imam. Toutefois, ces innovations étaient assorties de nombreuses réserves stipulant que les ulémas ne pouvaient rem-plir ces fonctions que s'il ne se trouvait personne d'autre pour le faire. L'attribution de certaines prérogatives des Imams aux ulé-mas n'allait donc pas de soi, et quelques-uns parmi ces derniers, à la même époque, contredirent les théories de Shaykh al-Tâ'ifa.

Deux événements eurent une influence décisive sur la concep-tion du statut de *faqîh* : l'intégration par le chiisme des idées mu'tazilites et du *kalâm*, ouvrant la voie à une théologie spécula-tive, et la fondation en Iran, en 1501, de l'État séfévide, qui pro-clama le chiisme religion officielle.

Dès la fin du IXe siècle, la théologie duodécimaine fut affectée par l'adoption de la pensée mu'tazilite, véritable révolution culturelle dans la mesure où elle se situait à l'opposé des conceptions des *ghulât* qui avaient jusqu'alors prévalu. Le mu'tazilisme est l'un des mouvements de pensée les plus importants de l'islam. Il a constitué la première des écoles de théologie spéculative (le *kalâm*) et c'est à partir de ses conceptions que s'est développée la pensée religieuse musulmane. Les mu'tazilites, à l'inverse des *ghulât*, insistaient sur le *tawhîd*, le dogme de l'unicité absolue de Dieu, et prétendaient se donner les moyens logiques de le défendre par l'exercice de la raison. Pour eux, l'homme est responsable de ses actes, puisque le libre exercice du raisonnement lui permet de choisir le bien et d'éviter le mal. C'est surtout à travers cette reconnaissance de la liberté de l'homme et de la raison que le mu'tazilisme a influencé la pensée musulmane, tandis que sa conception de la Révélation a permis de nouvelles formes d'exégèse du Coran (les mu'tazilites considèrent que le Coran est créé et qu'il n'est pas éternel).

Les duodécimains firent leurs les principales théories des mu'tazilites, tout en conservant leur foi en l'imamat, qui demeura le socle de leur credo. Ils adoptèrent donc l'idée que l'homme est libre, que la raison est la base de la connaissance et que Dieu est juste. Avec la reconnaissance de la raison comme l'un des piliers de la foi, la théologie spéculative, puis la philosophie firent à leur tour leur entrée dans l'univers du dogme chiite. L'exercice du raisonnement déductif fondé sur le Coran et les Traditions prit une importance croissante. Dans la ville sainte de Qom, où il résidait, Ibn Babûya intégra ainsi presque toutes les conceptions mu'tazilites, à l'exception du *kalâm*, restant sur ce point hostile à l'utilisation de la raison et favorable au recours aux Traditions. À Bagdad, en revanche, d'autres ulémas éminents, comme Shaykh al-Mufîd (948-1022), firent évoluer de façon irréversible la théologie duodécimaine vers sa forme actuelle, spéculative, et promurent la raison comme l'une des bases de la science religieuse. Alamu'l-Huda (966-1044) alla encore plus loin, puisqu'il fit de la raison le point de départ obligé de toute réflexion théologique. La méthode qu'il formula, reposant sur le mu'tazilisme, pour accéder à la connaissance de la religion devint le fondement de la théologie chiite. Le dogme chiite en vint à identifier quatre piliers théologiques : le Coran, les hadiths, l'*ijmâ'* (consensus) et le *'aql* (intelligence ou raisonnement). La légitimation du raisonnement dans l'élaboration du dogme détermina le développement jusqu'à nos jours d'une théologie spéculative permettant une définition de plus en plus précise du statut des ulémas.

Ce renversement de tendance s'effectua quasiment sans transition. Le caractère presque brutal de la « révolution mu'tazilite » au sein du chiisme peut s'expliquer par la convergence de plusieurs facteurs : la nécessité de lutter contre les *ghulât*, l'émergence de la dynastie chiite des Bouyides en Iran et en Irak, ainsi que celle de l'État ismaélien des Fatimides en Égypte.

Si la dynastie des Bouyides accordait une plus grande liberté aux duodécimains, celle des Fatimides rendit urgente l'élaboration du dogme imamite face aux *ghulât* et aux ismaéliens, auxquels l'apparition de la puissance fatimide avait donné une nouvelle légitimité. Jusqu'à la fin du XVe siècle, cependant, la distinction entre ismaéliens, *ghulât* et duodécimains resta difficile à établir. L'influence croissante auprès des califes abbassides de grandes familles chiites acquises aux idées mu'tazilites, comme les Nawbakhti à Bagdad, favorisa le processus permettant à l'imamisme de se démarquer des *ghulât*. Le trio Shaykh al-Mufîd, Alamu'l-Huda et Shaykh al-Tâ'ifa fut l'initiateur de ce mouvement, appelé à d'importants développements ultérieurs.

Au cours des XIIIe et XIVe siècles, le chiisme s'appropria simultanément certaines conceptions du soufisme ainsi que la *falsafa*, la philosophie d'inspiration hellénistique. C'est à cette époque

que la théologie chiite, après s'être enrichie de l'apport des grands courants de pensée du monde musulman, put enfin s'élaborer sur les bases qui furent les siennes jusqu'au XXe siècle. À Nâsir al-Dîn al-Tûsi (1201-1274) revint le mérite de l'intégration de la philosophie au *kalâm* chiite. Allâma al-Hilli (1250-1325) fit de l'*ijtihâd* la méthode centrale de la jurisprudence imamite et introduisit dans le chiisme l'analyse critique des hadiths. Cette évolution rationaliste s'accompagna d'une systématisation des spéculations sur le statut des ulémas. Au XIIIe siècle, Muhaqqiq al-Hilli (1205-1277) réaffirma la possibilité pour ces derniers de procéder à la collecte des impôts islamiques à la place de l'Imam, mais aussi de veiller eux-mêmes à l'exécution des peines et des châtiments après un jugement. La question des attributions du *faqîh* fut traitée de façon explicite au XIVe siècle par Muhammad al-Jazzîni al-Amili (1333-1384). Surnommé al-Shahîd al-Awwal (« le Premier Martyr ») après son exécution à Damas sur ordre des Mamelouks, cet important *faqîh* du Jabal Amil au Liban écrivit un traité intitulé *Al-lam'a al-dimashqiyya* (« L'Éclair de Damas »), qu'il envoya au souverain de l'époque du Khorassan, Ali ibn Mu'ayyed, en réponse à l'invitation de ce dernier à venir s'établir à sa cour. C'est dans ce traité que fut employée pour la première fois l'expression *nâ'ib al-imâm* (le représentant de l'Imam), qui connut par la suite une très grande extension dans le dogme chiite.

L'interpénétration du chiisme et du soufisme s'intensifia aux XIVe et XVe siècles, notamment sous l'impulsion de Haydar al-Amûli, célèbre uléma qui vécut à Bagdad à la fin du XIVe siècle. En Perse, les principales confréries soufies évoluèrent vers des positions chiites, à l'instar de l'ordre des Séfévides. L'intégration du soufisme par la doctrine imamite et l'avènement de la dynastie séfévide, qui en fut l'un des aboutissements, bouleversèrent les développements doctrinaux ultérieurs concernant le statut des ulémas. Au début du XVIe siècle, en effet, Ismâ'îl Shâh fit du chiisme duodécimain la religion officielle de l'État iranien. Se fondant sur sa prétention à descendre du septième Imam, et fort du soutien des Qizilbâsh d'obédience séfévide, il se proclama représentant de l'Imam caché, s'attribuant par là même certaines qualités liées à l'imamat, telle l'infaillibilité.

S'il se conformait ainsi à l'ancienne conception théocratique perse du roi « ombre de Dieu sur terre », il ouvrait dans le même temps une brèche sur un point demeuré jusqu'alors largement tabou. En effet, le chiisme duodécimain avait fait un dogme de ce que, après les quatre *wakîl* et en période d'Occultation majeure, personne ne puisse prétendre au titre de *nâ'ib al-khâss*, c'est-à-dire de représentant spécial de l'Imam, avant le retour de celui-ci. Le souverain séfévide ne bénéficiait d'aucune désignation (*nass*), condition posée par les chiites pour tout ce qui concernait l'imamat, et ses origines alides étaient plus que douteuses. En dépit de cela, d'importants ulémas chiites appelés alors en Perse s'engagèrent dans une politique de soutien à l'État séfévide, même si, dans leur majorité, les religieux adoptèrent à ce sujet des positions réservées.

L'occasion était trop belle pour risquer d'être gâchée. L'avènement de l'État séfévide créait en effet des conditions extrêmement favorables aux ulémas chiites dans l'ensemble du monde islamique, surtout en Perse. L'influence du soufisme dans ce pays avait déjà préparé le terrain à une conversion en masse au chiisme. Imprégnée des conceptions diffusées par les ordres soufis qui, depuis deux siècles, lui inculquaient l'amour d'Ali et de la famille du Prophète, la population iranienne, alors majoritairement sunnite, ne protesta pas contre la conversion à laquelle l'invitaient ses souverains. Au niveau du dogme, les conséquences de l'intégration de certains ulémas chiites à l'appareil d'État séfévide ne tardèrent pas à se faire sentir. Au début du XVIe siècle, cheikh al-Karaki (1465-1533), surnommé Muhaqqiq al-Thâni, uléma originaire de Baalbek, au Liban, et résidant à Najaf, fut le premier après Shahîd al-Awwal à suggérer que les ulémas pourraient être *nâ'ib al-'âmm*, c'est-à-dire représentants généraux de l'Imam, par opposition aux *nâ'ib al-khâss*, les quatre *wakîl*, ou agents de l'Imam caché, qui s'étaient succédé durant la période de l'Occultation mineure. Mais il prit soin de restreindre le champ d'application de sa proposition à la conduite de la prière du vendredi. Le chah Tahmâsp (1514-1576) le désigna *nâ'ib al-'âmm* par un firman (rescrit royal) rendu public lors de son installation en Iran. Les Séfévides œuvrèrent pour fonder des institutions religieuses chiites dans tout l'empire et firent venir des ulémas chiites de Bahreïn, d'Irak et du Jabal Amil. Ainsi, les institutions chiites purent faire partie intégrante de l'État séfévide et jouir d'un grand pouvoir.

La reconnaissance officielle par l'État du concept de *nâ'ib al-imâm* ne signifiait pas toutefois que tous les ulémas avaient entériné cette innovation. L'évolution du rôle du *faqîh* chez les chiites devait s'étendre sur plusieurs siècles avant d'aboutir au triomphe de l'usûlisme à la fin du XVIIIe siècle. Pour l'heure, la majorité des ulémas se préoccupaient seulement des *'ibâdât*, c'est-à-dire de tout ce qui relevait du strict domaine du culte. C'est al-Shahîd al-Thâni (1506-1558) qui, à la même époque, porta à sa conclusion logique le concept de *nâ'ib al-'âmm* en attribuant aux ulémas l'ensemble des fonctions de l'Imam.

Le pouvoir d'interprétation de la *sharî'a* par les ulémas devenait le reflet direct de l'autorité de l'Imam caché. Obligation fut faite aux croyants de verser directement les impôts islamiques aux ulémas. Les étudiants des écoles religieuses reçurent la permission de percevoir la *zakât* pour eux-mêmes, et les ulémas celle de dépenser cet argent pour financer leurs propres cercles d'étudiants. Jusque dans le domaine du jihad, al-Shahîd al-Thâni investit les ulémas des fonctions de l'Imam, en restreignant toutefois leur champ d'action au jihad défensif.

De telles novations ne pouvaient être entérinées sans provoquer de vifs débats entre les ulémas chiites. Un groupe de religieux de Najaf critiqua le soutien accordé par cheikh al-Karaki à l'État séfévide, ainsi que sa désignation unilatérale comme *nâ'ib al-imâm*, représentant de l'Imam. De nombreux ulémas chiites virent un sacrilège dans cette entorse à un principe essentiel du dogme. Le plus éminent de ceux qui adressèrent publiquement des reproches à cheikh al-Karaki fut un uléma de Najaf, cheikh Ibrâhîm al-Qatîfi. L'affaiblissement du pouvoir des Séfévides à partir du milieu du XVIIe siècle amena les ulémas à prendre leurs distances vis-à-vis du pouvoir et à adopter des positions critiques à l'égard des chahs.

La lune de miel entre souverains séfévides et ulémas chiites touchait à sa fin. À partir du règne de Shâh Sulayman (1666-1694), les seconds, qui avaient pris en Perse une importance croissante, commencèrent à remettre en cause la légitimité du pouvoir temporel et spirituel des premiers et à se poser, pour certains, en chefs légitimes de la communauté ès qualités de *mujtahid* (celui qui est habilité à pratiquer l'*ijtihâd*, l'interprétation de la *sharî'a* par la raison) et de représentants de l'Imam. La voie ouverte par les premiers Séfévides, qui avaient utilisé l'imamat pour légitimer leur pouvoir, fut alors empruntée par les ulémas, mais cette fois à leur profit exclusif. C'est à compter de cette époque que le concept de *niyâbat al-'âmma*, la représentation générale de l'Imam, eut tendance à revenir comme un leitmotiv dans le discours de certains des plus grands ulémas, même si rien n'indique qu'il incluait le pouvoir politique ni qu'il était accepté par un nombre important d'ulémas. Quoi qu'il en soit, le processus était en marche.

Au début du XIXe siècle, le droit des ulémas à appeler au jihad fut pleinement reconnu par le souverain qâdjâr Abbâs Mîrza lors de la première guerre russo-persane (1804-1813). Le chah demanda à cheikh Ja'far Kâshif al-Ghatâ' ainsi qu'à d'autres grands ulémas de Najaf et d'Ispahan de rendre publique une fatwa appelant au jihad contre les Russes. Cheikh Kâshif al-Ghatâ' répondit à la requête du chah et en profita pour contraindre le gouvernement iranien à accorder définitivement aux ulémas le droit de percevoir le *khums*. À la même époque, sayyid Muhammad Bâqir al-Shafti réaffirma le droit des ulémas à faire exécuter les décisions de justice et appliquer les peines.

L'importance croissante des ulémas s'est accompagnée d'une redéfinition du dogme, restreignant chaque fois un peu plus le champ de l'orthodoxie chiite duodécimaine.

La première étape significative fut l'action de Muhammad Bâqir al-Majlisi (1628-1699). Majlisi dirigea ses efforts dans trois directions : la suppression du soufisme et de la philosophie, la propagation d'une forme légale du dogme chiite, la suppression du sunnisme et des courants hétérodoxes. Par-delà l'apparente intolérance de ses positions, Majlisi visait essentiellement à créer des bases solides pour renforcer le pouvoir des ulémas, d'abord en enracinant le chiisme en Iran, puis en tentant d'éradiquer les courants qui pouvaient concurrencer les ulémas chiites, comme le soufisme. Jusqu'à l'époque de Majlisi, chiisme et soufisme avaient conservé un lien étroit et le soufisme demeurait un vecteur important du chiisme. Majlisi rompit ce lien, de même qu'il réduisit l'influence de la philosophie.

Tout en pourchassant les pratiques soufies, le chiisme intégrait une forte puissance émotionnelle grâce au souvenir sans cesse exalté de ses martyrs, ce qui en faisait une religion propre à répondre aux aspirations mystiques populaires, et non pas seulement une religion de clercs attachés aux débats théologiques. Après avoir puisé à différentes sources d'inspiration et s'en être enrichi, le chiisme duodécimain, par la volonté de ses ulémas, éprouvait le besoin de définir le champ de son orthodoxie. À la mort de Majlisi, la conversion de l'Iran à une forme codifiée du chiisme était irréversible.

L'ultime bataille se précisait. Elle eut lieu à la fin du XVIIIe siècle et son issue fut le triomphe des théories favorables au pouvoir croissant des ulémas. Plus qu'une étape dans l'évolution du dogme duodécimain, ce fut une véritable révolution du chiisme, décisive par bien des aspects, même si elle était l'aboutissement de longs siècles de gestation.

L'anarchie qui régnait en Perse à la fin du règne séfévide, les invasions afghane, ottomane et russe, la répression menée par Nâdir Shâh (1736-1747) contre les ulémas chiites avaient provoqué l'exode vers les villes saintes d'Irak d'une grande partie de la hiérarchie religieuse. C'est à Karbala que s'installa Muhammad Bâqir Akmal Vâhid Behbahâni (1705-1791), à qui son action valut plus tard les surnoms d'al-Mu'assis, « le Fondateur », et al-Mujaddid, « le Rénovateur ». Behbahâni réussit à convaincre les religieux des villes saintes d'abandonner l'akhbârisme, école de pensée qui dominait le chiisme depuis le milieu de la période séfévide (1501-1732). Les partisans de l'akhbârisme (de *akhbâr*, synonyme au pluriel de hadith ou Traditions) s'étaient manifestés au début du XVIIe siècle, avec à leur tête Mullâ Muhammad Astarâbâdi (mort en 1623). Il s'agissait d'une réaction de « traditionnistes » contre l'importance croissante, parmi les ulémas, des *mujtahid*, auxquels les Séfévides avaient reconnu le droit de pratiquer l'*ijtihâd*. Pour leur part, les *akhbâri* rejetaient l'usage de la raison ainsi que le consensus comme fondements de la jurisprudence chiite. Ils s'étaient opposés avec la plus grande véhémence à la pratique de l'*ijtihâd* par les ulémas, considérant que c'était là une prérogative des Imams infaillibles et d'eux seuls. Les *akhbâri* mettaient en avant l'obligation de se référer directement aux Traditions comme unique moyen d'établir un jugement religieux. Pour eux, tous les croyants étaient des *muqallid*, des égaux dans leurs efforts pour imiter l'exemple idéal des Imams.

À l'opposé, les *usûli* (de *usûl*, qui désigne en *fiqh* les principes du dogme) affirmaient la nécessité absolue de l'*ijtihâd*, mais n'accordaient le droit de le pratiquer qu'aux seuls savants en religion. Dès lors, à leurs yeux, les hommes se divisaient en *mujtahid* et en *muqallid*, les seconds devant imiter les premiers. Le problème que posait la possible différence d'opinions entre les *mujtahid* fut résolue par l'*ijmâ'*, le consensus, c'est-à-dire l'assurance pour la communauté que les représentants de l'Imam caché n'étaient pas induits en erreur et qu'en conséquence la validité de leurs positions ne pouvait être mise en cause, en dépit de leurs apparentes divergences, si l'Imam caché ne se manifestait pas en faveur de l'une d'elles. C'est le consensus entre tous les *mujtahid* qui représente la vérité.

L'akhbârisme était bien implanté dans la région du Shatt al-Arab (connue en Irak sous le nom d'Al-Jazâ'ir) et dans les villes saintes d'Irak. Depuis le milieu du règne séfévide, il prédominait dans tous les grands centres d'enseignement de la religion et, à la chute des Séfévides en 1722, l'akhbârisme devint l'orthodoxie chiite. L'action de Behbahâni aboutit cependant à la victoire de l'usûlisme, d'abord à Najaf et à Karbala, puis en Iran, tandis que le sud de l'Irak, Bahreïn et certaines villes iraniennes comme Kerman demeurèrent *akhbâri* pendant plusieurs décennies encore. La condamnation de l'akhbârisme prit de telles proportions que Behbahâni en vint à prononcer l'excommunication de tous les opposants aux *mujtahid* et à les assimiler à des infidèles.

La violence de l'offensive de la tendance *mujtahidi*, ainsi qu'étaient qualifiés les partisans de l'*ijtihâd* au sein de la hiérarchie religieuse, montra que, pour une partie au moins des religieux, l'époque du repli et de la réserve était révolue. Le triomphe de l'usûlisme s'accompagna d'une ascension des villes saintes d'Irak, où les plus grands *mujtahid*, hors d'atteinte de la répression des souverains persans, vinrent s'établir en nombre. Contrairement aux Séfévides, les Qâdjârs (1794-1925) ne tentèrent pas de revendiquer une quelconque nature divine pour leur pouvoir. À un État qu'ils considéraient comme temporel et dont ils critiquaient les souverains pour leur irréligion, les ulémas *usûli* n'auraient d'ailleurs concédé aucune parcelle d'un pouvoir spirituel dont ils entendaient bien, désormais, être les seuls représentants. À l'époque abbasside, la fermeture de la porte de l'*ijtihâd* après l'Occultation majeure avait correspondu à un désir de protection du chiisme. Le triomphe de l'usûlisme était à l'opposé de cette attitude de repli. Face à la montée de périls multiples, il dénotait une position offensive et même agressive de la part d'une hiérarchie religieuse dorénavant sûre d'elle-même et dominatrice.

La période d'incertitude qui suivit la chute de la dynastie séfévide et le vide relatif qui en résulta au niveau de l'État iranien ne firent qu'encourager les ulémas à aller de l'avant. Behbahâni avait insisté sur le droit des *mujtahid* à faire appliquer eux-mêmes leurs propres jugements. Il compta parmi les ulémas nombre de disciples célèbres qui parachevèrent la victoire de l'usûlisme jusqu'à la disparition de l'akhbârisme en tant que courant organisé. Celui-ci ne réussit à survivre en Mésopotamie que dans la région des marais, ainsi qu'à Bassorah, où l'on trouvait encore des écoles *akhbâri* à la fin du XIXe siècle. Le plus illustre des disciples de Behbahâni, Muhammad Mahdi Tabâtabâ'i Burûdjerdi Bahr al-Ulûm (1742-1797), transféra le centre de gravité religieux de Karbala à Najaf, où il s'installa. Dès lors, tous les grands ulémas, à l'instar de Ja'far Kâshif al-Ghatâ', se firent les ardents défenseurs de l'usûlisme.

Les conséquences de cette véritable révolution au sein du chiisme furent incalculables. Le triomphe de l'usûlisme a représenté pour le chiisme une rupture aussi importante, du point de vue du pouvoir conféré à certains hommes, que le premier concile du Vatican pour l'Église catholique. Surtout, le contexte politique du Proche-Orient au XIXe siècle donnait à l'événement une ampleur toute particulière. Celui-ci intervenait en effet à un moment où la majorité des grands *mujtahid*, à partir des villes saintes d'Irak, se montraient de plus en plus critiques tant à l'endroit des souverains qâdjârs qu'à celui des sultans ottomans. C'est sous le règne de Fath Ali Shâh (1797-1837) que les ulémas chiites descendirent directement dans l'arène politique. L'occasion fut la première guerre russo-persane (1804-1813) : les *mujtahid* de Najaf et de Karbala furent sollicités par le Premier ministre du chah pour promulguer une fatwa déclarant le jihad contre les Russes. On ne pouvait reconnaître plus clairement le rôle politique de personnalités devenues incontournables dans la gestion des grands problèmes qui se posaient à l'État.

Quelles étaient désormais les règles auxquelles devait se soumettre tout croyant chiite ? La victoire de l'usûlisme faisait obligation aux croyants de suivre les avis d'un *mujtahid*. La codification de ce nouveau dogme fut l'œuvre de Murtaza Ansâri (1800-1864). De Najaf, où il résidait, celui-ci s'attacha à définir les relations entre les simples croyants et les *mujtahid*, d'une part, ainsi que celles entre les *mujtahid* et le *marja'* (le *mujtahid* reconnu comme le plus savant de tous et considéré comme une référence suprême), d'autre part. L'imitation d'un *mujtahid* devint une condition nécessaire pour être reconnu comme croyant. C'est donc le credo chiite lui-même qui intégra le nouveau concept.

Après avoir choisi un *mujtahid* comme *marja'*, ou source d'imitation, le croyant devait rester fidèle à son choix : il n'était pas autorisé à changer de référence religieuse au gré des circonstances ou de ses intérêts. Le choix d'un *marja'* se faisait sur le critère du degré de science qu'il avait acquis, le croyant ayant le devoir de suivre les avis du *mujtahid* le plus savant. Changer de *marja'* n'était donc possible que si une science supérieure était reconnue à un autre *mujtahid*. L'interdiction de suivre simultanément les avis de deux *mujtahid* était cependant nuancée : si le *marja'* ne s'était pas exprimé sur un sujet précis, et dans ce cas seulement, le croyant pouvait recourir à un autre *marja'*, à condition toutefois que celui-ci ne soit pas connu pour son opposition au premier. De plus, l'imitation du second *marja'* devait se limiter au sujet non abordé par le premier. Enfin, il était interdit d'imiter un *marja'* mort. Le croyant dont le *marja'* décédait devait trouver un autre *mujtahid* comme référence. Pour faire son choix parmi les différents *mujtahid*, il pouvait demander conseil aux ulémas s'il se sentait incapable de discerner lui-même le degré de science des uns et des autres.

Il existait trois façons de recevoir un avis du *marja'* : par contact direct avec lui ; par l'intermédiaire d'un homme ayant entendu le *marja'* s'exprimer ; quand plusieurs personnes témoignaient de choses différentes, elles devaient pratiquer l'*ihtiyât*, la réserve, et suspendre leur jugement. Si une contradiction survenait entre l'écrit d'un *mujtahid* et ce que l'on avait entendu de lui, mettant le fidèle dans l'embarras, l'expression orale avait la prééminence. Si cette contradiction survenait entre deux déclarations ou deux écrits d'un *mujtahid*, c'est la prise de position la plus récente qui l'emportait. L'accession au rang de *marja'* ne dépendait ni d'élections ni de la désignation par un autre *marja'*, mais du prestige personnel et du consensus parmi les religieux. Lorsqu'un consensus existait parmi les *mujtahid* pour reconnaître l'un d'eux comme le plus savant, celui-ci devenait *marja'*. En l'absence de candidat acceptable, plusieurs *mujtahid* de science égale pouvaient coexister.

L'institution religieuse chiite pouvait ainsi faire alterner une autorité suprême, sur le modèle papal, et l'autorité collégiale de plusieurs dirigeants régionaux, sur le modèle de l'Église orthodoxe. Le nombre des *mujtahid* et des *marja'* pouvait varier d'une époque à l'autre, mais l'obligation de suivre l'avis du plus savant des *marja'* portait déjà en germe l'émergence d'un échelon supérieur aux autres, incarné en la personne du *marja' a'la* ou référence suprême.

Cette tendance à reconnaître une autorité supérieure en un *marja'* unique se systématisa à partir de la seconde moitié du XIXᵉ siècle. Cheikh Muhammad Hasan Sâhib al-Jawâhir (1787-1850) fut le premier *marja' taqlîd* (source d'imitation) reconnu dans l'ensemble du monde chiite. Ce religieux unanimement respecté s'était fait l'avocat de la reconnaissance du *marja' taqlîd* en une seule et même personne. Cas exceptionnel, c'est lui qui recommanda Murtaza Ansâri pour lui succéder en tant que premier des *marja'*, même s'il assura qu'il ne s'agissait pas là d'une désignation explicite condamnée par le dogme. Après Ansâri, Mîrza Hasan Shîrâzi (1815-1895) occupa la fonction de premier *marja'* depuis la ville sainte irakienne de Sâmarra, où il résidait.

Le premier des *marja'* concentrait entre ses mains un pouvoir immense. Il disposait, du fait de sa primauté en popularité sur les autres *marja'*, de l'apport d'une grande partie des impôts islamiques, ce qui lui conférait une puissance financière impressionnante. Ainsi, à la fin du XIXᵉ siècle, les *mujtahid* rendaient la justice, faisaient exécuter les peines, possédaient des armées privées, procédaient à la collecte des impôts et se réservaient le droit d'intervenir à tout moment dans la vie politique au nom de la défense de l'islam. C'était déjà un formidable défi à l'autorité de l'État, qu'il fût ottoman ou persan. La localisation du leadership religieux chiite dans des enclaves semi-autonomes de l'Irak ottoman et la tendance à reconnaître un *marja' a'la* créèrent, dans le chiisme du XIXᵉ siècle, certaines similarités surprenantes avec la situation de l'Europe catholique médiévale, où l'on assistait à une rivalité entre l'Église et les princes, et où de nombreux papes aux prétentions théocratiques entendaient dicter, depuis les États pontificaux, leur politique aux souverains, quand ils ne cherchaient pas à se substituer purement et simplement à eux…

Malgré l'exercice de l'*ihtiyât*, la réserve prudente, Murtaza Ansâri avait étendu à tous les domaines le champ d'action des *mujtahid*. Il restait néanmoins hostile à l'activité politique des religieux, sauf cas de nécessité absolue motivée par un grave danger pour l'islam.

La redéfinition du dogme chiite, conséquence de la victoire *usûli*, s'accompagna de l'excommunication du cheikhisme et du bâbisme. Ceux-ci ne pouvaient trouver place au sein du chiisme du XIXᵉ siècle, l'orthodoxie de ce dernier s'étant singulièrement rétrécie sur la base d'un dogme codifié.

L'école cheikhie, fondée par cheikh Ahmad al-Ahsâ'i (1753-1826), peut être considérée comme un avatar de l'école d'Ispahan, qui, au XVIIᵉ siècle, développa un mouvement florissant de philosophie divine (*al-hikma al-ilâhiyya*) fortement influencé par les idées néoplatoniciennes et le soufisme. Les cheikhis mettaient l'accent sur l'acquisition intuitive de la science religieuse, relativisant ainsi l'usage de la raison – une conséquence de leur vision du monde identifiant une troisième dimension à côté de la sphère matérielle et de la sphère spirituelle. De plus, les partisans de cheikh Ahmad al-Ahsâ'i promouvaient le concept de *rukn râbi'*, ou quatrième support, selon lequel se trouvait en permanence parmi les hommes un chiite parfait capable de jouer l'intermédiaire entre le monde physique et l'Imam. C'est cette idée, dont les ulémas *usûli* sentirent rapidement le danger qu'elle pouvait représenter pour leur pouvoir, qui fut cause de la réaction brutale de la hiérarchie religieuse, précisément engagée à la même époque dans un *aggiornamento* doctrinal visant à légitimer l'accroissement de ses fonctions et attributions. Dans le conflit entre *akhbâri* et *usûli*, les cheikhis se situaient dans une position moyenne : tout en justifiant l'*ijtihâd*, ils insistaient sur la nécessité de l'exercer à l'intérieur du cadre des Traditions des Imams. L'hostilité des *mujtahid* au cheikhisme, qui suscita de nombreuses émeutes dans les villes de Perse, réduisit son influence à quelques centaines de milliers de fidèles.

Si les cheikhis ne se considéraient pas comme schismatiques, malgré les anathèmes du clergé *usûli* à leur encontre, on ne saurait en dire autant du bâbisme et des bahaïs. Historiquement issus du chiisme, ils se sont pourtant très vite définis comme une nouvelle religion. La répression dont ils ont fait l'objet, notamment en Iran, n'en a été que plus violente.

Quelles sont les bases admises de la légitimité du clergé? Les ulémas chiites des villes saintes sont soumis à une hiérarchie fondée sur le savoir. Le degré de science acquis par un religieux est officiellement le seul critère lui permettant d'accéder à un statut supérieur. Dans les faits, il faut ajouter le consensus entre les *marja'*, la position de l'État iranien et, plus tard, au début du XXᵉ siècle, le degré d'implication dans les affaires politiques, devenu un atout pour asseoir son autorité religieuse. Au sommet, le *marja' a'la* est normalement reconnu par tous – simples croyants et *mujtahid* – comme le plus savant de son époque. De ce fait, il dispose d'un pouvoir inégalé. Les *mujtahid* forment l'élite du corps religieux et c'est parmi eux que sont distingués les *marja'*. Car il ne suffit pas d'être *mujtahid* pour être reconnu comme *marja'* : le *mujtahid* doit fonder sa propre école d'enseignement de la religion, établir son prestige et étendre son influence sur des cercles toujours plus larges d'étudiants et d'ulémas avant de pouvoir apparaître comme une référence religieuse. C'est là le travail de toute une vie.

Le nombre de *marja'* dans le monde chiite peut varier d'une époque à l'autre, mais il est rarement supérieur à cinq ou six. Le puissant esprit de corps qui unit les *marja'* entre eux n'empêche pas une concurrence féroce entre les plus hautes autorités de l'islam chiite. L'existence d'un *marja' a'la* n'interdit pas à d'autres ulémas de faire figure de référence religieuse. Au début du XXe siècle, les différents titres attribués aux grands ulémas, tels *hujjatulislâm* ou *ayatullâh*, ne semblaient pas se traduire de façon particulière dans leur position au sein de la hiérarchie. De grands *marja'* continuaient d'utiliser pour eux-mêmes le titre de *hujjatulislâm*, le cumulant parfois avec celui d'*ayatullâh*. Seul le titre d'*ayatullâh 'uzma*, « grand ayatollah », indiquait sans ambiguïté que l'on se trouvait en présence d'un *marja'* important.

Il n'y a qu'en Perse que ce nouveau clergé institué fut désigné par un mot plus spécifique : *rôhâniyat* (de l'arabe *rûh*, « esprit »). Le mot *mollâ* s'appliquait à un clerc avec une connotation plutôt péjorative. De même, *âkhund* distinguait à l'origine un clerc qui enseigne, avant de devenir péjoratif. Dans le monde arabe, on préfère s'en tenir à *ulama* (« lettrés »), terme générique désignant les clercs de l'islam – un mot également utilisé en Perse.

La position des grands ulémas chiites reposait donc sur des bases radicalement différentes de celles de leurs confrères sunnites. Chez ces derniers, le statut religieux était lié à une reconnaissance officielle du pouvoir, transmise de façon héréditaire au sein des grandes familles. Aucun *marja'* chiite ne pouvait officiellement désigner un successeur ; les croyants ainsi que l'ensemble des *mujtahid* étaient seuls habilités à choisir celui des religieux qui, à leurs yeux, était le plus savant. Appartenir à une grande famille religieuse était certes souvent indispensable, mais il n'était pas rare que les plus grands *marja'* viennent de familles dont le statut n'était pas particulièrement élevé. Beaucoup parmi les plus célèbres n'étaient pas même des *sayyid*, c'est-à-dire des descendants du Prophète. Des cinq *marja'* qui se succédèrent durant le premier quart du XXe siècle, seuls Muhammad Kâzim Yazdi et Abû'l-Hasan Isfahâni étaient des *sayyid*.

Si les conditions d'accès à la tête de la hiérarchie religieuse étaient connues et codifiées, la réalité en impliquait d'autres, tacites celles-ci, dont le poids variait selon les époques. Il y avait d'abord la position de l'État iranien. Quel que fût le régime en place à Téhéran, qâdjâr, pehlevi ou islamique, ce critère était de toute première importance. En tant que mère patrie du chiisme, l'Iran a toujours joué naturellement un rôle dans les affaires chiites. Certains *marja'* ont ainsi eu besoin du soutien du chah pour être reconnus comme tels – ce fut le cas de Muhsin al-Hakîm (1889-1970) en Irak –, tandis que d'autres, à l'opposé, ont été promus à cet échelon du fait même de leur opposition au régime en place à Téhéran – tel Khomeyni. Ensuite, la division des chiites entre différentes aires culturelles (persane, arabe, indienne, afghane) a toujours suscité l'émergence de *marja'* régionaux. Certains *marja'* n'avaient de fidèles qu'en Iran, d'autres qu'en Irak ou dans le monde arabe, d'autres encore qu'en Afghanistan ou dans le sous-continent indien. Par ailleurs, bien qu'il n'existe pas de désignation explicite, la plupart des *marja'* héritaient d'un report sur leur personne de l'allégeance envers un autre *marja'* défunt, que ce report ait été formulé du vivant de ce dernier ou qu'il soit « conseillé » par ses proches. Enfin, il n'était pas rare de voir, plusieurs années après la mort d'un *marja'*, qu'une partie de ses fidèles persistaient à l'imiter par l'intermédiaire d'une équipe de religieux continuant à gérer son héritage et à répondre en son nom aux questions qui lui étaient posées à titre posthume.

Les *mujtahid* avaient des représentants personnels dans les principaux centres religieux : les *wakîl* et les *mu'tamid*. L'une des tâches qui leur incombaient était de collecter les taxes normalement dues. Tous les chiites, on l'a dit, doivent payer le *khums*, soit le cinquième de leurs revenus, habituellement réservé aux membres de la famille du Prophète. La moitié du *khums*, considérée comme *sahm al-imâm* (la part de l'Imam), était reversée par le croyant au *marja'* en sa qualité de représentant des Imams. La *zakât*, l'aumône légale normalement redistribuée aux pauvres, était également due au *marja'*, qui prenait en charge sa distribution. Enfin, le *radd mazâlim* concernait tous ceux qui recevaient un salaire ou une contribution financière de l'État, à une époque où celui-ci était encore frappé du sceau de l'illégitimité ; ils étaient tenus de reverser une partie de leurs revenus à une autorité religieuse afin de rendre licite l'utilisation du reste de leurs émoluments. Il était en effet admis que le gouvernement était entré en possession de cet argent par des moyens illégitimes, par exemple par le biais de certains impôts religieux que les chiites ne lui reconnaissaient pas le droit de prélever.

Autre source de revenus : un tiers des héritages devait être payé aux *mujtahid* ou à leurs représentants. Il y avait également les contributions des fidèles et du gouvernement iraniens aux *mujtahid* de Najaf et de Karbala, ainsi que le legs de 'Oudh, qui représentait d'importantes sommes en provenance des Indes[1]. Les *waqf* (biens de mainmorte), sous forme de terres, d'immeubles et autres biens, étaient encore une autre source de revenus possible. Certains *mujtahid* bénéficiaient de surcroît de revenus privés, comme sayyid Kâzim Yazdi, à Najaf, propriétaire d'un certain nombre de boutiques et de khans (caravansérails) dans la cité voisine de Koufa.

Même si les ulémas chiites ne recevaient aucun soutien financier du gouvernement, à la différence des sunnites, leurs revenus, en particulier ceux du *marja' a'la*, n'en étaient pas moins considérables, et la diversité de leurs sources empêchait toute dépendance par rapport à telle ou telle d'entre elles. Cette indépendance matérielle était au fondement de leur influence. Cependant, la majorité des *mujtahid* étaient pauvres et vivaient humblement. Ne devant au pouvoir ni leur subsistance ni leur statut, ils étaient hors d'atteinte des pressions du gouvernement et formaient de ce fait une entité agissant selon ses propres principes et valeurs.

---

1. Il s'agissait d'un legs que les souverains de la dynastie chiite Nishâpûri, établie dans le nord de l'Inde, autour de la ville de Lucknow, faisaient aux villes saintes d'Irak. Le clergé *usûli* en fut le principal bénéficiaire, avant que le legs ne tombe entre les mains des Britanniques, qui l'utilisèrent pour favoriser les religieux de leur choix.

Les *sayyid* constituaient une autre élite, héréditaire celle-ci, au sein des villes saintes. Reconnaissables à leurs turbans noirs ou verts, ils n'étaient pas nécessairement des religieux et leur situation matérielle était très variable, mais ils étaient toujours très respectés des chiites. Chez ces derniers, on attribuait traditionnellement le titre de *sayyid* aux descendants du Prophète par Husayn, tandis que les *ashrâf* étaient réputés descendre du Prophète par Hasan.

Les nombreux étudiants en sciences religieuses, notamment à Najaf, Karbala et Qom, formaient la base de la hiérarchie religieuse ; c'est parmi eux que les *mujtahid* étaient recrutés. Dans ces trois villes, les écoles religieuses se comptaient par dizaines. Celles des plus grands *marja'* fonctionnaient comme des universités religieuses dotées de moyens considérables. Le système d'enseignement se caractérisait par l'absence de hiérarchie des classes telle qu'elle existe dans les écoles modernes. L'étudiant passait par trois étapes qui débouchaient sur l'obtention de la licence d'*ijtihâd*. Dix ans d'études au moins étaient nécessaires pour accéder à ce stade.

C'est le *marja'* lui-même qui dispensait les cours lors de cette dernière phase. La méthode d'enseignement – introduite, dit-on, par Murtaza Ansâri – consistait à inciter les étudiants à discuter et à argumenter avec le *mujtahid* à partir d'un problème dont on étudiait toutes les incidences et toutes les solutions au regard de la Loi islamique. Cependant, les aspirants *mujtahid* n'acquéraient le droit de pratiquer l'*ijtihâd* qu'après avoir choisi, rédigé et discuté leur mémoire de thèse de *fiqh* ou d'*usûl al-fiqh* en présence du *mujtahid*, lequel leur reconnaissait alors un pouvoir et une vraie compétence en matière religieuse. La délivrance de l'*ijâza*, signée par plusieurs *mujtahid*, sanctionnait donc un long cursus. Plus éminent était le *mujtahid* délivrant l'*ijâza*, plus celle-ci avait de valeur.

La hiérarchie religieuse chiite portait les traces de l'implication croissante de ses membres en politique. Une tendance qualifiée de « quiétiste » émergea ainsi face aux ulémas les plus « politiques », sans pour autant remettre en cause le triomphe de l'usûlisme, dont ces grands ayatollahs étaient aussi les bénéficiaires. Pour ces derniers, il importait avant tout de protéger les institutions religieuses et de ne rien faire qui puisse les mettre en danger. Il fallait donner priorité au savoir. Les *marja'* qui eurent le plus grand nombre de fidèles ont appartenu à cette école. Quant aux ulémas « politiques », dont beaucoup étaient issus de la jeune génération, leur action leur a parfois permis de contourner les conditions « normales » d'accès au sommet de la hiérarchie et de brûler les étapes, comme si leur activisme avait valu un degré du savoir reconnu aux autres.

Le clergé chiite entre deux empires

Aucune statistique n'existe, mais on présume que les chiites représentent environ 11 % de l'ensemble des musulmans, très majoritairement sunnites. Ils se concentrent dans trois « régions » où siège le clergé – l'Iran, l'Irak, le Liban –, ainsi que dans quelques pays où ils sont minoritaires : l'Inde (de 15 à 20 % des musulmans), le Pakistan (20 % de la population totale, ce qui en fait la deuxième communauté chiite en nombre après l'Iran) et l'Afghanistan (15 % de la population totale), les pays du Golfe, l'Arabie Saoudite. Les chiites sont majoritaires en Iran, en Irak (55 % de la population) et à Bahreïn (75 % de la population). Au Liban, ils sont en majorité relative, puisqu'ils représentent environ 33 % de la population, mais la majorité des musulmans. Les dirigeants religieux chiites « règnent » donc sur une population mondiale de quelque 170 millions d'individus, majoritairement iraniens, puis indo-pakistanais et afghans, enfin arabes, avec des minorités africaines, notamment à Zanzibar.

En Iran, les chiites sont très largement majoritaires (82 % de la population). C'est la plus grande communauté chiite au monde et la plus homogène. Il ne s'agit pas d'une homogénéité ethnique : la moitié seulement des chiites iraniens sont persanophones. Les autres sont kurdes (20 % des Kurdes), arabes du Golfe et du Khouzistan ou azéris turcophones. Les sunnites iraniens sont situés dans les marges du pays : Baloutches, Turkmènes, Kurdes et Arabes du Golfe. L'Iran s'est converti au chiisme au début du XVIᵉ siècle, au moment de l'avènement de la dynastie séfévide. Les liens entre le chiisme et l'Iran sont si forts qu'ils sont devenus indissociables. Le chiisme fait partie de l'identité nationale iranienne au point que beaucoup de sunnites pensent qu'il est une version iranienne de l'islam, voire une hérésie persane. Il est en effet devenu le ciment d'un empire perse multiethnique dont l'État, depuis les Séfévides, revendique l'identité.

Le chiisme iranien est demeuré imprégné de mysticisme et de conceptions soufis. En Iran, le clergé entretient des relations étroites avec ce qu'on appelle le Bâzâr, qui désigne la classe des commerçants et des artisans, sorte de bourgeoisie nationale. Catégorie économique, politique et sociale importante en Iran, au moins depuis l'époque qâdjâre, le Bâzâr a constitué la principale force d'opposition à l'élite politique pendant la plus grande partie du XXᵉ siècle. L'alliance des artisans et commerçants bâzâris avec le clergé chiite a toujours représenté une menace sérieuse pour le gouvernement royal.

La dynastie qâdjâre, d'origine turque, a pris les rênes de cet empire multiethnique en 1779 et a régné jusqu'en 1925. Au cours de cette période ont eu lieu en Iran des événements importants dont les effets persistent aujourd'hui. Les interventions de la Russie et de l'Angleterre pour mettre le pays sous tutelle se sont intensifiées au XIXᵉ et au début du XXᵉ siècle. L'Iran a perdu près d'un tiers de son territoire dans les guerres avec la Russie. Au début du XXᵉ siècle, l'économie persane a été placée sous la domination des puissances européennes, tout comme les institutions de l'État.

La dynastie qâdjâre ne put s'opposer à la mainmise des Européens sur l'ensemble des activités iraniennes : la réforme administrative était financée par un emprunt contracté auprès de la Banque impériale de Perse, contrôlée par les Britanniques ; le pays était dominé par cette banque, fondée en 1889 dans le cadre de la concession Reuter, véritable État dans l'État ; l'ordre public était assuré dans les provinces par onze officiers suédois chargés de former une gendarmerie, créée grâce à l'emprunt anglo-russe de 1912 ; la brigade cosaque pro-russe fit régner la terreur dans le Nord dès 1879, avant d'être attirée dans l'orbite britannique. À partir de 1899, date à laquelle l'administration des douanes fut confiée à des fonctionnaires belges – une mission qui allait durer vingt ans –, fraudes et passe-droits furent la règle. Le pétrole iranien, découvert en 1901, était sous l'emprise totale des Anglais. De nombreuses provinces en révolte échappaient au contrôle de l'État. À la suite de la révolution bolchevique, en 1919, l'Angleterre tenta d'obtenir la mainmise complète sur le pays en signant un accord avec le Premier ministre iranien ; puis, face aux vives oppositions soulevées par cette initiative, elle changea de tactique et planifia un coup d'État qui aboutit en quelques années à la destitution du dernier roi de la dynastie qâdjâre et à l'intronisation de Reza Shâh Pehlevi.

Face à la Perse, porte-drapeau du chiisme, l'Empire ottoman se voulait la citadelle du sunnisme. Les chiites d'Irak et du Liban vivaient donc au sein d'un empire qui ne les reconnaissait pas et qui pouvait leur être hostile ; ils étaient souvent soupçonnés de constituer une « cinquième colonne » iranienne en territoire ottoman, et leurs relations avec la Porte connurent bien des hauts et des bas.

Si le chiisme est lié en Iran à l'identité nationale, en Irak il est intimement associé à la hiérarchie tribale propre au monde bédouin et à l'histoire des tribus arabes. Le chiisme irakien est donc avant tout arabe (bien qu'il existe des minorités chiites chez les Kurdes et les Turkmènes) et imprégné de valeurs bédouines, ce qui le différencie du chiisme iranien. Jusqu'à une époque récente (début du XXᵉ siècle), les chiites de la Mésopotamie ottomane étaient, dans leur majorité, de nouveaux adeptes convertis au chiisme. La Mésopotamie a en effet été le dernier grand réceptacle des invasions nomades à travers le monde. Au fil des siècles, les tribus nomades, sunnites pour la plupart, migrèrent des déserts de la péninsule Arabique aux plaines fertiles du Tigre et de l'Euphrate. Là, leur nouvel environnement les amena à se sédentariser. Cultivateurs, éleveurs de moutons, pêcheurs dans les zones des marais au sud, ils furent confrontés à un redoutable défi, car, dans le système de valeurs bédouin, la sédentarisation signifiait la déchéance. Les communautés sédentarisées ou semi-sédentarisées devinrent donc les « protégées » des grands chameliers, demeurés nomades et à qui elles devaient payer tribut pour leur protection. Des cheikhs tyranniques accaparèrent les terres avec l'accord de la Porte. Ravalés au rang de serfs et de paysans sans terre, les anciens hommes libres des tribus trouvèrent dans le chiisme un cadre adéquat pour exprimer leur souffrance et leur refus de l'esclavage auquel ils étaient désormais réduits dans un nouveau système quasi féodal. L'insistance du chiisme à rejeter l'injustice et à mettre en avant l'obligation de se révolter contre la tyrannie en fit un recours pour ces hommes.

Le clergé chiite vivait dans les villes saintes d'Irak, qui jouissaient d'un statut d'extraterritorialité de fait. Protégés de la menace ottomane par un territoire tribal qui échappait au contrôle de la Porte, les ulémas chiites envoyèrent sur place leurs *mu'min*, prédicateurs itinérants qui convertirent rapidement le centre et le sud de l'Irak pour en faire un pays tribal et chiite homogène.

Les villes saintes d'Irak étaient également un refuge pour l'opposition persane. La masse des plus pauvres était chiite, mais c'était aussi le cas d'une frange de la bourgeoisie qui réussit à s'enrichir. Privés du pouvoir politique et de la possibilité de faire carrière dans l'armée, ces chiites parvinrent, à l'instar des juifs d'Irak, à compenser cette soumission politique et sociale par quelques belles réussites économiques. Des réseaux prospères de commerçants chiites, souvent rattachés aux plus grands ulémas par des unions matrimoniales, reliaient ainsi les Indes à la Mésopotamie, en passant évidemment par la Perse.

Sur le territoire de l'actuel Liban, les chiites sont connus depuis la fin du XVIIᵉ siècle sous le nom dialectal de *metwali*. L'origine du mot demeure obscure, mais elle peut être liée à l'allégeance des chiites envers l'Imam Ali, l'« Ami de Dieu » (*Wali Allâh*). Toutefois, le mot est devenu péjoratif, notamment dans la bouche des sunnites, pour lesquels il signifie « populaire ». Au Liban, les chiites sont répartis entre le Sud (Jabal Amil), le littoral sud (Tyr), les alentours de Baalbek et la Bekaa, Hermel, plus au nord, et le Kesrouan. On les trouve également depuis une période plus récente dans la banlieue sud de Beyrouth (les quartiers de Chiyâh, de Hâret Hreyk et de Bir al-Abed, bastion du Hezbollah libanais). Ils représentent aujourd'hui le tiers de la population et la majorité des musulmans. Beaucoup ont émigré en Afrique noire francophone et en Amérique latine, où ils prospèrent dans le commerce sans rompre leurs liens avec leur pays d'origine.

Le Jabal Amil a toujours joué un rôle important dans la genèse de la direction religieuse chiite. Ce sont des ulémas de cette région que les souverains séfévides ont sollicités pour venir « convertir » au chiisme duodécimain l'Iran, jusqu'alors majoritairement sunnite. La société chiite du Liban est longtemps demeurée très patriarcale, avec une hiérarchie dominée par les *za'îm*, les chefs de clan des grandes familles, souvent de gros propriétaires terriens au sein d'un système quasi féodal – les As'ad, les Al Sa'îd, les 'Usayrân, les Al Zayn et les Bazzi, entre autres. Rattachés au sandjak de Beyrouth pour les uns (Jabal Amil), à la province de Syrie pour les autres, les chiites du Liban constituaient la partie la plus pauvre de la population, si l'on excepte parmi eux les grandes et riches familles.

Les chiites de l'Empire ottoman et leur gouvernement vivaient dans une situation de non-reconnaissance mutuelle. Pour les chefs religieux chiites, le sultan-calife d'Istanbul n'était qu'un usurpateur auquel ils ne reconnaissaient aucune légitimité religieuse. Quant à la masse des paysans des tribus chiites, outre leurs cheikhs tribaux, ils ne reconnaissaient que l'autorité de leurs *mujtahid* implantés dans les villes saintes. Il n'existait pas de *millet*[1] chiite à l'image des *millet* chrétiens et juif. Les chiites n'avaient pas de statut spécial et étaient assimilés aux musulmans sunnites. Le territoire tribal fut longtemps hors de contrôle des représentants du gouvernement ottoman. Siégeant dans les villes, ceux-ci ne pénétraient dans les zones tribales que lors d'expéditions militaires qui les faisaient apparaître comme des ennemis aux yeux des habitants. Inclus dans les vilayets de Bagdad et de Bassorah, les chiites de Mésopotamie ont longtemps connu un statut d'extraterritorialité de fait.

De même que la Perse voisine, l'Empire ottoman fut victime des appétits européens grandissants au cours du XIXᵉ siècle, jusqu'à son démembrement à la faveur de la Première Guerre mondiale. La victoire de 1818 sur les wahhabites ne signifia pas la fin des difficultés pour la Porte. Les Tanzîmât (1839-1876), réformes d'inspiration européenne, aboutirent au contraire à une mainmise croissante de l'Europe. Persistante, la crise ottomane exposait de plus en plus l'Empire aux convoitises extérieures et offrait aussi

---

1. Le *millet* était une communauté religieuse légalement reconnue et protégée dans le système du pluralisme limité ottoman. Chrétiens et juifs jouissaient ainsi d'une autonomie interne assez étendue, notamment en matière de statut personnel, géré par des tribunaux à part.

aux minorités indigènes, elles-mêmes fort divisées, l'occasion de travailler avec ardeur – une ardeur spontanée ou provoquée – à une émancipation longtemps attendue.

Les Grecs obtinrent leur indépendance en 1827. Les Français s'emparèrent d'Alger en 1830 et entreprirent la conquête de l'Algérie. Les Égyptiens occupèrent la Syrie en 1831 et écrasèrent l'armée ottomane à Nasib en 1839. Des troubles éclatèrent au Liban en 1845, mettant aux prises druzes et maronites. En 1853, la guerre reprit avec la Russie. Au Liban, les grandes puissances imposèrent à la Porte le double caïmacamat[1], maronite et druze, puis engagèrent en 1860-1861 une expédition pour venir en aide aux maronites du Mont-Liban. La France établit son protectorat sur la Tunisie en 1881 et les forces britanniques occupèrent l'Égypte l'année suivante. La pénétration économique de l'Europe prit des dimensions inédites, la dégénérescence du système capitulaire[2] lui valant des privilèges hors de proportion. La guerre de Crimée (1853-1856) avait révélé la faiblesse financière de l'Empire : absence de vrai budget, irrégularité des rentrées fiscales, endettement croissant. Ses finances et ses douanes passèrent sous la tutelle de la Banque impériale ottomane, créée en 1863 et dirigée par un consortium franco-anglais. L'Empire se trouva bientôt incapable d'empêcher l'accession à l'indépendance de plusieurs pays des Balkans, perdant de plus en plus de territoires en Europe. En quelques décennies, il se vit amputé de toutes ses provinces européennes, à l'exception de la Thrace orientale et de ses possessions caucasiennes.

C'est donc dans le contexte d'une expansion européenne sans précédent au Moyen-Orient que le clergé chiite commença à occu-

---

1. Il s'agissait d'un compromis entre deux « nations », maronite et druze, appuyées sur deux territoires dirigés par un *caïmacam* (gouverneur).

2. Succession d'accords entre l'Empire ottoman, ou la Perse, et les nations chrétiennes d'Europe accordant droits et privilèges aux étrangers résidant dans les deux empires musulmans.

per une place croissante sur le terrain politique. Le lieu de résidence des autorités religieuses chiites se trouve dans les six villes saintes d'Irak et d'Iran : Najaf, Karbala, Sâmarra et Kâzimayn en Irak ; Mashhad et Qom en Iran. C'est là que vit la *hawza 'ilmiyya*, qui désigne l'ensemble des écoles religieuses entretenues par les grands *mujtahid*. Au xxe siècle, certains *mujtahid* libanais ont élu domicile au Liban et à Damas – ainsi sayyid Muhsin al-Amîn (1867-1952), sayyid Abd al-Husayn Sharaf al-Dîn (1872-1957) et sayyid Fadlallâh (1935-2010), le « chef » spirituel du Hezbollah libanais. Mais presque tous ont fait leurs études à Najaf. La ville demeure le premier lieu d'enseignement de la religion, même si elle est concurrencée par l'iranienne Qom.

C'est autour des tombes des Imams que se sont édifiées les cinq villes saintes du chiisme en Irak et en Iran. Seule Qom fait exception : elle n'abrite que la tombe de Fâtimah Ma'sûmeh (Fâtima la Pure), sœur du huitième Imam, Ali Reza, et n'a été érigée en lieu de résidence de la *hawza* qu'au début du xxe siècle. De par leur caractère sacré, Najaf, Karbala, Sâmarra, Kâzimayn et Mashhad sont devenues les villes d'accueil de nombreux ulémas et *sayyid* chiites, ainsi que de centres religieux et culturels destinés à l'enseignement du dogme duodécimain. Elles sont également d'importants lieux de pèlerinage. Sous l'impulsion des Séfévides, la Perse a joué un rôle déterminant dans la promotion des villes saintes d'Irak, dont les chahs se posaient volontiers en protecteurs. Mais Najaf et Karbala se transformèrent vite, grâce à leur extraterritorialité de fait, en refuges pour l'opposition persane. Les ulémas persans s'y trouvaient hors d'atteinte de la répression de leurs souverains et pouvaient s'adresser librement et directement aux rois et aux croyants.

Située à 170 kilomètres au sud de Bagdad, à proximité d'un des bras de l'Euphrate, Najaf occupe la quatrième place dans la hiérarchie des villes saintes de l'islam, après La Mecque, Médine et Jérusalem. Elle est considérée comme l'un des grands centres traditionnels de la culture et de l'enseignement islamiques. L'histoire religieuse de Najaf remonte à 792, lorsqu'on y découvrit la tombe de l'Imam Ali, tué en 661 à Koufa, à 10 kilomètres à l'est de Najaf, alors qu'il faisait valoir ses droits au califat face aux Omeyyades. Le mausolée d'Ali se trouve au centre de la ville et constitue un ensemble architectural d'autant plus impressionnant que, avec sa coupole, ses minarets scintillant d'or, ses innombrables richesses provenant de générations de pèlerins et de dons des souverains persans, il domine une ville basse essentiellement construite en terre. Le patrimoine historique de Najaf est aujourd'hui menacé par la volonté du gouvernement chiite de « dégager » le mausolée de l'Imam Ali à des fins d'industrialisation du pèlerinage, à l'instar de ce qu'ont fait les autorités saoudiennes en infligeant d'irréparables préjudices à la vieille ville de La Mecque. Chez les ulémas chiites, Najaf jouit d'une prééminence sur les autres centres d'enseignement de la religion. Sa concurrente à partir des années 1920, la ville iranienne de Qom, n'est pas parvenue à la détrôner comme capitale du chiisme.

Karbala est toujours évoquée avec émotion par les chiites, car elle est intimement associée à l'événement survenu le 10 du mois de *muharram* 61 (10 octobre 680), dit « tragédie de Karbala ». Ce jour-là, le second fils d'Ali et troisième Imam chiite, Husayn, fut tué par les Omeyyades alors que, venant de La Mecque, il marchait en direction du cœur de l'Irak pour y faire valoir ses droits au califat. Husayn fut décapité et enterré sur place. Sa tombe devint vite un lieu de pèlerinage. Le souvenir du sacrifice de Husayn inspire les principales manifestations rituelles des chiites. La charge émotionnelle qui accompagne les commémorations de son combat héroïque contre le tyran omeyyade Yazîd est un aspect fondamental du génie de la religion chiite, qui, à partir de l'exemple de ce troisième Imam, glorifie la lutte contre l'injustice et la tyrannie ainsi que le martyre enduré au nom de l'islam.

Chaque année, le 10 *muharram*, ou *'Ashûra*, marque le climax du deuil chiite avec des rites impressionnants : des processions de flagellants parcourent les rues menant au mausolée ; dans les *husayniyya* – le lieu où se déroule la commémoration de la bataille de Karbala –, des récitants revivent les tragiques événements au bruit de percussions ; la foule rassemblée se bat la poitrine en signe de deuil. Le mausolée est visible de loin : sa coupole et ses deux minarets recouverts d'or créent un cadre d'une beauté exception-nelle, propice à la dévotion. Tous les souverains persans, et même ottomans, ont contribué par leurs dons à la munificence du lieu. À 300 mètres, un autre mausolée, celui d'Abbâs, le demi-frère de Husayn, lui aussi tombé en martyr à Karbala, complète l'admi-rable ensemble. Malheureusement, comme Najaf bien que pour des raisons différentes, la vieille ville de Karbala a souffert des dommages irréversibles. En effet, l'immense esplanade séparant le mausolée de Husayn de celui d'Abbâs est la conséquence des bombardements lancés par Saddam Hussein en 1991 pour mettre fin au soulèvement généralisé de la population irakienne à la suite de la défaite du régime au Koweït. La ville fut ainsi bombardée à l'artillerie lourde et même à l'arme chimique. Si Karbala n'occupe pas le même rang que Najaf, dont elle n'est séparée que de 80 kilo-mètres, en tant que lieu de résidence privilégié des *mujtahid*, et si ses écoles religieuses ne sont pas aussi développées que dans la ville de l'Imam Ali, son importance symbolique est unique. Pour un *mujtahid*, choisir Karbala comme lieu de résidence peut être une façon de s'éloigner de Najaf et d'indiquer qu'il entend bran-dir l'étendard de la révolte à l'instar de Husayn. Tel fut le cas de l'ayatollah Muhammad Taqi Shîrâzi, leader de la révolution de 1920 en Irak.

Sâmarra est la troisième ville sainte chiite après Najaf et Karbala. Située sur la rive orientale du Tigre à 140 kilomètres au nord-ouest de Bagdad, elle est la seule à être entourée majoritairement par des sunnites. Selon la tradition chiite, c'est dans les souterrains de cette ancienne capitale des califes abbassides que disparut le douzième Imam, Abû'l-Qâsim Muhammad al-Mahdi, en 874. Une communauté chiite s'installa alors dans la cité près du lieu de l'Occultation. La ville renferme aussi les tombes des dixième et onzième Imams chiites, Ali al-Naqi al-Hâdi et Hasan al-Askari. Le mausolée et la mosquée attenante, merveille de l'art islamique, ont été partiellement détruits en 2005 par un attentat antichiite. Ce fut le détonateur d'une guerre interconfessionnelle entre chiites et sunnites qui fit des centaines de milliers de morts entre 2005 et 2008. La ville a aussi été choisie comme lieu de résidence par Mîrza Shîrâzi, le *marja' a'la* de la fin du XIXᵉ siècle.

Kâzimayn, attachée aux « deux nobles Kâzim », est située dans les faubourgs nord-ouest de Bagdad. La ville abrite les tombes des septième et neuvième Imams, Mûsa al-Kâzim et Muhammad Taqi al-Jawâd. Les coupoles jumelles, flanquées de quatre minarets, indiquent que deux Imams sont enterrés sous leur voûte. Kâzimayn est la ville du *marja'* Muhammad al-Khâlisi (1855-1925), qui mena le combat contre le mandat britannique sur l'Irak dans les années 1920. Comme ceux de Najaf et de Karbala, les vieux quartiers de Kâzimayn sont mis en péril par la volonté du gouvernement de Nouri al-Mâliki, à majorité chiite, d'optimiser l'espace dédié aux pèlerinages. De nombreux trésors architecturaux, comme la mosquée Safawi, datant du XVIᵉ siècle, sont menacés de destruction.

En Iran, seule Mashhad (« le Lieu du martyre »), capitale du Khorassan située à 500 kilomètres à l'est de Téhéran, abrite la tombe d'un Imam. Il s'agit d'Ali Reza, le huitième. Selon la tradition chiite, il aurait été empoisonné par le calife abbasside al-Ma'mûn en 818. Le sanctuaire de l'Imam Reza est devenu un foyer de piété chiite de plus en plus fréquenté. Sous les Séfévides, à partir du XVIᵉ siècle, ce pèlerinage offrit une alternative à celui de La Mecque ou à ceux de Najaf et de Karbala, situés en territoire ottoman « ennemi ». Entouré de deux immenses cours, le mausolée est impressionnant. Du plus loin qu'il arrive, le pèlerin est subjugué par le dôme de cuivre doré encadré de ses deux minarets qui signale l'*astâne-qods*, le « seuil sacré » de l'Imam Reza. Shah Abbâs Ier (1588-1629) fit restaurer et agrandir le sanctuaire, qui s'enrichit encore de plusieurs *madrasa* au XVIIe siècle. Une nouvelle cour fut construite à l'époque qâdjâre (XIXe siècle), puis, au XXe siècle, le sanctuaire entra dans l'ère de l'urbanisme moderne : Reza Shâh Pehlevi fit aménager une route circulaire autour du complexe historique ; son fils Mohammed-Reza isola le sanctuaire au milieu d'un large anneau de verdure et de routes ; enfin, la République islamique lança des travaux considérables, à peine achevés à ce jour, signant l'extension maximale du site. Entre-temps, Mashhad est devenue la deuxième ville du pays après Téhéran, avec une population estimée en 2006 à plus de 2,5 millions d'habitants. Mashhad est le lieu de résidence de nombreux *mujtahid* et compte maintes écoles qui leur sont liées.

Qom, située à 120 kilomètres au sud de Téhéran, abrite la tombe de la sœur de l'Imam Reza, laquelle trouva la mort alors qu'elle rejoignait son frère au Khorassan. Autour du tombeau de « Sainte Fâtima la Pure » s'est développé dès le Moyen Âge un haut lieu d'enseignement des traditions du chiisme, revivifié à partir de 1923, lorsque cheikh Abdol-Karîm Hâ'iri Yazdi (1859-1937) refonda la *hawza* de Qom, en passe de rivaliser avec Najaf. Deuxième ville sainte iranienne après Mashhad, Qom est devenue grâce au pouvoir politique, notamment sous les Pehlevi, un très important centre religieux, résidence de nombreux *mujtahid*, avec des écoles religieuses et une pléthore de bibliothèques. La *hawza 'ilmiyya* se partage essentiellement entre Najaf et Qom, en quelque sorte concurrentes depuis la chute de Saddam Hussein en 2003.

Il convient enfin de mentionner Sayyida Zaynab, dans les faubourgs sud de Damas, en Syrie. Abritant la tombe de Zaynab, sœur de Husayn, le lieu célèbre le modèle idéal de la femme pieuse aux yeux des chiites[1]. Zaynab avait accompagné son frère pour le soutenir sur le champ de bataille à Karbala et avait réussi à abreuver ses compagnons, qui souffraient de la soif dans le désert. Le quartier, initialement peuplé de réfugiés palestiniens, est virtuellement devenu une nouvelle ville sainte chiite de par la volonté conjointe de la République islamique d'Iran et du régime de Hafez al-Assad. À une époque où le régime de Saddam Hussein rendait difficile l'accès aux villes saintes d'Irak, il servit en effet de lieu saint de substitution, notamment pour les chiites du Liban.

Les autres Imams chiites sont enterrés avec d'autres membres de la famille du Prophète à Médine, en Arabie Saoudite. On y retrouve les sépultures de personnages aussi prestigieux aux yeux des chiites que Fâtima, la fille du Prophète, épouse de l'Imam Ali et mère des Imams Hasan et Husayn; le second Imam Hasan; ou encore les Imams Ali Zayn al-Abidîn, Muhammad al-Bâqir et Ja'far al-Sâdiq, respectivement quatrième, cinquième et sixième Imams chiites infaillibles. Chaque année, la visite par les pèlerins chiites du cimetière de Baqî' est l'occasion de tensions avec les autorités saoudiennes, qui veillent à limiter les « débordements » d'une piété qu'elles considèrent comme non islamique et potentiellement dangereuse sur le plan politique.

Les villes saintes chiites, au premier rang desquelles Najaf et Qom, sont le siège des autorités religieuses. Leurs ulémas appartiennent à de grandes familles religieuses. Ainsi, Najaf était la ville des Kâshif al-Ghatâ', les descendants de cheikh Ja'far ibn Khidr al-Najafî (1743-1812), plus connu sous le nom de Kâshif al-Ghatâ' d'après le titre de son plus célèbre traité de *fiqh*, *Kashf al-Ghatâ'* (« Le Dévoilement du secret »). De même, Bahr al-'Ulûm fut le nom donné aux descendants de sayyid Muhammad Mahdî Tabâtabâ'î

---

1. À noter que Zaynab est aussi représentée au Caire par un tombeau.

Burûjerdi, réputé pour son traité de *fiqh* intitulé *Bahr al-'Ulûm* (« L'Océan de sciences »), et al-Jawâhir celui attribué aux descendants de l'auteur d'un traité de *fiqh* intitulé *Jawâhir al-Kalâm* (« Les Joyaux de la parole »). La grande famille d'ulémas des Tabâtabâ'îi est présente en Iran et en Irak, en particulier la branche des al-Hakîm. Beaucoup de *marja'* portent le nom de leur province ou de leur ville d'origine (Khurâsâni, Nâ'îni, Shîrazi, Isfahâni, Qummi, Hilli, Burûjerdi, Tehrani, Mâzanderâni, etc.).

La majorité de ces familles, d'origine persane plus ou moins lointaine, sont venues s'installer dans les villes saintes d'Irak au fil des siècles. Depuis le XVIIe, la quasi-totalité des grands *marja'* est d'origine persane récente. Qu'ils fussent d'origine persane ou arabe, beaucoup possédaient la double nationalité persane et ottomane, ce qui présentait l'avantage de les mettre à l'abri d'éventuelles mesures répressives des pouvoirs en place, mais aussi de la conscription.

Les alliances matrimoniales sont fréquentes entre familles de grands ulémas. Toutefois, dans la plupart des cas, cette parenté n'apparaît pas de façon explicite, car les alliances se font par l'intermédiaire des femmes, dont les arbres généalogiques ne portent pas trace. Ainsi, qui sait que le petit-fils du révolutionnaire Imam Khomeyni s'est marié avec la petite-fille du « quiétiste » ayatollah Sîstâni, installé à Najaf et, depuis 1992, grand *marja'* des chiites ? Souvent, la complexité des unions et l'imbrication des parentés sont telles qu'il devient difficile de distinguer les familles entre elles. La plupart ont des branches iraniennes, arabes, parfois même indiennes : c'est le cas des al-Hakîm et des Sadr, qu'on retrouve du Liban à l'Iran, en passant évidemment par l'Irak. Si cette endogamie de la classe religieuse n'était pas systématique, elle était suffisamment répandue pour qu'on puisse y voir la caractéristique d'une élite qui, par-delà les frontières ethniques et étatiques, tissait des liens indéfectibles entre les meilleurs de ses membres.

Chez les grands *marja'*, le sentiment d'appartenir à une élite enracinée dans une ville sainte prime toute autre forme d'identité, qu'elle soit ethnique ou liée à un État. Cependant, il ne faut pas oublier que c'est le degré de science religieuse reconnu à chacun, et non la naissance, qui est le critère fondamental de l'influence acquise par les *marja'*. C'est pourquoi la majorité des *marja' a'la* qui se sont succédé depuis le début du XIXe siècle n'étaient pas des *sayyid*, certains parmi les plus importants n'appartenant pas même aux illustres familles religieuses citées plus haut. Tel fut le cas de Murtaza Ansâri, de cheikh Muhammad Husayn Khurâsâni ou de cheikh Muhammad Taqî Shîrâzî, sans parler de cheikh Mahdi al-Khâlisi, dont la famille est d'origine tribale arabe. Malgré leur cosmopolitisme, les grands *marja'* n'échappent toutefois pas totalement aux adhésions nationales : tel *marja'* est suivi plutôt en Iran, tel autre plutôt en Irak et au Liban, tel autre encore plutôt en Afghanistan ou au Pakistan.

II

Clergé chiite, réformisme musulman
et panislamisme au XIXe siècle

Le réformisme musulman s'est développé en réaction aux empiétements croissants de l'Europe sur la souveraineté des pays d'islam. Il a pris son essor sur des bases révolutionnaires pan-islamiques – unissant sunnites et chiites – et anti-impérialistes. Il s'agissait de relever le défi de la modernité européenne par le développement d'une modernité islamique : étaient visés les souverains musulmans au despotisme proverbial ainsi que les croyances rejetées comme des innovations blâmables, tels le culte des tombeaux de saints et certains rites soufis. Du fait de leur éloignement de l'islam, ces souverains et ces pratiques étaient rendus responsables du retard du monde musulman. Il convenait dès lors de revenir au message originel et de réaffirmer l'unité de l'*umma* musulmane.

Du fait de son poids démographique et économique, ainsi que de son patrimoine historique prestigieux, la Mésopotamie, à l'instar de la Syrie et de l'Égypte, se devait de participer au mouvement de renaissance qui commença à animer, à partir de la seconde moitié du XIXe siècle, les grandes villes du Machrek comme Beyrouth, Damas et Le Caire. Ainsi, des cités mésopotamiennes comme Bagdad, Najaf, Sâmarra et Karbala furent effectivement le théâtre d'un renouveau comparable à celui que connurent les autres grands centres urbains du Moyen-Orient. Mais, à la différence de ces derniers, le processus était caractérisé par l'absence quasi totale de tendance occidentalisée. Ses principaux promoteurs étaient les ulémas chiites, qui furent les véritables animateurs d'un vaste courant réformiste musulman, à l'opposé du modernisme laïcisant ou du positivisme scientifique qui s'exprimaient en Égypte et au Liban à la même époque. Au cours du XIXᵉ siècle, les ulémas chiites avaient été de plus en plus souvent amenés à prendre position sur les grandes affaires du moment. Cependant, l'émergence de ce mouvement n'était pas étrangère au rôle que sunnites et chiites conféraient à leurs ulémas et à leurs institutions religieuses respectives, non plus qu'aux relations qu'ils entretenaient avec le pouvoir. Certains facteurs, déjà évoqués, avaient permis aux institutions religieuses chiites de jouer un rôle éminent là où les institutions sunnites restaient dans l'orbite du gouvernement.

Le dogme chiite nouvellement codifié après la victoire *usûli*, l'indépendance de la hiérarchie religieuse chiite par rapport aux gouvernements, qu'ils soient ottoman ou persan, la place occupée par Najaf en tant que véritable capitale religieuse du chiisme abritant les plus grands *marja'*, tous ces facteurs conjugués contribuèrent à créer un formidable bouillonnement intellectuel et politique. Parce que les ulémas en étaient les dirigeants effectifs et l'islam la principale référence, et parce qu'il se révéla capable de susciter des mouvements de masse, le phénomène paraît à maints égards ne pas avoir d'équivalent dans les autres pays arabes du Moyen-Orient à la même époque. À Najaf, Karbala et Sâmarra, villes saintes chiites et lieux de résidence des *mujtahid*, les manifestations de ce réveil islamique revêtirent une ampleur sans précédent, illustrant la naissance d'un véritable courant politique islamique. Celui-ci sera au fondement du mouvement qui combattra le despotisme du chah comme la mainmise des puissances européennes sur les terres d'islam, en particulier en Perse et en Mésopotamie ottomane.

De fait, les grands *mujtahid* prirent la tête de la lutte contre les puissances européennes qui assaillaient les pays d'islam de toute part. Soucieux de favoriser la critique de la culture et de la civilisation européennes, dont ils dénonçaient les influences perverses sur les sociétés islamiques, ils entreprirent de vastes campagnes, multipliant les appels à la défense de l'islam et au panislamisme. C'est le développement sans précédent de la science des *usûl al-fiqh* (les fondements de la jurisprudence islamique) au XIXe siècle, après la victoire *usûli*, qui permit un tel processus. Najaf en particulier, qui avait été le théâtre de la lutte sans merci entre *usûli* et *akhbâri* et du triomphe des premiers, apparut comme le centre intellectuel et religieux où les ulémas osaient relever le défi des théories matérialistes occidentales et des idées européennes.

Ce florissant mouvement de critique et de recherche s'accompagna de la publication de dizaines de livres en arabe et en persan. Parmi les prises de position les plus célèbres figure la critique des théories de Darwin dans la revue najafie *Al-'Irfân* (« La Connaissance ») par cheikh Agha Rida Isfahâni, s'inscrivant dans une ample mobilisation de la ville sainte contre la philosophie évolutionniste. Parallèlement, les méthodes et le contenu de l'enseignement dispensé dans les écoles religieuses de Najaf commencèrent à être au centre des débats. Une nouvelle direction religieuse et politique se mit à faire valoir la nécessité de renouveler effectivement la pensée islamique. Les villes saintes de Mésopotamie étant devenues des terres d'émergence privilégiées de nombreux dirigeants religieux, *marja' a'la* et *mujtahid* importants, ceux-ci firent de Najaf leur lieu de résidence, et donc une capitale politique et un centre de pouvoir incontournable.

La personnalité de Jamâl al-Dîn al-Afghânî (1838-1897) incarne au mieux cette version moderne et idéologisée de l'islam.

Il est l'un des initiateurs du réformisme musulman les plus unanimement respectés et a été étroitement associé à cette effervescence des villes saintes du chiisme. Des doutes subsistent sur le lieu de naissance d'al-Afghânî. Selon lui-même et la tradition musulmane sunnite, il serait né en Afghanistan – dont il parlait les deux langues, le pachto et le dari (ou persan d'Afghanistan) – au sein d'une famille de *sayyid* d'Asadâbâd, dans la province afghane de Kunar. Mais les Iraniens affirment qu'il serait né dans le village iranien homonyme d'Asadâbâd, près de Hamadan – ils l'appellent d'ailleurs volontiers Asadabâdi –, au sein d'une famille chiite persane dont les origines remonteraient à l'Imam Husayn. Bien que lui-même et ses compagnons de route et de combat, dont l'Égyptien Muhammad Abduh (1849-1905), aient toujours soutenu qu'il était afghan, pour les défenseurs de la thèse iranienne il aurait prétendu l'être afin de se présenter comme un musulman sunnite – la branche à laquelle adhèrent la majorité des musulmans – et de toucher ainsi un public plus large, son action s'inscrivant également dans un vaste mouvement de renaissance intellectuelle.

Ayant étudié et vécu à Najaf ainsi qu'à Karbala, al-Afghânî a été imprégné de l'atmosphère des deux villes au moment même où y prospéraient les études philosophiques et les recherches dans les domaines du *kalâm* et des *usûl*. C'est là qu'il a acquis une part essentielle de sa formation intellectuelle, notamment les bases de la philosophie islamique, la *falsafa*, dans laquelle Ibn Sîna (Avicenne, 980-1037) occupait une place de choix après la victoire *usûli*. Najaf et Karbala étaient en effet réputées pour cet enseignement. Il faut préciser que la connaissance des sciences islamiques, en particulier de l'héritage philosophique rationaliste, était en général plus facile à acquérir dans les écoles chiites que dans les écoles sunnites. La situation prévalant à Najaf ne devait toutefois pas permettre à al-Afghânî d'y jouer le rôle qui serait le sien au Caire.

Les influences extérieures, notamment celles en provenance de Perse et, dans une moindre mesure, d'Égypte et des Indes, eurent une importance décisive sur Najaf et sur le chiisme en Mésopotamie. Le mouvement intellectuel en cours au Levant et en Égypte, la presse égyptienne, les échos des événements de Perse faisaient l'objet de débats passionnés. L'arrivée de la presse iranienne à Najaf suscita de multiples prises de position, car nombreux étaient ceux qui parlaient persan dans les villes saintes. La presse d'opposition, tel *Al-Qânûn* (« La Loi »), journal en persan publié à Londres à partir de 1890 et auquel participa al-Afghânî, y trouva des lecteurs assidus.

Ce sont les événements de Perse qui furent le détonateur du mouvement. À partir de 1850, les zones de conflit entre les religieux et l'État qâdjâr commencèrent à s'élargir alors que la hiérarchie religieuse s'opposait aux tentatives de modernisation et de renforcement du gouvernement du chah. Sous les Qâdjârs, les *mujtahid* avaient gagné en puissance et en richesse : chaque *mujtahid* disposait d'une armée de mollahs et de milices privées. Les premiers étaient chargés de le représenter dans les provinces, les secondes de procéder à la collecte de la *zakât* et du *khums*. L'éducation et la justice étaient largement soumises à la loi des religieux. Les tribunaux, les *waqf* et de nombreuses institutions sociales et caritatives étaient sous le contrôle direct des ulémas. De toutes les sentences rendues par les religieux, seule la peine de mort devait être ratifiée par le chah. Certains *mujtahid* étaient propriétaires terriens ou commerçants. Beaucoup d'ulémas et de *sayyid* recevaient, en sus des impôts islamiques et de leurs revenus personnels, des dons du gouvernement, ce qui ne les rendait pas plus conciliants pour autant. Si la majorité des ulémas refusaient les salaires directs du gouvernement, ils acceptaient en revanche les contributions, les donations diverses et les revenus des terres *waqf*, ce qui contribuait à encourager le quiétisme de certains. D'importantes fortunes se constituèrent ainsi au cours du XIXᵉ siècle.

De façon générale, les Qâdjârs étaient incapables de résister au pouvoir socio-économique des ulémas ou à l'autorité qui découlait de leurs revendications dogmatiques. Contrairement aux Séfévides, ils n'avaient pas tenté d'assumer un pouvoir spirituel : ils s'étaient arrogé le titre des anciens rois de Perse, « ombre de Dieu sur terre », tout en laissant aux ulémas l'autorité liée aux représentants de l'Imam caché. Les *marja'*, bien plus respectés que les impopulaires souverains qâdjârs, réussissaient fréquemment à imposer leur volonté à un gouvernement faible. La résidence des plus grands *mujtahid* hors des frontières, en territoire ottoman, ne faisait que renforcer leur indépendance. Qu'un *mujtahid* parlât pour ou contre la politique d'un gouvernement, c'était son avis que suivaient les fidèles. Outre qu'elle caractérise en propre le chiisme, cette importance accordée aux ulémas s'explique par le fait que la Perse était davantage à l'écart des influences européennes que l'Égypte ou la Turquie.

Comme les autres pays du Moyen-Orient, la Perse avait été profondément affectée par l'expansion rapide du commerce international liée à la révolution industrielle en Europe. Sa situation géographique, entre le Proche-Orient et les Indes, d'une part, entre l'océan Indien et la Russie, d'autre part, lui valut d'être à partir du XIXᵉ siècle l'un des théâtres de la rivalité anglo-russe. Les Russes souhaitaient à travers elle avoir accès aux mers chaudes et contourner l'Empire ottoman ; les Britanniques entendaient protéger la route des Indes et contrecarrer les projets tsaristes. En 1813, les Russes prirent à la Perse la Géorgie et le Daghestan, et en 1828 les Iraniens durent leur céder Erivan et le Nakhitchevan. Après la signature d'un traité anglo-persan en 1857, les souverains qâdjârs en furent réduits à assister passivement à la compétition entre les deux impérialismes sur leur territoire. Tour à tour,

Russes et Anglais obtinrent des concessions de plus en plus éten-
dues qui placèrent des secteurs entiers de l'économie persane sous
leur contrôle. Certes, l'Iran ne fut jamais formellement colonisé.
Mais il fut ainsi privé de certains effets « positifs » de la colonisation, tels la construction de routes et de chemins de fer ou encore
les investissements étrangers dans l'exploitation de ses ressources
naturelles et dans l'agriculture.

Le désintérêt relatif du capital étranger pour le pays permit
à la classe des commerçants locaux de bénéficier d'un espace de
développement autonome plus vaste que leurs voisins du Moyen-
Orient. La Perse vit donc émerger une puissante classe de marchands aisés, engagés dans les activités bancaires et de commerce
en gros, disposant de ses propres réseaux internationaux. À la fin
du XIXᵉ siècle, des colonies commerciales persanes prospéraient
à Istanbul, Bagdad, Bakou, Tiflis, Calcutta, Bombay, Marseille,
Londres et Manchester. La combinaison d'une situation semi-
coloniale, du fait des impérialismes russe et britannique, et de
l'opposition véhémente du clergé chiite aux « innovations anti-
islamiques » (*bid'a*) réduisit sérieusement les chances de réforme.
La Perse paraissait beaucoup plus difficile à centraliser et à moderniser que l'Égypte ou la Turquie. L'échec de la modernisation du
pays au XIXᵉ siècle peut aussi s'expliquer par la faiblesse chronique
des liens économiques entre provinces, conséquence de la topographie montagneuse du royaume, par le maintien de pouvoirs tribaux nomades semi-indépendants et par l'autonomie persistante
des dirigeants de province et des ulémas par rapport à l'État.

Au XIXᵉ siècle, le vaste territoire de la Perse, qui ne comptait que de 5 à 10 millions d'habitants, échappait encore dans
sa majeure partie au pouvoir central. Alors que des souverains
comme Mehmet Ali en Égypte, Selim III ou Mahmut II dans
l'Empire ottoman s'étaient engagés dès le début du siècle dans
des programmes de modernisation de leur armée, la Perse ne sui-

vit pas cet exemple. Le seul Qâdjâr conscient de la nécessité de moderniser l'armée fut le prince héritier Abbâs Mîrza (mort en 1833), gouverneur de l'Azerbaïdjan. Ses tentatives pour introduire en Perse une armée à l'occidentale échouèrent par suite de la résistance des chefs tribaux, des dirigeants de province et des ulémas, et aussi de la corruption généralisée. Elles furent dénoncées par les ulémas comme une innovation contraire à l'islam, en particulier l'adoption de l'uniforme militaire occidental. Seule la brigade cosaque, fondée en 1879 et dirigée par des Russes, devint une force relativement disciplinée, mais elle ne devait être utilisée que pour protéger le chah face aux mouvements insurrectionnels libéraux qui s'annonçaient.

Après la mort d'Abbâs Mîrza, ni Fath Ali Shâh ni Muhammad Shâh ne tentèrent réellement de moderniser ni de centraliser le pays. Parallèlement, la mainmise des intérêts économiques étrangers s'accentua : les traités de 1836 et de 1841 conférèrent aux Britanniques les privilèges précédemment accordés aux Russes. Les deux impérialismes en vinrent à disposer d'un véritable droit de veto sur les relations économiques de la Perse.

On peut voir une certaine contradiction dans l'attitude du clergé : d'un côté, il reprochait au chah son incapacité à relever le défi de la supériorité militaire européenne ; de l'autre, il s'opposait à la modernisation de l'armée, qui aurait justement pu modifier le rapport de forces en faveur de l'islam. Ce paradoxe s'explique par le fait que les entreprises de modernisation étaient en général patronnées par les puissances européennes, qu'il s'agissait de combattre. Elles semblaient donc renforcer la soumission de la Perse aux impérialismes européens. La modernité paraissait confisquée au profit exclusif du plus moderne.

C'est dans ce contexte qu'eurent lieu, à la fin du XIXᵉ siècle et au début du XXᵉ, des événements majeurs qui virent les ulémas s'affirmer en tant que véritable force nationale. Certes, quelques-uns des plus importants jouissaient d'une réelle influence locale depuis les Séfévides, et ils avaient déjà provoqué le départ de gouverneurs, mais c'est sous le règne de Fath Ali Shâh (1797-1834) qu'ils firent vraiment irruption sur la scène politique nationale.

Leur première opposition déclarée au chah se manifesta dans les années 1820. Le règne de Fath Ali Shâh fut en effet marqué par deux guerres désastreuses contre la Russie (1804-1813 et 1826-1828), durant lesquelles la Perse perdit toutes ses provinces caucasiennes (traités de Gulistan en 1813, de Turkmanchay en 1828). Les ulémas se campèrent face au chah en champions de l'indépendance du pays. Pour sa part, Fath Ali Shâh leur témoignait un grand respect; il fit des pèlerinages à Mashhad et à Qom, et dépensa beaucoup d'argent pour les mausolées d'Irak et de Perse, les mosquées et les écoles religieuses. Cette bigoterie ostensible traduisait une réelle sensibilité religieuse, mais ne lui en servait pas moins à légitimer sa dynastie.

Durant la première guerre russo-persane (1804-1813), Mîrza Buzûrg Qâ'imaqâm, Premier ministre du prince héritier Abbas Mîrza et qui dirigeait la guerre contre les troupes tsaristes, écrivit aux ulémas d'Irak et d'Ispahan afin qu'ils délivrent une fatwa déclarant la guerre sainte contre les Russes. Après l'annexion des provinces caucasiennes parvinrent aux ulémas des informations selon lesquelles les Russes maltraitaient les musulmans dans les territoires récemment conquis. Ils engagèrent alors une campagne en faveur du jihad. Fath Ali Shâh demeurait réticent, mais en 1826, sur l'insistance de certains ulémas, dont sayyid Muhammad Tabâtabâ'i, un *mujtahid* de Karbala, il finit par céder à leurs pressions. Les ulémas, en effet, se disaient prêts à prendre eux-mêmes l'affaire en main et à déclarer le jihad si le gouvernement manquait à ses devoirs de défense du territoire. Ils promulguèrent des fatwas appelant au jihad et menaçant d'anathème ceux qui tenteraient de s'y soustraire. En 1826, sous la direction de sayyid Muhammad al-Mujâhid, ils organisèrent ainsi la guerre de résistance à l'occupation russe.

La seconde guerre russo-persane fut, comme la première, un désastre. D'abord présents sur les champs de bataille, les ulémas se retirèrent dès les premières défaites. Le traité de Turkmanchay, en 1828, aboutit à la cession à la Russie de nouveaux territoires ainsi qu'au versement d'indemnités de guerre importantes. Les ulémas continuèrent d'accuser Fath Ali Shâh de se soumettre à l'envahisseur. Pour la première fois, ils apparurent comme une force nationale, se faisant les champions de la défense des territoires islamiques contre une armée d'« infidèles ». Les menées de l'impérialisme russe venaient de cristalliser une opposition entre religieux et pouvoir qui, dès lors, n'allait cesser de croître. Les ulémas amplifièrent leur campagne contre les Russes, et il est avéré qu'ils furent les instigateurs du meurtre, en 1829, de l'envoyé russe Griboïedov, venu exiger le paiement des indemnités de guerre.

À la suite des défaites militaires, la situation financière de la Perse s'aggrava encore, obligeant le chah à accorder des concessions et des facilités nouvelles aux Occidentaux. L'extraterritorialité fut bientôt octroyée aux Russes, puis aux Britanniques, et la faiblesse des droits de douane pratiqués ouvrit largement la Perse aux produits de leurs pays.

Le changement le plus net dans les relations entre les ulémas et l'État persan se produisit durant le règne de Muhammad Shâh (1834-1848). Ce dernier montrait une prédilection pour le soufisme et négligeait en conséquence les ulémas, s'abstenant des dons et des contributions que les souverains persans faisaient traditionnellement aux religieux et à leurs institutions. Sous le règne de Nâsir al-Dîn Shâh (1848-1896), en revanche, les ulémas devinrent impliqués de façon quasi systématique dans toutes les grandes affaires politiques du pays. Réponse aux défis du bâbisme et du cheikhisme, critiques croissantes envers la politique du gouvernement, lutte contre la pénétration économique et politique grandissante de l'Europe, appel au panislamisme et refus de la modernisation telle que proposée par les Premiers ministres réformistes du chah : tels furent les thèmes de mobilisation de ce qui était devenu un véritable mouvement d'opposition.

Les ulémas prirent d'abord la direction de la lutte contre le bâbisme. La coopération du clergé chiite et du gouvernement, pour une fois unis par un intérêt commun, s'illustra lors de la terrible répression de la révolte bâbie en 1849-1852. Les ulémas chiites résidant en Irak participèrent à cette campagne. À Bagdad, le gouverneur ottoman Najîb Pasha convoqua, en 1845, les plus éminents ulémas sunnites et chiites, qui publièrent à cette occasion une fatwa commune assimilant le bâbisme à l'impiété. Le bâbisme avait attiré de nombreux éléments de la bourgeoisie urbaine libérale persane ; c'est par des révoltes contre les concessions étrangères et par le constitutionnalisme que celle-ci va désormais exprimer son mécontentement, en alliance cette fois avec les religieux. Les partisans du Bâb qui réussirent à s'échapper de Perse vinrent se réfugier à Bagdad, mais l'hostilité des *mujtahid* de la Mésopotamie ottomane les contraignit bientôt à quitter le pays.

Nâsir al-Dîn Shâh avait une réputation de dévot. Il s'acquittait de ses devoirs religieux avec un zèle ostentatoire : il fit un pèlerinage à Mashhad et dans les villes saintes d'Irak, et dépensa beaucoup d'argent pour les mausolées des Imams. Cette attitude, que les ulémas voyaient comme de la tartuferie, excédait les plus grands *mujtahid*, préoccupés par la domination croissante des puissances européennes sur la Perse.

À partir des années 1850, la Russie et la Grande-Bretagne entreprirent de se faire octroyer des concessions sur certains secteurs de l'économie iranienne. La première accordée aux Anglais concerna le télégraphe. Par une ironie de l'histoire, l'extension du réseau télégraphique allait se retourner contre ses promoteurs, puisque son utilisation par les ulémas, en 1891-1892, permit de mobiliser la population contre les concessions. Autre sujet de mécontentement pour les ulémas : les droits de douane préférentiels et l'extraterritorialité concédée aux pays européens frappaient de plein fouet la classe des commerçants, les bâzâris. La convergence d'intérêts entre la hiérarchie religieuse et les bâzâris allait donner lieu aux premiers mouvements de masse de l'histoire moderne de la Perse, dirigés par les religieux contre la pénétration économique et idéologique de l'Occident. L'imbrication sociale traditionnelle des ulémas et de la classe nationale des commerçants trouva là son expression politique.

Cette alliance entre le Bâzâr et les ulémas culmina en 1872-1873 avec la campagne pour l'annulation de toutes les concessions accordées au sujet britannique Reuter. Le Premier ministre, Mîrza Husayn Khân Sipahsâlâr, favorable à ces concessions, fut contraint de démissionner au moment où le pays sortait exsangue de la terrible famine de 1869-1872. Corollaire de leur campagne contre la domination étrangère, les ulémas prirent la tête de la lutte contre la modernisation voulue par les Premiers ministres réformateurs. Les tentatives de modernisation de la Perse menées par les deux Premiers ministres de Nâsir al-Dîn Shâh, Mîrza Taqî Khân « Amîr Kabîr » (exécuté en 1852) et Mîrza Husayn Khân Sipahsâlâr « Mushîr od-Dawleh » (1871-1873), firent long feu. C'est néanmoins sous leur ministère que l'imprimerie fut introduite en Perse et que les étudiants furent envoyés en plus grand nombre en Europe, deux phénomènes qui remettaient en cause la façon traditionnelle de penser.

Les résistances du clergé chiite aux réformes modernisatrices, susceptibles selon lui de menacer les prérogatives des *mujtahid*, s'en trouvèrent accrues. Il ne faut pas sous-estimer le fond réactionnaire de nombreux membres d'un clergé demeuré ultraconservateur, méfiant envers les innovations techniques (même si le même clergé fera ensuite un usage extensif de l'imprimerie, mais à son profit). Les ulémas jouèrent ainsi un rôle de premier plan dans la campagne contre Husayn Khân Sipahsalâr, n'hésitant pas à assimiler ses mesures de modernisation aux tentatives de domination des puissances européennes. Il est vrai que la pénétration de ces dernières s'accélérait. En trois décennies, tous les secteurs vitaux de l'économie persane furent concernés : après la concession accordée à Reuter en 1872, il y eut celle sur le trafic fluvial de la rivière Kârûn (seule rivière navigable d'Iran), octroyée en 1888 aux Britanniques ; la création de la Banque impériale de Perse par les Anglais, à laquelle s'opposait la Banque d'escompte de Perse, qui servait les intérêts russes ; le monopole sur la culture et la vente du tabac en 1890-1892 ; la réorganisation des douanes persanes par les Belges en 1898, dénoncée par les bâzâris comme favorable aux étrangers ; enfin, les manœuvres de la Banque des prêts russe à partir de 1900. La Perse se transformait progressivement en une sorte de condominium russo-anglais.

Dans les villes saintes de Mésopotamie naquit une solidarité avec les religieux de Perse contre les Qâdjârs. Ce courant fut dirigé à la fin du XIXe siècle par sayyid Hasan Shirâzi (1815-1895), le *marja' a'la* installé à Sâmarra, au nord de Bagdad. Ce fut l'octroi de la concession sur le tabac au Britannique Reuter qui suscita le premier mouvement de masse anti-impérialiste de l'histoire de la Perse, mené par les ulémas.

Le rôle de Jamâl al-Dîn al-Afghânî en Mésopotamie ottomane ne se limita pas à la campagne de protestation contre la Régie du tabac en 1891-1892. Le précurseur du réformisme musulman influença profondément la vie politique et culturelle dans les villes saintes chiites. Comme les *mujtahid,* al-Afghânî et Abduh insistaient sur le fait que l'islam était la religion du libre arbitre et dénonçaient la théorie de la prédestination divine. Le rationalisme et les influences mu'tazilites formaient là un puissant dénominateur commun. L'impact des idées d'al-Afghânî se manifesta plus particulièrement à Najaf, Karbala et Sâmarra, à travers l'émergence d'un courant panislamiste, l'intensification du combat contre les multiples formes de mainmise étrangère sur les pays musulmans, enfin la critique virulente du despotisme, tous thèmes qui dominèrent l'ensemble des institutions chiites jusqu'à la fin du siècle.

Al-Afghânî s'était rendu à Najaf pour la première fois en 1850 afin d'y étudier les sciences religieuses. Il n'était alors qu'un simple étudiant parmi d'autres et ne jouissait d'aucune réputation particulière. Son séjour dans la ville de l'Imam Ali dura quatre années, à une époque où dominait la personnalité de Murtaza Ansâri, le premier véritable *marja' a'la* du monde chiite. En revanche, lors de sa seconde visite en Irak, al-Afghânî était déjà connu comme le dirigeant du mouvement réformiste musulman naissant, grâce notamment à la revue *Al-'Urwa al-Wuthqa* (« Le Lien indissoluble »), qu'il éditait à Paris en collaboration avec Muhammad Abduh. Son célèbre traité *Réfutation des matérialistes*, composé en persan – la langue qu'il connaissait le mieux – et publié en arabe dans la revue en 1884 sous le titre *Les Lois de Dieu dans les nations et leur application aux musulmans*, avait profondément marqué les cercles religieux et intellectuels chiites. Pendant les deux années qu'il passa en Irak lors de ce second séjour, une de ses premières initiatives fut d'écrire à Mîrza Shîrâzi une lettre dans laquelle il l'incitait à prendre la tête du mouvement populaire qui se développait en Perse contre Nâsir al-Dîn Shâh. Au cours de ses visites à Bagdad et, selon toute probabilité, dans les villes saintes, il réussit à gagner l'adhésion de certains ulémas et personnalités musulmanes connues. Un *mujtahid*, sayyid Muhammad Sa'îd al-Habbûbi, mais aussi sayyid Hibbat al-Dîn Shahrestâni et le poète Abd al-Muhsin al-Kâzimi proclamèrent publiquement leur accord avec les idées qu'il professait. D'autres, par leurs écrits, témoigneront au XXe siècle de l'influence qu'exerça al-Afghânî sur les chiites. Ce sera le cas de Muhammad Husayn Kâshif al-Ghatâ', important *mujtahid*, artisan dans les années 1930 d'un rapprochement entre sunnites et chiites, et de poètes comme Ibrâhîm Tabâtabâ'i ou Muhsin Abû al-Mahâsin.

Al-Afghânî avait entrepris de coopérer avec le sultan ottoman Abdülhamit (qui régna de 1876 à 1909) dans son entreprise panislamiste. L'union des musulmans face aux multiples agressions militaires, politiques, économiques et culturelles dont l'Occident se rendait coupable à l'encontre des pays d'islam constitua toujours l'un de ses thèmes favoris. Apparu d'abord aux Indes et en Asie centrale russe après leur occupation par les Anglais et les Russes, le sentiment panislamiste était la conséquence directe des entreprises impérialistes occidentales. À la fin de 1892, al-Afghânî se rendit à Istanbul à l'invitation du sultan Abdülhamit, dont le souhait évident était de faire de lui un propagandiste de sa politique panislamiste. Al-Afghânî n'en poursuivit pas moins ses contacts avec les ulémas de Najaf, Karbala, Sâmarra et Téhéran, et redoubla d'efforts dans ses tentatives pour rapprocher sunnites et chiites, plus particulièrement ceux de l'Empire ottoman et de la Perse. À cette fin, il fonda un comité dont la principale raison d'être était d'appeler à l'unité des musulmans quelle que fût leur confession. Parallèlement, il animait un cercle de Persans chiites résidant à Istanbul et opposés à Nâsir al-Dîn Shâh. Sous son impulsion, ce cercle envoya des lettres aux ulémas, en particulier aux *mujtahid* de Najaf, Karbala et Sâmarra, pour les exhorter à s'unir sous la bannière d'Abdülhamit.

Le panislamisme influença les plus grands ulémas chiites, à commencer par les futurs chefs du mouvement constitutionnaliste, les ayatollahs Khurâsâni (1839-1911) et Mâzanderâni (1840-1912). Dans un manifeste publié à l'occasion d'un rassemblement organisé en commun avec un représentant de la Porte, Ziyâ Bey, les deux *mujtahid*, conjointement avec plusieurs grands ulémas résidant en Irak, déclarèrent que les deux nations musulmanes, l'ottomane et la persane, devaient s'unir. Des déclarations séparées soutenant le panislamisme émanèrent d'autres ulémas, comme Shaykh al-Sharî'a Isfahâni (1849-1920) et sayyid Ismâ'îl al-Sadr. De fait, en dépit de l'alliance objective entre ulémas et nationalistes iraniens qui allait s'instaurer lors de la révolution persane, les ulémas chiites n'ont cessé de dénoncer le nationalisme comme une hérésie destinée à miner l'unité du monde musulman. Al-Afghânî tenta à maintes reprises d'améliorer les relations entre l'État ottoman et le *marja' a'la*. Il écrivit aux ulémas de Najaf afin qu'ils défendent auprès du sultan Abdülhamit ce que la *hawza 'ilmiyya* de Najaf considérait comme des réformes nécessaires. Les plus grands ulémas chiites présentèrent ainsi plusieurs requêtes au gouvernement d'Istanbul.

Selon le sociologue irakien Ali al-Wardi, l'une des principales raisons pour lesquelles le sultan avait invité al-Afghânî était sa volonté de l'utiliser comme intercesseur auprès des ulémas chiites d'Irak et de Perse afin de les gagner au panislamisme. C'est à la demande expresse d'Abdülhamit qu'al-Afghânî aurait écrit aux *mujtahid*. La proposition de ce dernier d'une union de tout le monde musulman sous la direction du califat ottoman pour mieux résister à la domination européenne allait dans le sens des préoccupations des religieux chiites. Le cercle persan d'Istanbul précisa même l'offre : le sultan reconnaîtrait l'autorité des chefs religieux chiites sur les villes saintes d'Irak et les pèlerins persans chiites à La Mecque et à Médine seraient traités comme des sujets ottomans.

Les idées panislamistes s'étaient également répandues en Perse, ainsi qu'en témoignent les prises de position de certains personnages influents. Le prince qâdjâr Abû'l-Hasan Mîrza, connu sous le nom de Shaykh al-Ra'îs, écrivain réputé, affirmait en 1894 dans un pamphlet intitulé *Ittihâd-i islâmi* (« L'Union musulmane ») qu'il plaçait tous ses espoirs dans l'union des musulmans sous la protection du souverain ottoman Abdülhamit, « ce sultan éclairé et sage qui veut l'unité du monde musulman ». Le succès relatif de la campagne panislamiste de la Porte finit par inquiéter Nâsir al-Dîn Shâh, qui accusa publiquement les autorités ottomanes d'ingérence dans les affaires intérieures persanes. En choisissant al-Afghânî comme héraut du panislamisme, Abdülhamit avait visé juste : sa personnalité ainsi que son histoire personnelle conféraient à ses appels une réelle force de conviction. De fait, il manifesta toute sa vie durant une rare tolérance supraconfessionnelle et supranationale. Toutefois, il fut accusé en Perse d'être un bâbi, puis de nourrir des sympathies cheikhies, ce qui n'était pas invraisemblable. Quoi qu'il en ait été de sa véritable appartenance confessionnelle, il ne cessa de montrer qu'il entendait dépasser les facteurs de division entre musulmans.

D'importants ulémas de Téhéran reprirent à leur compte les appels d'al-Afghânî. Ce fut le cas de cheikh Hâdi Najmâbâdi (1834-1902), un de ses proches collaborateurs. Partisan convaincu du panislamisme, il contribua à diffuser les thèses réformistes musulmanes. Mais c'est avec sayyid Muhammad Tabâtabâ'i (1841-1920) qu'al-Afghânî établit l'alliance la plus étroite. Tabâtabâ'i avait été un élève de Shîrâzi à Sâmarra et avait adopté les conceptions du *marja'* quant à la responsabilité des religieux dans les affaires politiques où l'islam était en danger. De retour à Téhéran, il devint un fervent défenseur du constitutionnalisme. L'intense correspondance entre al-Afghânî et Tabâtabâ'i semble montrer que le premier considérait le second comme un leader potentiel pour une campagne de longue haleine contre l'absolutisme. Dans une lettre envoyée de Londres, il lui écrivait : « L'*umma* a les yeux fixés sur le noble milieu auquel vous appartenez, auprès duquel elle recherche aide et assurance dans les conditions critiques qu'elle connaît. Qui est plus dévoué que vous pour cette tâche ? Vous êtes un homme d'un naturel intelligent, sage, inspiré et de noble naissance. Je voudrais vous informer que la cohésion des ulémas dans les villes iraniennes a exalté l'islam, renforcé sa position et mis au jour ses preuves. Tous les Européens sont remplis de la plus grande admiration pour un si grand pouvoir dont on avait souvent pensé qu'il avait complètement disparu. Ils sont maintenant certains qu'il existe une réalité dans cette religion par laquelle les musulmans ne craignent pas la puissance de la tyrannie. Que Dieu leur donne la récompense de l'islam ! » Il ajoutait dans son traité : « Si les ulémas suivent ce principe [celui de leur responsabilité politique], la vérité triomphera bientôt et le mensonge tombera. »

Ainsi al-Afghânî investissait-il les ulémas, en premier lieu les ulémas chiites, de la mission d'unifier l'*umma* et de la débarrasser de la tyrannie des puissances européennes. Plus tard, le Syrien Rashîd Rida (1865-1935), dernier du trio réformiste composé d'al-Afghâni et d'Abduh, ne s'exprimera pas autrement lorsqu'il dira que « les ulémas sont la meilleure garantie contre le despotisme ». Les appels d'al-Afghânî en faveur du panislamisme ne lui avaient pas fait oublier un autre thème qui lui était cher : le refus du despotisme. Il tenait les souverains musulmans, en particulier les Ottomans, pour responsables du déclin du monde musulman. Ses campagnes contre leur tyrannie et leur corruption allaient lui valoir l'hostilité de la plupart des dirigeants du Moyen-Orient.

Les écrits d'al-Afghânî exercèrent une influence notable sur les ulémas persans d'Irak, principalement sur ceux qui allaient s'engager dans un combat sans merci contre le despotisme du chah. De même que sa rencontre avec Hasan Shîrâzi reste hypothétique, on ne peut dire avec certitude si al-Afghânî put rencontrer Nâ'îni, futur théoricien, parmi les ulémas chiites, du constitutionnalisme religieux. Nâ'îni était le secrétaire de Mîrza

Shîrâzi lorsque al-Afghânî vint pour la seconde fois en Irak, et il n'est donc pas à exclure que les deux hommes se soient croisés. Quoi qu'il en soit, les idées d'al-Afghânî influencèrent profondément le *mujtahid* chiite. En Perse, les activités d'al-Afghânî hostiles au chah trouvèrent également un écho important : ce fut, dit-on, un de ses partisans qui assassina Nâsir al-Dîn Shâh d'une balle dans la tête en 1896.

La question du panislamisme continua de susciter de nombreux débats dans les villes saintes, mais al-Afghânî ne paraît pas avoir réussi à obtenir le soutien résolu des plus grands *mujtahid* et, à sa mort, le problème demeura en suspens. Il semble que cela soit surtout dû à son incapacité à convaincre les *mujtahid* chiites en Perse et en Irak de la sincérité du panislamisme du sultan Abdülhamit. L'absolutisme de celui-ci, qui ne le cédait en rien à celui du chah, avait déjà fortement contribué à entamer la crédibilité de ses appels, et les ulémas furent confortés dans leur méfiance par la constance de l'arbitraire hamidien. Une nouvelle preuve leur en fut apportée avec le meurtre de Nâsir al-Dîn Shâh. Al-Afghânî était alors tombé en disgrâce et avait été exilé à Trabzon, dans l'est de la Turquie. Si Abdülhamit refusa de l'extrader vers la Perse, comme l'exigeait le nouveau chah, il livra néanmoins ses collaborateurs, trois ulémas chiites qui s'étaient réfugiés à Istanbul. Accusés d'être les instigateurs de l'attentat contre le chah, ces derniers furent pendus à Tabriz en 1896. Les deux souverains absolutistes, le sultan et le chah, avaient finalement choisi de collaborer contre l'opposition libérale.

III

La révolte du tabac (1890-1892)[1]

« Au nom de Dieu bienveillant et miséricordieux, l'utilisation du tabac est interdite sous quelque forme que ce soit, et qui en consommera sera en guerre contre l'Imam, que Dieu accélère sa réapparition. »

Cette simple phrase réussit à provoquer pour la première fois le recul d'une grande puissance européenne engagée dans la mise sous tutelle de la Perse. Elle déclencha aussi le premier mouvement de masse dirigé par le clergé chiite. Connu sous le nom de *Tobacco Protest*, ou révolte du tabac, ce mouvement constitua enfin une autre première : l'alliance entre le clergé, les bâzâris et l'opposition nationaliste persane, unis dans un combat aux couleurs nettement anti-impérialistes. Un homme, apparemment seul dans sa ville sainte de Mésopotamie, parvint à mobiliser par-delà les frontières un pays entier contre la concession de trop octroyée à des intérêts étrangers.

Mîrza sayyid Muhammad Hasan Shîrâzi naquit à Chiraz en 1815. Il commença ses études religieuses à Ispahan, puis vint à Najaf où, sous la direction de Murtaza Ansâri et de Muhammad Husayn Kâshif al-Ghatâ', il perfectionna ses connaissances théo-

---

1. Sur cet épisode, voir en particulier Yann Richard, *L'Islam chiite*, Paris, Fayard, 1991.

logiques. Après le décès du *marja' a'la*, cheikh Murtaza Ansâri, en 1864, et durant les dix années qui suivirent, il s'imposa comme l'un des plus grands *mujtahid* candidats à la fonction de *marja' a'la*. Il fut un acteur important des événements sociaux dont Najaf, puis Sâmarra, où il alla s'établir ensuite, furent le théâtre. À partir de 1872, sayyid Hasan Shîrâzi fut considéré de façon unanime comme le successeur de Murtaza Ansâri dans la fonction de *marja' a'la*. Il était le second juste après lui à faire figure de référence pour l'ensemble du monde chiite.

En 1874, sayyid Shîrâzi transféra donc sa résidence de Najaf à Sâmarra. C'est là qu'il fonda sa propre école religieuse. Sâmarra devint alors la principale tribune d'où il s'adressa au monde jusqu'à son décès en 1895. Dans les vilayets mésopotamiens comme en Perse, les ulémas et les dirigeants politiques s'en remettaient à lui pour toutes les affaires majeures. L'influence considérable qu'il acquit était surtout due à son action résolue dans le domaine politique, notamment au cours de la période 1870-1895, et à ses conceptions rénovatrices. De fait, s'il n'est l'auteur d'aucun traité notable en sciences religieuses, il réorganisa l'enseignement du *fiqh* selon une méthode encore utilisée de nos jours. La plupart des grands *marja'* du début du XXe siècle – Khurâsâni, Yazdi, Muhammad Taqi Shîrâzi, Nâ'îni et d'autres – furent ses disciples et perpétuèrent son action et son ascendant. La filiation religieuse englobait en l'espèce une filiation à la fois quasi politique et éthique. Une nouvelle génération de *mujtahid* naquit qui allait être portée par toutes les tempêtes politiques en gestation.

Ce grand *mujtahid* commença à jouer un rôle de plus en plus affirmé de dirigeant religieux *et* politique, *a fortiori* à partir du moment où il fut reconnu comme *marja' a'la*. Le sociologue irakien al-Wardi le considère comme « le plus grand *mujtahid* chiite du règne hamidien ». Le célèbre clerc chiite réformiste libanais, sayyid Muhsin al-Amîn (1867-1952), décrit Hasan Shîrâzi comme « l'un des maîtres les plus éminents dans la science des *usûl* » et « le plus savant de tous les ulémas de son temps ».

Dans les villes saintes où il résida, sayyid Hasan Shîrâzi se rendit très populaire par son souci évident de la misère qui l'entourait. Les grands ulémas avaient certes toujours pratiqué la charité à plus ou moins grande échelle. Cela faisait partie de leur fonction. Cependant, l'action sociale de Hasan Shîrâzi revêtit une ampleur telle qu'elle manifesta nettement sa volonté de se substituer à l'État là où il était déficient. En 1870, année où la famine frappa la Mésopotamie, Mîrza Shîrâzi entreprit de distribuer de la nourriture à l'ensemble de la population de Najaf. Il utilisa à cette fin une grande partie des *huqûq*, l'argent qu'il recevait en tant que *marja'*. À compter de son installation à Sâmarra, puis jusqu'à sa mort, il multiplia les activités sociales et caritatives. Sur son ordre et à ses frais, un pont fut construit sur le Shatt Sâmarra, une branche du Tigre. Les travaux coûtèrent 10 000 roupies. Dans le même temps, il pourvoyait aux besoins de nombreux pauvres de la ville et des environs, dont beaucoup étaient sunnites.

L'indépendance financière des institutions chiites était totale par rapport aussi bien aux Ottomans qu'aux souverains persans. L'un des rares domaines où le gouvernement aurait pu jouir d'un certain pouvoir sur les finances des ulémas, les *waqf*, ne constituait pas une contrainte pour les ulémas résidant en Irak. En effet, les *waqf* rapportaient peu aux ulémas des quatre villes saintes d'Irak, ceux de Perse étant sous le contrôle indirect du gouvernement et ceux d'Irak se limitant aux environs de Najaf et de Karbala. Quant aux principales ressources des *mujtahid*, les contributions des fidèles, elles ne pouvaient faire l'objet d'une restriction gouvernementale. Cette indépendance financière permettait aux *mujtahid* de pratiquer une politique interventionniste dans des domaines relevant normalement de l'État et où celui-ci manifestait sa carence de façon notoire. L'autorité des ulémas se trouva également renforcée par l'extension du télégraphe de Najaf dans les années 1860. Ce nouveau moyen de communication permit aux grands *mujtahid* d'Irak d'être en contact permanent avec les religieux de Perse. Le *marja' a'la* bénéficia ainsi d'une audience décuplée.

La première position clairement politique adoptée par sayyid Hasan Shîrâzi fut son refus d'accueillir le chah de Perse, Nâsir al-Dîn Shâh, lorsque ce dernier se rendit, en 1870, dans les villes saintes de l'Irak ottoman pour faire un pèlerinage aux tombeaux des Imams. Comme on l'a dit, Nâsir al-Dîn Shâh apparaissait comme un dévot, et cette visite fut pour lui l'occasion de faire un don important destiné à recouvrir d'or les dômes des mausolées de Karbala et de Sâmarra. C'était alors sous le règne du gouverneur ottoman Midhat Pasha. Lorsque le chah fit son entrée à Najaf, l'absence du plus grand *mujtahid* de la ville fut interprétée comme une véritable provocation. Durant le séjour du chah, celui qu'on appelait le *hujjatulislâm* Hasan Shîrâzi refusa de lui donner audience et rejeta la somme d'argent qu'il lui offrait. Après qu'on eut insisté auprès de lui, Shîrâzi se contenta de rencontrer le chah publiquement dans l'enceinte du mausolée d'Ali.

Cet épisode rehaussa le prestige de Shîrâzi aux yeux des fidèles et eut pour conséquence d'augmenter le nombre de ses « imitateurs ». C'était là en effet une rupture symbolique avec la tradition qui voulait que les *mujtahid* accueillent les souverains musulmans. L'écrivain libanais cheikh Jawâd Mughniye précise à propos de cet épisode : « Cette attitude fut suivie par les plus grands *mujtahid* depuis Shîrâzi jusqu'à aujourd'hui. Lorsqu'un dirigeant musulman venait à Najaf, ils s'abstenaient de l'accueillir et de lui rendre visite, et, s'il y avait nécessité de le rencontrer, la rencontre se passait aux yeux de tous dans l'enceinte du mausolée d'Ali. » Cette évolution traduisait un recul du respect dû au chah et signifiait l'opposition des religieux à une dynastie rendue responsable de la soumission croissante de la Perse aux intérêts étrangers. C'est au milieu de nombreux fidèles que le chah dut entendre Shîrâzi lui suggérer de soutenir les institutions chiites d'opposition qui commençaient à se manifester en Perse depuis 1826.

La sédition à caractère confessionnel qui faillit entraîner, en 1874, un affrontement généralisé entre les habitants de la ville de Sâmarra et ceux, en majorité sunnites, de ses environs fut l'occasion d'une nouvelle intervention du *marja' a'la*. L'affaire avait valeur de symbole dans la mesure où elle touchait au point sensible des relations entre sunnites et chiites, donc au problème de l'unité musulmane. Sayyid Hasan Shîrâzi réussit à éviter que la tension entre les deux communautés ne dégénère. Il lança plusieurs appels invitant les musulmans de toutes confessions à s'unir afin de ne pas donner aux consuls européens un prétexte pour se poser en médiateurs. De fait, le consul britannique à Bagdad avait entrepris de se rendre à Sâmarra afin d'y « étudier la situation ». Shîrâzi refusa de le rencontrer et déclara : « Il n'est pas besoin qu'un Anglais vienne mettre son nez dans cette affaire qui ne le concerne pas, car le gouvernement ottoman n'a qu'une seule religion, qu'une seule *qibla* et qu'un seul Coran. »

Ainsi, en dépit des différends religieux avec le gouvernement ottoman, le plus grand *mujtahid* en appelait à l'unité musulmane sous l'autorité de la Porte, l'objectif étant de barrer la route aux interventions des consuls étrangers, en particulier britanniques, qui débordaient d'initiatives pour établir les contacts le plus étroits possible avec les dirigeants locaux et les notables dans les villes et les campagnes. Les plus grands ulémas chiites feraient le même choix aux heures décisives de la fin de la domination ottomane en Mésopotamie.

C'est lors du soulèvement populaire qui se produisit en 1890 sous la direction des *mujtahid* de Perse que le mouvement politique par lequel les villes saintes d'Irak apparurent de façon croissante comme le principal refuge de l'opposition persane trouva sa manifestation la plus éclatante, sayyid Shîrâzi s'illustrant une nouvelle fois par son rôle dirigeant en tant que *marja' a'la*.

En quête désespérée de revenus, le chah attribuait à des consortiums européens des concessions sur nombre de ressources du pays. La plus importante avait été attribuée au baron Paul Julius von Reuter, sujet britannique, en 1872. Elle lui garantissait le monopole sur l'extraction minière, la construction de chemins de fer, les grands projets agricoles et industriels ainsi que la banque nationale. Lord Curzon, lui-même convaincu du bien-fondé d'un impérialisme à la fois politique et économique, déclara plus tard que cette concession était « le plus extraordinaire et complet abandon de toutes les ressources industrielles d'un royaume entre des mains étrangères à avoir jamais existé ». Mîrza Husayn Khân Sepahsâlâr, promoteur de la concession en question, fut obligé de démissionner face à la tempête de protestations, orchestrée par les ulémas. La concession, qui devint rapidement un sujet d'embarras pour le gouvernement britannique, fut finalement annulée sous le prétexte d'anomalies techniques.

En mars 1890, une autre concession fut octroyée au major G. F. Talbot, également sujet britannique. Elle lui garantissait le monopole sur la culture du tabac iranien, sa vente et son exportation pour une période de cinquante ans à partir de la date de sa signature. Le gouvernement de Nâsir al-Dîn Shâh bradait ainsi à une compagnie monopolistique anglaise l'une des principales activités du pays, source de revenus pour de nombreux cultivateurs et négociants, chargée au surplus d'une valeur symbolique étant donné la place qu'occupait la consommation du tabac dans la culture iranienne. Cette concession souleva, en 1890-1892, un mouvement d'indignation sans précédent. D'abord gardée secrète, elle fut dévoilée à la fin de 1890 par *Akhtâr*, journal réformiste d'opposition persan publié à Istanbul. Des pamphlets antibritanniques dénonçant cette concession dans des termes d'une rare virulence se mirent à circuler dès janvier 1891 – le chah les attribuant à al-Afghânî, celui-ci fut expulsé de Perse. Le mouvement s'amplifia dans tout le pays au cours de l'année 1891. Des manifestations de masse éclatèrent au printemps 1891 quand les agents de la Régie du tabac voulurent occuper leurs fonctions. La première marche eut lieu à Chiraz, dont le chef religieux fut exilé en Irak.

Ce fut en Perse le premier mouvement de masse contre les empiétements occidentaux. Pour la première fois, les ulémas dirigeaient une campagne de protestation impliquant l'ensemble de la nation, toutes classes sociales confondues. À Téhéran, l'ayatollah Muhammad Hasan Ashtiyâni fut l'un des plus importants *mujtahid* à prendre la tête de ce qui allait s'apparenter à un véritable soulèvement. Après l'octroi des concessions, les ulémas de Perse comprirent que le meilleur gage de succès de la révolte populaire serait le soutien prodigué par le *marja' a'la* depuis sa ville de Sâmarra. De nombreux religieux de Téhéran, de Chiraz, d'Ispahan, de Tabriz et de Mashhad envoyèrent donc à sayyid Shîrâzi des télégrammes lui demandant de prendre position. Il leur répondit tout d'abord par ce câble : « J'ai bien reçu les télégrammes des ulémas, je vous remercie de tous vos efforts et j'ajoute foi en vos paroles. Cependant, je ne fais pas confiance aux télégrammes. Écrivez-moi en détail ce que vous évoquez dans les télégrammes afin de couper net la main de l'étranger en Iran et de permettre le retour de l'affaire du tabac à sa situation précédente, si Dieu le veut. »

Parallèlement, il envoya de nombreuses lettres au chah en lui expliquant qu'il n'accepterait qu'« une seule réponse : l'annulation de la concession ». Un mouvement insurrectionnel éclata à Tabriz, où le gouvernement fut contraint de suspendre la concession. Ailleurs, à Mashhad, Ispahan, Téhéran et d'autres grandes villes de Perse, des manifestations de masse conduites par des ulémas montrèrent que l'ensemble du pays était mobilisé.

Désespérant de convaincre le chah, Mîrza Shîrâzi finit par promulguer depuis Sâmarra la célèbre fatwa de décembre 1891 adressée à tous les chiites. Cette fatwa fit immédiatement l'effet d'une bombe sur la société iranienne. Copiée à 100 000 exemplaires, elle fut diffusée dans toutes les provinces de Perse et lue à partir des *minbar* – chaires depuis lesquelles les imams prononcent le prêche du vendredi –, dans les mosquées et les *husayniyya*. Le texte en fut affiché sur chaque édifice religieux. Shîrâzi, en interdisant, sous peine d'excommunication, la consommation de tabac aussi longtemps que la concession à G. F. Talbot ne serait pas dénoncée, plaçait sur un terrain explicitement religieux la lutte contre la domination étrangère. Cette interdiction fut respectée dans tout le pays, où la consommation du tabac était pourtant une véritable institution.

Le mouvement culmina dans un boycott généralisé du tabac, y compris de la part des femmes du harem du chah et des non-musulmans. Les serviteurs du chah refusèrent même d'allumer son narguilé. Le gouvernement tenta d'abord de n'annuler que le monopole intérieur de la concession, mais la mesure se révéla inapplicable. À Téhéran, une manifestation de masse fut prise sous le feu des soldats ; il y eut des morts et des blessés, ce qui déclencha des manifestations encore plus massives. Au début de 1892, le gouvernement fut contraint d'annuler la concession pour éviter la propagation de l'insurrection.

Telle fut la première protestation de grande ampleur de l'histoire de l'Iran moderne, facilitée par le télégraphe, qui permettait un contact rapide avec les villes saintes d'Irak. Toutes les couches de la société y participèrent : ulémas, intellectuels, commerçants, citadins de toutes catégories. Ayant remporté cette confrontation avec le chah, les ulémas prirent conscience de l'étendue de leur pouvoir. L'épisode préludait en Perse à l'implication du clergé dans le mouvement constitutionnel de 1905-1909.

Ce soulèvement était clairement antioccidental, hostile à l'influence économique et culturelle de l'Europe. Aboutissement de l'exaspération populaire face à l'influence grandissante de la Grande-Bretagne, il était aussi motivé par un refus de l'absolutisme du chah.

La fatwa de Shîrâzi et la révolte du tabac eurent une influence considérable en Irak, notamment dans les villes saintes, qui étaient constamment à l'écoute des événements de Perse. L'intervention décisive du *marja' a'la*, qui résidait en Irak, établit un lien indéfectible entre les deux pays. Les relations qu'al-Afghânî réussit à nouer avec l'ayatollah Hasan Shîrâzî, son rôle au cours de ces événements et durant les années qu'il passa en Mésopotamie ne firent qu'accroître l'impact du mouvement sur les esprits.

En effet, c'est en janvier 1891, alors que la vague de protestation n'en était encore qu'à ses débuts, qu'al-Afghânî, tout juste exilé de Perse, arriva à Bassorah, la grande ville portuaire du Sud irakien. De là, il continua à manifester son opposition à la politique du chah. En collaboration avec un *mujtahid*, sayyid Ali Akbar Shîrâzi, l'un des dirigeants du soulèvement de Perse, réfugié à Bassorah, il écrivit à sayyid Hasan Shîrâzi une lettre dans laquelle il lui exposait les injustices du chah à l'encontre du peuple iranien. Il y affirmait notamment, à propos du Premier ministre de Nâsir al-Dîn Shâh : « Il [le chah] a confié les rênes du pouvoir sur toutes les affaires du pays, des plus importantes aux plus petites, à un libre penseur inique, un tyran et un usurpateur, qui insulte ouvertement les prophètes, méprise la Loi de Dieu, tient pour négligeables les autorités religieuses, maudit les ulémas, rejette les hommes pieux, condamne les honorables *sayyid*, et traite les religieux comme on traiterait la lie de l'humanité. »

Le *marja' a'la* ne répondit pas d'emblée à ces sollicitations. Il écrivit d'abord au chah, le mettant en garde en des termes similaires à ceux d'al-Afghânî. Mais la visite à Sâmarra de sayyid Ali Akbar Shîrâzi réussit à convaincre le *marja' a'la* de s'engager davantage dans le mouvement. Par la suite, al-Afghânî et l'ayatollah Shîrâzî intensifièrent leurs relations épistolaires, témoignage de leurs rapports de plus en plus amicaux.

Pour al-Afghânî, le principal obstacle à la puissance et au progrès des musulmans résidait dans leurs dirigeants corrompus, et il incombait aux ulémas de mettre les masses en mouvement contre le despotisme de leurs souverains. Al-Afghânî déclara même ouvertement dans un pamphlet publié à Istanbul : « Les Iraniens ne désobéiront pas à leurs chefs religieux. Donc pourquoi le grand dirigeant Mîrza Shîrâzi n'ordonne-t-il pas au peuple de mettre fin au règne de l'athée et de le chasser de son trône ? Je jure devant Dieu que cette action ne causerait aucune effusion de sang, pas même de la contenance d'une tasse. »

Cette lettre se répandit en Irak et son effet mobilisateur fut immédiat. Reproduite à des milliers d'exemplaires, elle fut diffusée dans tout le pays, particulièrement dans les villes saintes et à Najaf, où elle suscita de nombreuses réactions enthousiastes. Al-Afghânî continua d'écrire à Shîrâzi de longues lettres l'incitant à s'insurger contre le gouvernement despotique en Perse et contre la concession du tabac. Il entreprit de visiter les principaux centres politiques des vilayets, Bassorah et Bagdad, peut-être aussi Najaf, Karbala et Kâzimayn. Al-Wardi rapporte qu'il rencontra à Bagdad le gouverneur ottoman de la province, Sirrî Pasha, ainsi que Sulaymân al-Gaylâni, le *naqîb al-ashrâf* (chef des *ashrâf*, les descendants du Prophète résidant dans la ville), mais les autorités ottomanes lui interdirent l'accès aux villes saintes, où il souhaitait retrouver les ulémas chiites et les mobiliser contre le chah. On ne sait si al-Afghânî alla personnellement à Sâmarra pour voir sayyid

Hasan Shîrâzi. Cependant, il est probable qu'il put se rendre en secret à Najaf, Karbala, Sâmarra et Kâzimayn. C'est dans cette dernière ville qu'il aurait rencontré de nombreux ulémas chiites.

À l'issue du boycott du tabac, manifestation la plus importante de l'implication politique des ulémas chiites en Irak et en Iran à la fin du XIXe siècle, le clergé chiite avait acquis une autorité incontestable à l'échelle nationale, et même au-delà des frontières de chaque empire. Le mouvement demeura une référence pour l'ensemble des musulmans et un sujet d'admiration pour tous les ulémas, sunnites aussi bien que chiites. Ainsi, Rashid Rida, que l'on ne peut soupçonner de sympathie pour le chiisme, n'hésita pas à louer le rôle des ulémas chiites dans cette affaire, et notamment les rapports entre al-Afghânî et Shîrâzi.

Sayyid Shîrâzi attendit que fût confirmée par écrit l'annulation de la concession. Le 26 janvier 1892, il promulgua une autre fatwa : les Iraniens pouvaient à nouveau fumer en paix !

IV

Le clergé chiite et la Constitution

Malgré son entrée fracassante dans l'arène politique, l'ayatollah Hasan Shîrâzi continuait d'afficher une certaine répugnance vis-à-vis de l'implication des ulémas en politique. Pour ce grand *mujtahid*, celle-ci devait se limiter aux situations exceptionnelles dans lesquelles l'islam courait un grave danger. Or, aux yeux des dirigeants religieux chiites, de tels périls se précisaient chaque jour davantage.

Les temps changeaient en effet à vive allure. Le début du XXᵉ siècle inaugura une période de bouleversements dans l'équilibre des forces internationales. Simultanément, des guerres, des révolutions et des mouvements de masse semblaient annoncer l'avènement d'un monde nouveau. Les entreprises militaires impérialistes contre les pays musulmans – dont l'avancée russe en Asie centrale, à la fin du XIXᵉ siècle, menaçant directement la Perse, était le plus récent avatar – s'accompagnaient d'une intensification des rivalités entre grandes puissances. Par ailleurs, des mouvements internes aux empires y remettaient en cause l'absolutisme du pouvoir. La guerre russo-japonaise (1904-1905), qui aboutit à la victoire d'une puissance asiatique sur une puissance européenne, frappa les imaginations et contribua à défaire le mythe de l'invulnérabilité occidentale aux yeux de ceux, nombreux, qui tentaient de barrer la route à la pénétration européenne. La révolution russe de 1905 montra combien était devenu fragile le pouvoir du tsar, protecteur attentif des souverains qâdjârs. La révolte d'Urâbi, en Égypte, en 1882, et le mouvement de masse de 1905-1909 aux Indes contre la mainmise européenne illustrèrent aussi cette résistance à la domination étrangère. Les pays européens, de leur côté, avaient connu au XIXᵉ siècle une série de ruptures politiques témoignant de la volonté populaire de mettre un terme au despotisme et d'instaurer des régimes respectant la séparation des pouvoirs. Révolutions et réformes constitutionnelles avaient touché successivement la Suède (1809), le Danemark (1849), l'Autriche-Hongrie (1869), l'Italie (1848-1871), la Grande-Bretagne (1867-1884), la France (1875) et la Russie (1905). Ainsi se manifestait le passage tantôt brutal, tantôt progressif d'un ordre ancien, monarchique, à un ordre nouveau dominé par l'ascension de la bourgeoisie libérale.

L'Empire ottoman n'était pas demeuré à l'écart des mutations en cours. Après la proclamation de la première Constitution ottomane en 1876, puis sa suspension par Abdülhamit en 1878, la question de la limitation du pouvoir absolu du souverain devint, dans la première décennie du XXᵉ siècle, le moteur d'un ample mouvement, à Istanbul comme à Téhéran.

La première révolution constitutionnelle en Perse (1905-1906) fut, après la révolte du tabac, le deuxième grand mouvement de masse de l'histoire moderne du royaume. Elle illustra la première rencontre directe entre la culture musulmane traditionnelle et l'Occident en Perse. Par son ampleur, puisqu'elle impliqua toutes les couches de la société urbaine et scella une coalition de toutes les opinions contre l'autocratie, elle ne connut pas d'équivalent dans les autres pays musulmans du Moyen-Orient. On peut, certes, trouver des similarités entre les aspirations libérales qui se manifestèrent à la même époque en Égypte, dans l'Empire ottoman et en Perse. Cependant, cette dernière se distingue par un trait décisif : l'implication des ulémas dans les événements et leur soutien énergique au mouvement constitutionnel.

Lorsque la révolution jeune-turque éclata, en 1908, l'Empire ottoman était déjà passé par plus d'un demi-siècle de réformes (entamées en 1826) et par les périodes successives des Tanzîmât. En Perse, l'irruption des revendications constitutionnalistes fut incomparablement plus brutale.

C'est à partir de la révolution constitutionnelle persane, soutenue par les plus grands *mujtahid* – qui promulguèrent des fatwas aux termes desquelles celui qui s'opposait à la Constitution était un ennemi de l'islam –, que le mouvement islamique se développa dans les villes saintes d'Irak. L'influence des événements de Perse sur les trois vilayets ottomans fut le point de départ d'un vaste mouvement qui mobilisa ulémas et intellectuels musulmans. Il permit l'apparition d'une réelle conscience politique dans les vilayets mésopotamiens. Deux *mujtahid*, cheikh Muhammad Kâzim Khurâsâni et Abdallâh Mâzanderâni, furent, à Najaf, les principaux dirigeants religieux du mouvement constitutionnaliste de 1905 à 1911. Leur opposition au despotisme du sultan Abdülhamit, leur soutien à la révolution jeune-turque, puis leur rejet des unionistes dès lors qu'ils appliquaient une politique nationaliste et autoritaire, achevèrent d'imposer les *marja'* en tant qu'acteurs incontournables sur la scène politique.

Un événement majeur est la publication d'un livre passé pourtant presque inaperçu à l'époque, en dehors de la *hawza* : pour la première fois, un *mujtahid* important y étudiait, à la lumière de la religion, le moyen de remédier à l'illégitimité du pouvoir despotique par l'instauration d'un régime constitutionnel. Son auteur, cheikh Muhammad Husayn Nâ'îni, réalisait là la plus étonnante des synthèses entre le dogme *usûli* et un concept d'origine occidentale. Dans le même temps, Najaf, à l'apogée de son influence, s'affirma comme le lieu privilégié de tous les débats agitant les deux empires musulmans. Cette effervescence correspondait à un intense développement des activités intellectuelles islamiques. La revue *Al-'Ilm* (« La Science »), éditée par sayyid Hibbat al-Dîn Shahrestâni, l'un des principaux ulémas de Najaf, illustre parfaitement la richesse des débats d'alors.

Il est coutumier de dater le début de la révolution persane de décembre 1905, lorsque le gouverneur de Téhéran entreprit de punir de bastonnades publiques des marchands de sucre qui n'avaient pas obtempéré à ses ordres de baisser les prix. Les marchands affirmaient que la hausse des cours du sucre et la concurrence déloyale des produits européens les empêchaient de pratiquer des prix plus bas ; les multiples concessions que le chah avait accordées aux étrangers ne leur laissaient pas le choix. Ils bénéficièrent aussitôt du soutien des ulémas. Le mécontentement face au caractère despotique du régime était général ; les religieux, comme les commerçants, avaient de nombreuses raisons de s'opposer au chah. Une foule importante composée de religieux et de marchands décida de se réfugier dans le sanctuaire de Shâh Abdol-Azîm, au sud de Téhéran, et, depuis ce lieu inviolable, exigea la création d'une cour de justice (*adâlatkhâne*). L'institution du *bast*, qui rendait inviolables certaines mosquées, certains mausolées et certaines légations étrangères, se révéla d'un grand secours pour les révolutionnaires.

À Téhéran, trois grands *mujtahid*, cheikh Fazlollâh Nûri (exécuté en 1909), sayyid Abdallâh Behbahâni (1870-1910) et sayyid Muhammad Tabâtabâ'i (1841-1920), s'insurgèrent publiquement contre l'iniquité du gouvernement et se mirent à réclamer des réformes. En 1906, des ulémas de Téhéran firent parvenir à leurs homologues de Najaf des lettres les incitant à faire pression sur le chah afin qu'il accepte la Constitution. Les ulémas sollicités étaient Mîrza Khalîli, Khurâsâni, Mâzanderâni et Yazdi. Il leur était demandé d'envoyer des télégrammes à Muzaffar al-Dîn Shâh pour exiger de lui la formation d'une chambre des représentants (*shûra-ye melli*).

Jusqu'alors, les religieux résidant à Najaf s'étaient peu impliqués dans le mouvement. Pas davantage que le clergé en Perse ils ne furent les initiateurs du mouvement constitutionnaliste, d'abord porté par les élites libérales et nationalistes. Mais, rapidement, la ville sainte s'engagea et devint le principal soutien de la lutte en cours à Téhéran. L'ampleur du mouvement suscita aussitôt une profonde inquiétude chez les souverains persan et ottoman, tous deux aux prises avec une opposition constitutionnaliste. C'est pourquoi les deux États s'entendirent pour réprimer, chacun à l'intérieur de ses frontières, ce qui apparaissait comme un défi majeur. Aux mesures répressives du gouvernement du chah à Téhéran répondirent celles du gouvernement ottoman à Najaf et à Karbala. Les Persans établis dans les villes saintes de Mésopotamie, suspects de sympathies pour les constitutionnalistes, furent victimes de nouvelles discriminations. En effet, les représentants de la Porte entendaient soumettre les Persans d'Irak à de nouveaux impôts, arguant de leur statut d'étrangers sur le sol ottoman. Comme on pouvait s'y attendre, les concernés reçurent ces mesures comme une provocation, d'autant plus que nombre de résidents européens des vilayets ottomans demeuraient exemptés de toute taxation. Le jeu des Britanniques consistait à mettre en échec les tentatives d'union des musulmans et de provoquer un affrontement entre Turcs et chiites.

La campagne qu'entamèrent les habitants de Karbala contre les mesures de la Porte s'accompagna de multiples actions de soutien au mouvement constitutionnel en Perse. La ville connut une véritable explosion de violence à base de grèves et de manifestations. Le gouverneur ottoman fit tirer sur la foule qui menaçait les bâtiments officiels. Le massacre qui s'ensuivit resta dans les mémoires sous le nom d'« événement de la cour de Karbala ». De nombreux Persans, fuyant les soldats turcs, vinrent se réfugier au consulat britannique. Les ulémas de Najaf et de Karbala leur retirèrent alors leur soutien. Ils promulguèrent une fatwa par laquelle ils invitaient les manifestants à ne pas aller chercher protection auprès de l'étranger. Toutefois, à la suite de la tuerie, les ulémas de Najaf ne parvinrent pas à conserver une position commune. Khurâsâni et ses partisans restèrent silencieux, tandis que Yazdi, sayyid Muhammad Bahr al-Ulûm et Mîrza Husayn Khalîli protestèrent énergiquement contre la « barbarie du gouvernement ». Khurâsâni soupçonnait en effet les Britanniques d'être les instigateurs de la tragédie, et il pensait qu'une condamnation publique des Turcs par les *mujtahid* risquait de leur rendre le meilleur service qui fût. Cette division eut des conséquences à Téhéran : sentant la position de ces opposants faiblir, les hommes de Muzaffar al-Dîn Shâh s'emparèrent des religieux réfugiés dans le sanctuaire de Shâh Abdol-Azîm et les dispersèrent.

Les ulémas de Najaf accrurent alors leur rôle dans la lutte en faveur de la Constitution. Ils envoyèrent de nombreux télégrammes à Muzaffar al-Dîn Shâh, utilisant à son endroit un ton menaçant. Entre-temps, le mouvement avait atteint à Téhéran un point de non-retour. Plus de 10 000 commerçants, exigeant la promulgation de la Constitution, s'étaient réfugiés à l'ambassade britannique, l'un des lieux inviolables de la ville. Le soulèvement aboutit à la proclamation de la Constitution persane le 5 août 1906. Muzaffar al-Dîn Shâh, qui était à l'agonie, signa la Loi fondamentale en décembre 1906, une semaine avant sa mort.

En réalité, un premier *majles* (assemblée, parlement) s'était déjà réuni en octobre 1906. Un long additif au premier jet de la Constitution, la « loi fondamentale supplémentaire », fut signé par Muhammad Ali Shâh en octobre 1907. Les deux documents formèrent la Constitution persane. Largement calquée sur son homologue belge, elle était le résultat d'un compromis entre des groupes aux intérêts différents. Le pouvoir du chah se trouvait limité dans des proportions bien plus grandes que ne le serait celui du sultan, deux années plus tard, conformément à la seconde Constitution ottomane. C'était là une satisfaction majeure pour les intellectuels libéraux et les bâzâris. Les religieux, pour leur part, avaient imposé un article prévoyant que le chah et ses ministres devaient obligatoirement être chiites duodécimains, et que rien dans l'éducation ni dans la presse ne devait être susceptible d'offenser le chiisme. La Constitution persane reconnaissait en somme le chiisme duodécimain comme la religion officielle du pays. C'était une entorse importante aux principes d'égalité des sujets et de liberté.

L'article 2 de la Constitution stipulait par ailleurs que toute loi votée par le Parlement devait être ratifiée par cinq *mujtahid*, désignés par un ou plusieurs *marja'*. Toutefois, il ne fut jamais mis en application : sentant probablement le piège, aucun *mujtahid* ne se prêta à l'exercice. Dès les premières sessions du Parlement, l'opposition entre les religieux, avocats de l'application intégrale de la *sharî'a*, et les partisans des lois civiles préfigura un schisme majeur. Les religieux constitutionnalistes, menés par sayyid Muhammad Tabâtabâ'i et sayyid Abdallâh Behbahânî, se posèrent rapidement en camp conservateur face aux champions du laïcisme. Le Premier ministre du chah (assassiné en 1907), surnommé Atâbak, chercha même à s'entendre avec le parti conservateur conduit par Behbahânî.

À Najaf, trois *marja'* importants, Mîrza Khalîli, Khurâsâni et Mâzanderâni, et leurs partisans, comme Nâ'îni et Mahallâti, affirmèrent clairement dès le début de la révolution persane qu'ils se rangeaient aux côtés des constitutionnalistes. Quand cheikh Fazlollâh Nûri s'insurgea contre la Constitution, ces ulémas le condamnèrent ouvertement et continuèrent de soutenir Tabâtabâ'i, Behbahâni et les autres constitutionnalistes en Perse.

À la tête des ulémas opposés au despotisme et favorables à la Constitution, l'ayatollah Khurâsâni, surnommé Akhund (mot persan désignant un religieux, mais devenu largement péjoratif aujourd'hui) ou encore Abû al-Ahrâr (« Père des hommes libres »), joua un rôle décisif. Khurâsânî se considérait comme l'héritier de Mîrza Hasan Shîrâzi, celui qui, par sa fatwa, avait fait reculer le chah. Venu à Najaf pour étudier les sciences religieuses en 1861, il y vécut jusqu'à sa mort, le 10 novembre 1911. Sa réputation de *mujtahid* tenait au fait qu'il avait introduit une nouvelle méthode d'enseignement des *usûl*. Son traité de *fiqh*, *Kifâyat al-usûl* (« Ce qui suffit en *usûl* »), édité pour la première fois en 1874, fut par la suite publié cinq fois en Perse et deux fois à Bagdad. Parmi ses disciples, nombreux furent ceux qui devinrent des *marja'* importants au cours du XXᵉ siècle : sayyid Abû'l-Hasan Isfahâni (1894-1946), Diyâ al-Dîn al-'Irâqi (1861-1942), Nâ'îni (1860-1936), Husayn Qommi (1865-1947), Burûdjerdi (1875-1962) ou encore Khûnsâri (1891-1985). Khurâsâni apparut comme le pilier du mouvement réformiste constitutionnel. Par suite, Najaf, en sus de son caractère religieux, devint une véritable capitale politique vers laquelle se tournaient tous les regards. Ce n'est qu'avec le décès de Khurâsâni, en 1911, que le constitutionnalisme religieux prit fin.

Lorsque la révolution constitutionnelle triompha en Perse, les contacts et les échanges épistolaires s'intensifièrent entre les ulémas de Perse et les *marja'* d'Irak. Cependant, après la proclamation de la Constitution, il se révéla que le nouveau chah, Muhammad Ali, tendait de plus en plus à y faire obstruction. Par ailleurs, un certain nombre d'ulémas importants s'opposaient publiquement à ce texte. À leur tête, cheikh Fazlollâh Nûri en était venu à considérer qu'un régime constitutionnel n'était pas nécessairement en accord avec l'islam, lequel était son souci principal et la base de son prestige social, politique et religieux. Cheikh Fazlollâh avait initialement figuré parmi les dirigeants du mouvement contre le despotisme du chah, aux côtés de sayyid Muhammad Tabâtabâ'i et de sayyid Abdallâh Behbahâni, mais il commença à contester avec la plus grande véhémence le constitutionnalisme tel qu'il était appliqué. Il déclara que la Constitution islamique pour laquelle il s'était battu (*mashrûta-ye mashrû'a*) était différente de celle que la révolution avait produite. L'opposition de Nûri rallia en Perse certains ulémas, dont, à Tabriz, Hâjji Mîrza Hasan et, à Najaf, sayyid Muhammad Kâzim Tabâtabâ'î Yazdî, le plus influent d'entre eux. Ce dernier était, à vrai dire, hostile à toute idée de Constitution, ce qui n'était pas le cas de Nûri. À Najaf, Khurâsâni et Yazdi, qui jouissaient d'une popularité équivalente, s'opposaient donc sur un enjeu crucial. Le conflit, qui aboutit à une division des plus grands ulémas et contribua à renforcer les tendances despotiques du cercle royal en Perse, peut être considéré comme le premier échec du jeune régime constitutionnel persan.

Lorsque les religieux de Perse, inquiets des intentions de Muhammad Ali Shâh, demandèrent aux ulémas de Najaf de promulguer des fatwas en faveur de la Constitution, Khurâsâni leur répondit en chargeant de cette responsabilité dix des principaux *mujtahid* – à l'exception de sayyid Yazdi. En commun, ces derniers délivrèrent la fatwa suivante : « Les lois du conseil consultatif sont des lois sacrées et doivent être respectées ; elles sont un devoir obligatoire pour tous les musulmans… Agir contre la noble Chambre est assimilable à une guerre aux principes de la vraie religion. »

Un vaste mouvement d'opinion se développa dans la plupart des villes de Mésopotamie, en particulier dans les villes saintes chiites, extrêmement attentives à la situation en Perse. Des débats passionnés et des confrontations ouvertes commencèrent à agiter l'opinion publique naissante. À Najaf, les mosquées, les écoles et toutes les institutions religieuses retentirent bientôt de discussions enflammées. Ce mouvement impliquait aussi bien les ulémas que les intellectuels, les étudiants et toutes les couches d'une population régulièrement informée des événements qui se déroulaient dans le pays voisin. Outre la presse persane d'opposition, comme *Habl al-Matîn* (« Le Lien ferme »), les journaux en provenance de Syrie et d'Égypte, *Al-Mu'ayyed* (« L'Engagé »), *Al-Liwâ'* (« L'Étendard ») ou *Al-Hilâl* (« Le Croissant »), accordaient une large place aux nouvelles venant de Perse. Les déclarations des plus grands *mujtahid*, polycopiées à des milliers d'exemplaires, servaient de base aux discussions.

Phénomène tout à fait nouveau, le débat constitutionnel s'instaura également entre les *mujtahid* eux-mêmes. Il s'agissait d'un affrontement de nature essentiellement religieuse : fondé sur le Coran, les Traditions des Imams, la Sunna et les *usûl*, il apparaissait comme une conséquence logique du triomphe de l'usûlisme, qui avait autorisé certains grands ulémas à rompre avec l'attitude traditionnelle de défiance envers la politique. Il aboutit à la division de la hiérarchie religieuse en deux camps violemment hostiles l'un à l'autre. Ceux qui étaient favorables à la Constitution étaient qualifiés de parti *mashrûta* – mot utilisé en Turquie et en Perse pour désigner le constitutionnalisme ; ceux qui y étaient opposés étaient appelés *mustabidda* – en référence à *istibdâd*, mot arabe signifiant « despotisme ».

Conséquence la plus grave du mouvement constitutionnel en Perse, cet affrontement prit les allures d'une véritable guerre de religion. À Najaf, les hostilités entre les partisans de Khurâsâni et ceux de Yazdi étaient particulièrement intenses. Yazdi fit appel à des milices de quartier, ce qui fut considéré par ses adversaires comme une attitude inappropriée de la part d'un grand *marja'*. Cette lutte sans merci eut tôt fait de se cristalliser en deux tendances distinctes ayant tout l'air de partis politiques.

Il semble difficile de trouver d'autres causes directes qu'idéologiques à la division de la hiérarchie religieuse chiite de Najaf face au problème de la Constitution. La majorité des Arabes, parmi les ulémas, soutenaient sayyid Yazdi et le parti opposé à la Constitution, peut-être en raison de l'aspect incontestablement nationaliste du mouvement constitutionnaliste persan et de la présence en son sein d'intellectuels occidentalisés. Quant au clivage idéologique, il n'aboutit jamais à une remise en cause de l'héritage *usûli*. Certes, les ulémas constitutionnalistes semblaient mener à sa conclusion logique l'octroi aux *mujtahid* de pouvoirs étendus que le triomphe de l'usûlisme avait rendu possible. Le quiétisme relatif de sayyid Yazdi ne trahissait pas pour autant une sympathie cachée pour les conceptions akhbâries. Les ulémas quiétistes les plus intransigeants bénéficiaient eux-mêmes des acquis de la victoire de l'usûlisme et n'étaient pas prêts à remettre en question une évolution qui avait tendu à attribuer toujours plus de pouvoirs aux *mujathid*.

Russes et Britanniques virent dans cette division des *mujtahid* une aubaine. La Russie tsariste, qui faisait figure de principal défenseur de l'absolutisme du chah, s'évertua à soutenir Yazdi, tandis que les Britanniques adoptèrent une attitude plus ambiguë : tout en se déclarant favorables aux constitutionnalistes à Téhéran, ils favorisèrent en sous-main Yazdi à Najaf.

Afin de réfuter les thèses qui, au nom de l'islam, condamnaient le principe d'une Constitution, le parti *mashrûta* entreprit un grand effort d'explication. L'ouvrage le plus important en faveur des positions des constitutionnalistes fut celui de Nâ'îni. Publié pour la première fois à Najaf en persan, il apparaît comme l'œuvre majeure du constitutionnalisme religieux.

La révolution jeune-turque de 1908 renversa les rapports de forces à Najaf aux dépens des adversaires de la Constitution. Les événements y avaient pris une tournure favorable au développement du parti constitutionnaliste, au moment même où les libéraux, en Perse, devaient affronter le plus grave des défis : le renvoi du Parlement par le chah, soutenu par son puissant allié, l'armée russe.

Muhammad Ali Shâh, qui depuis plusieurs mois faisait obstruction au fonctionnement du Parlement, avait décidé de mettre un terme à toute limitation de son pouvoir. Appuyé par la brigade cosaque, il fomenta un coup d'État, fit bombarder le *majles*, qui fut fermé, et suspendit la Constitution en juin 1908. Un grand nombre de libéraux furent exécutés. Dans un communiqué publié en octobre, le chah affirma clairement qu'il n'était plus question de permettre l'existence d'un parlement : « L'établissement d'un parlement et l'offense à l'islam sont une seule et même chose. » En justifiant son coup d'État par l'islam, il reprenait à son compte les arguments de certains ulémas opposés à la Constitution, en particulier Fazlollâh Nûri. La période de retour à l'absolutisme (23 juin 1908-15 juillet 1909), que les Persans désignent par l'expression *Estbdâd-e saghîr* (la « petite tyrannie »), s'accompagna d'une occupation des principales villes iraniennes par des détachements de l'armée tsariste.

Le rôle décisif joué par les troupes russes pour permettre à Muhammad Ali Shâh d'imposer ce retour à l'absolutisme suscita la colère des ulémas. À leurs yeux, le chah était un infidèle au service d'autres infidèles, les Russes, considérés comme des « ennemis de l'islam, responsables de massacres perpétrés contre les musulmans iraniens ». La violation des principes démocratiques n'était pas le souci majeur des ulémas ; ce qui leur importait bien davantage, c'était de renverser un souverain non islamique et d'expulser les infidèles de Perse. C'est ce qui les poussa à intensifier leur campagne contre le pouvoir tyrannique de Muhammad Ali Shâh et à renouveler leur soutien aux constitutionnalistes.

À l'instar ce qui s'était produit lors des campagnes précédentes, Najaf s'imposa à la direction du mouvement, dont le but proclamé était la déposition du chah. À partir du territoire ottoman, les ulémas de la ville sainte se mirent à appuyer ouvertement le soulèvement qui se développait en Perse. Khurâsâni s'employa à envoyer aux révolutionnaires persans tous ses encouragements, auxquels son prestige conférait beaucoup de poids : non seulement l'un des plus grands *mujtahid* ne voyait aucune contradiction entre le principe du Parlement et la *sharî'a*, mais, de surcroît, il faisait du *majles* un impératif religieux.

En Perse, les événements se précipitèrent. Tabriz résista aux forces royalistes et soutint un siège de plusieurs mois avant d'être occupée par les Russes. Alors que les troupes légitimistes organisaient son blocus, en 1909 les *mujtahid* de Najaf déclarèrent que le siège de la ville équivalait à « refuser l'eau de l'Euphrate aux compagnons du Prince des martyrs [l'Imam Husayn] ». La tendance à désigner le chah comme le « Yazîd de notre époque » se trouvait renforcée par des rumeurs affirmant que les Qâdjârs avaient combattu dans l'armée omeyyade à Karbala !

Le coup d'État de 1908 et la résistance de Tabriz accentuèrent l'opposition déjà latente entre ulémas constitutionnalistes et partisans d'un constitutionnalisme laïque. Dans le camp des constitutionnalistes, Tabâtabâ'i et Behbahâni considéraient avec inquiétude les positions antireligieuses de certains chefs insurgés de la capitale azerbaïdjanaise, fortement influencés par la propagande socialiste. Par ailleurs, la hiérarchie religieuse chiite ne s'était pas ralliée en son entier à la révolution. Le soutien apporté au chah par cheikh Fazlollâh Nûri, qu'il justifiait par la défense de l'islam face aux partisans du Parlement « impie », donnait une caution religieuse au camp royaliste. Lorsque la révolution se radicalisa, de nombreux ulémas à Tabriz choisirent de rejoindre les forces hostiles à la Constitution. Toutefois, à l'exception de cheikh Fazlollâh Nûri à Téhéran et de sayyid Yazdi à Najaf, tous les grands *marja'* – c'est là l'important – non seulement se déclarèrent favorables aux principes constitutionnels, mais prirent la direction effective du mouvement en faveur de la Constitution. Des religieux, comme sayyid Jamâl al-Dîn Isfahâni et Mâlik Motakallemîn, à Ispahan, furent les plus radicaux des propagandistes du constitutionnalisme. Ils le payèrent de leur vie, puisqu'ils furent exécutés par les forces royalistes.

Dans une lettre demeurée célèbre adressée au chah, Khurâsâni menaça Muhammad Ali Shâh d'excommunication s'il ne rétablissait pas sur-le-champ le Parlement, tout en dénonçant ses « *mujtahid* vendus » (allusion à Fazlollâh Nûri). La tournure tragique des événements de Perse conféra une âpreté sans précédent à la lutte opposant, à Najaf, *mashrûta* et *mustabidda*. Désireux de réfuter les thèses des adversaires de la Constitution par des arguments religieux, Nâ'îni rédigea son fameux ouvrage *Tanbîh al-umma wa tanzîh al-milla fî wujûb al-mashrûta* (« Vigilance de la communauté et salut de la nation dans le devoir de la Constitution ») en mars-avril 1909, à peu près dix mois après l'abrogation de la Constitution, le 23 juin 1908, et quatre mois avant sa restauration, le 15 juillet 1909. Ce livre fut publié en persan à Najaf, puis à Bagdad et à Téhéran. Mîrza Muhammad Husayn Nâ'îni (1860-1936) comptait parmi les plus grands *mujtahid* de Najaf. Né dans une famille célèbre et respectée de Nâ'în, petite ville du centre de la Perse, il était venu à Najaf en 1885 pour, comme beaucoup d'autres, parfaire son éducation religieuse. Après un court séjour, il était parti pour Sâmarra, où il avait étudié sous la direction de Mîrza Hasan Shîrâzi et d'autres *mujtahid* tels qu'Ismâ'îl al-Sadr. Disciple de Shîrâzi, Nâ'îni devint même son secrétaire vers la fin de la vie du grand *marja'*. C'est de cette façon qu'il se trouva impliqué dans la campagne contre la Régie du tabac et se familiarisa avec les idées d'al-Afghânî et ses critiques acerbes contre le despotisme. Après la mort de Shîrâzi, en 1895, Nâ'îni continua d'étudier à Sâmarra sous la direction de Sadr. En

1896, lorsque Sadr partit pour Karbala, Nâ'îni l'y accompagna. Il y demeura jusqu'en 1898, date à laquelle il repartit pour Najaf. Là, il devint l'un des plus proches compagnons de Khurâsâni. C'est lui qui rédigeait tous les télégrammes et toutes les déclarations des trois grands leaders religieux constitutionnalistes, Khurâsâni, Husayn Khalîli et Mâzanderâni.

Lors de la publication de son livre, à cause des remous qu'elle suscita dans les milieux religieux, Nâ'îni eut besoin de l'attestation d'honorabilité de deux des plus grands *marja'* de l'époque, Khurâsâni et Mâzanderâni, qui défendirent publiquement les thèses qu'il avançait. Toutefois, l'hostilité que rencontrèrent ces dernières l'obligea à une prudente retraite. L'influence de son ouvrage se perpétua tout au long du XXᵉ siècle. Au Liban, la revue chiite de Saïda *Al-'Irfân* (« Le Savoir ») traduisit en arabe la majeure partie du livre au début des années 1930, et Sâlih al-Ja'fari publia sa version arabe intégrale sous le titre tendancieux *Al-istbdâdiyya wa al-dîmûqrâtiyya* (« Despotisme et démocratie »). En 1951, l'ouvrage fut de nouveau publié en persan. Cheikh Murtaza Motahhari, théologien chiite réputé dans les années 1960, considère que « personne n'a mieux que Nâ'îni expliqué le *tawhîd* [l'unicité de Dieu] scientifique, social et politique de l'islam ».

Comme les troupes russes stationnaient toujours en Perse et que Muhammad Ali Shâh livrait au bourreau de nombreux libéraux persans, les attaques contre le « chah infidèle » et les « armées étrangères » des ulémas d'Irak, notamment ceux de Najaf, redoublèrent d'intensité. Khurâsâni envoya son représentant à Istanbul afin qu'il contacte les libéraux persans réfugiés dans la capitale ottomane. L'opposition à Muhammad Ali Shâh ne se limitait désormais plus aux ulémas constitutionnalistes. Puisque la question se posait d'en finir avec un « souverain assassin » et d'expulser des troupes étrangères d'une terre musulmane, d'autres ulémas se rallièrent au mouvement. D'importants religieux, tels sayyid Ismâ'îl al-Sadr et Muhammad Taqi Shîrâzi, commencèrent eux aussi à combattre le chah et sa politique. Les inquiétudes des Russes et des Britanniques s'accrurent quand, en juillet 1909, Khurâsâni, à la tête de presque tous les ulémas de Najaf, y compris les Arabes, partit pour Karbala en signe de protestation contre l'occupation russe. Visiblement, les *mujtahid* étaient tous décidés à passer à l'action.

Après s'être regroupées au nord, dans les montagnes boisées du Gilân, et au sud, dans la région des Bâkhtiyâr, les forces nationa-listes et constitutionnalistes persanes passèrent en effet à l'offen-sive. Les *mojâhidîn* et les *fedâiyân*, comme se nommaient les combattants des régions occupées par l'armée russe, rejoignirent en masse l'armée révolutionnaire en cours d'organisation dans le Gilân. Les Bakhtiyâris marchèrent sur Ispahan, et les deux forces convergèrent sur Téhéran en juillet 1909. Muhammad Ali Shâh fut déposé le 15 juillet et Ahmad Shâh, nommé à sa place, accepta de rétablir la Constitution. Les constitutionnalistes reprirent le pouvoir et le Parlement fut restauré. Ainsi se termina la « petite tyrannie ».

Toutefois, le triomphe des constitutionnalistes à Téhéran ne mit fin ni aux ambitions anglo-russes en Perse ni à la division de la hiérarchie religieuse chiite. Depuis la signature, le 31 août 1907, de la convention anglo-russe, qui divisait la Perse en deux sphères d'influence, les deux puissances coopéraient pour stabili-ser la situation en Perse. Russie et Grande-Bretagne décidèrent de soutenir une forme limitée de constitutionnalisme sous l'autorité de Muhammad Ali Shâh afin de désamorcer le mouvement révo-lutionnaire. Mais cette tentative échoua, et les deux pays se rési-gnèrent à la victoire des nationalistes, qui entretenaient d'ailleurs déjà des liens avec leurs représentants respectifs.

Il était généralement admis que les *mujtahid* de Najaf, avec à leur tête Khurâsâni, avaient joué un rôle décisif dans la chute du chah. La cible principale des ulémas était l'irréligiosité de Muhammad Ali Shâh. Mais les ulémas attaquaient le despotisme non parce qu'il était contraire à la démocratie, mais parce que la tyrannie telle qu'elle se manifestait en Perse œuvrait contre l'islam. Cependant, le retournement de situation en faveur des partisans de la Constitution allait placer la hiérarchie religieuse divisée face à un redoutable défi.

Le facteur nationaliste dans l'attitude des ulémas constitutionnalistes est difficile à apprécier. Ainsi, ils tentèrent un rapprochement avec le sultan Abdülhamit, alors engagé dans sa politique panislamiste, mais cette alliance conjoncturelle cessa une fois les révolutionnaires au pouvoir à Téhéran. La position de principe des ulémas de Najaf, qui considéraient le combat contre le despotisme et l'avènement de régimes constitutionnels dans les pays musulmans comme un devoir religieux absolu, ne pouvait qu'inquiéter le sultan autocrate d'Istanbul. Au lendemain de l'arrivée au pouvoir des Jeunes-Turcs, les relations se renforcèrent entre les unionistes et le mouvement constitutionnaliste de Najaf, avec la création dans cette ville d'une branche du Comité Union et Progrès, donnant lieu à de grandes festivités. Toutefois, la politique chauvine et de turquification dans laquelle s'engagèrent vite les Jeunes-Turcs conduisit à un divorce rapide et radical avec les dirigeants religieux chiites de Najaf, qui rejetaient les violences des unionistes, dont la population arabe et chiite de Mésopotamie allait être la cible privilégiée.

Quelles motivations amenèrent les chefs religieux chiites à prendre fait et cause pour la défense d'un principe – le constitutionnalisme – qui, à bien des égards, faisait figure d'innovation par rapport au droit musulman ?

De façon générale, les *mujtahid* ont constamment insisté sur deux points essentiels : la protection de la religion et l'élimination de la tyrannie et du pouvoir despotique. Cela ne signifiait évidemment pas que, dans l'esprit des ulémas, les principes constitutionnels et la Loi islamique étaient une seule et même chose. Compte tenu de leur prétention à être les représentants généraux (*nâ'ib al-'âmm*) de l'Imam caché, les *mujtahid* étaient toujours en position de condamner un souverain injuste et d'œuvrer à sa chute. C'est ce qui explique qu'ils approuvèrent l'idée du parti *mashrûta* et celle d'une assemblée consultative, bien qu'ils ignorassent tout de la signification d'un régime constitutionnel et des conséquences d'un processus démocratique à l'européenne. Ils en attendaient en réalité un accroissement de leur pouvoir et de l'influence de la religion. Or c'est le contraire qui se produisit.

Les partisans de Khurâsâni et du parti religieux *mashrûta* se recrutaient parmi les intellectuels libéraux et la classe commerçante de Perse, ainsi que dans une large partie de la population persane engagée dans la révolution. Ulémas et commerçants avaient des intérêts communs de longue date. L'alliance entre les ulémas et les intellectuels libéraux persans était plus récente. Longtemps, les intellectuels occidentalisés avaient considéré les ulémas comme des obscurantistes, hostiles à tout progrès. Les besoins de la lutte contre la domination étrangère et le despotisme avaient donc rassemblé sous une même bannière des forces bien différentes : les ulémas constitutionnalistes, la bourgeoisie nationale persane, les commerçants, les artisans, les intellectuels libéraux.

Face au parti religieux *mashrûta*, les ulémas hostiles à la Constitution revendiquaient également une responsabilité vis-à-vis de l'avenir de l'*umma*. Principalement soutenus par la cour (qâdjâre) – cheikh Fazlollâh Nûri étant apparenté au chah par mariage –, par les grands propriétaires terriens, par la classe moyenne aisée et conservatrice, par les bénéficiaires des *waqf*, ainsi que par la masse ignorante des plus pauvres, ils s'opposaient au parti *mashrûta* en arguant du fait que la Constitution devait être islamique ou ne pas être.

Une autre catégorie d'ulémas, celle des quiétistes, avait beaucoup en commun avec les anticonstitutionnalistes. Sayyid Yazdi représentait ce courant à Najaf. En réalité, il considérait la Constitution en soi comme contraire à l'islam, là où Fazlollâh Nûri, lui, n'était pas anticonstitutionnaliste par principe.

La tournure des événements parut donner raison à Fazlollâh Nûri (c'est ce que Khomeyni déclara soixante-dix ans plus tard). Durant la période de la « petite tyrannie », de nombreux libéraux avaient été exécutés sur ordre de Muhammad Ali Shâh. Avec la victoire des constitutionnalistes et l'accession au trône d'Ahmad Shâh (1909-1925), ce fut au tour des absolutistes de subir les foudres du pouvoir. Encouragés par le nouveau régime, un groupe de révolutionnaires attaquèrent la résidence de cheikh Fazlollâh Nûri et le pendirent haut et court devant sa demeure. Nûri était un *mujtahid* réputé pieux et savant. Les *mujtahid* constitutionnalistes l'avaient vilipendé à de nombreuses reprises. Son exécution alla pourtant bien au-delà de leurs attentes : elle fit l'effet d'un coup de tonnerre, suscitant un énorme émoi au sein de toutes les institutions religieuses. Elle constituait une atteinte au respect dû aux *mujtahid* et une menace directe pour leur prestige : pour la première fois dans l'histoire, la personne sacrée d'un *mujtahid* était visée. Cet événement engendra un immense malaise parmi les ulémas qui avaient favorisé la révolution en Perse. Quant au parti religieux hostile à la Constitution, il en conçut d'emblée une haine profonde envers les constitutionnalistes et le nouveau régime.

L'exécution de Nûri fut l'une des premières manifestations graves d'un conflit latent, parmi les constitutionnalistes, entre les ulémas et les sécularistes. Dans le deuxième *majles*, en 1909, l'affrontement reprit entre les « modérés », dirigés par Behbahâni, et le parti nationaliste et démocratique, à la tête duquel se trouvait Taqi-Zâdeh. Un autre événement survint, montrant que la lutte entre les deux factions était devenue ouverte : l'assassinat, en 1910, de sayyid Abdallâh Behbahâni lui-même, l'un des principaux hérauts du constitutionnalisme religieux à Téhéran. Taqi-Zâdeh, réputé pour ses positions antireligieuses, fut accusé d'en être l'instigateur. Il dut quitter le pays sous la pression des ulémas.

De façon générale, les ulémas constitutionnalistes considéraient que le nouveau régime instauré en Perse ne répondait pas à leurs attentes. Le décès de Khurâsâni, en 1911, entraîna un recul important de leur mouvement. L'émergence de sayyid Yazdi comme nouveau *marja' a'la* s'en trouva facilitée. Toutefois, Yazdi excepté, tous les grands *marja'* – Mîrza Taqi Shîrâzi, Shaykh al-Sharî'a Isfahâni – furent ensuite du parti de Khurâsâni. Nâ'îni, qui avait été à l'avant-garde des théories religieuses justifiant la Constitution, fit retirer son livre de la circulation et garda un silence remarqué et définitif sur la question. Selon certains témoignages, il aurait lui-même jeté des exemplaires de son propre livre dans les eaux du Tigre. Sa réserve fut interprétée comme une repentance.

Aux désillusions des ulémas vis-à-vis du régime constitutionnel instauré en Perse correspondaient les mêmes sentiments envers le régime unioniste ottoman. Les *mujtahid* du parti *mashrûta* prirent conscience que le régime pour lequel ils avaient combattu était principalement occupé à réduire l'influence de la religion. À Najaf, le parti religieux *mashrûta* se scinda en deux : une tendance tenta de continuer à faire vibrer la corde panislamique, qui conduisait à considérer les Turcs comme des musulmans et non comme des étrangers en Irak ; une autre, sensible aux exactions de l'armée ottomane contre les tribus chiites arabes d'Irak, commença à mobiliser celles-ci contre l'occupant turc. Cependant, le conflit entre ces deux tendances ne devait pas apparaître nettement avant 1918, à l'occasion de l'insurrection de Najaf, qui allait chasser définitivement de la ville sainte chiite l'armée ottomane en retraite face à une armée britannique conquérante.

C'est sur un constat d'échec que la vague du constitutionnalisme religieux s'apprêtait à disparaître. Le malentendu entre ulémas et constitutionnalistes était patent. Toutefois, l'engagement des plus grands *mujtahid* en faveur de la Constitution laissa des traces profondes et indélébiles. La nécessité d'une Constitution et d'un Parlement avait définitivement été intégrée au dogme chiite, comme le prouvèrent amplement les développements ultérieurs au XXe siècle. L'intervention directe des religieux dans les affaires politiques, l'intense débat à propos de la Constitution, ainsi que le soutien des ulémas constitutionnalistes à une réforme de l'éducation et à la création d'écoles modernes, contribuèrent de façon décisive à l'apparition d'une conscience politique dans les vilayets de la Mésopotamie ottomane. Le journal de Najaf *Al-'Ilm* ne cessait ainsi de publier les déclarations des plus grands ulémas, de même que les nouvelles concernant la révolution constitutionnelle dans le pays voisin.

Le vaste mouvement de réflexion animé par les religieux chiites à propos de la Constitution ne s'était pas limité aux villes saintes d'Irak. Les discussions au sein de la *hawza* de Najaf eurent des prolongements, notamment à Bagdad. L'un des résultats de l'engagement des ulémas constitutionnalistes fut l'ancrage de nombreux ulémas et penseurs musulmans dans le courant réformiste arabe naissant à Bagdad et à Bassorah. Les révolutions persane et ottomane préparèrent ainsi le terrain aux mouvements qui allaient agiter ensuite la Mésopotamie, en particulier le jihad de 1914-1918 et la révolution de 1920.

Cependant, les trois vilayets n'étaient pas la Perse. La base sociale qui avait porté le mouvement constitutionnaliste des ulémas en Perse n'avait pas d'équivalent en Mésopotamie. Il n'y avait, sur les rives du Tigre et de l'Euphrate, ni classe commerçante musulmane développée ni élite intellectuelle européanisée influente semblables à celles dont l'alliance avec les ulémas avait permis à la révolution persane de triompher. En Irak, la base de la société chiite était à la fois tribale et rurale. Quelle perception les tribus chiites du Sud mésopotamien pouvaient-elles avoir de la révolution persane et du constitutionnalisme ? Les ulémas eux-mêmes, on l'a vu, demeuraient dans leur ensemble ignorants de la signification réelle du constitutionnalisme. Dès lors, que dire de tribus qui vivaient encore, dans leur majorité, en vase clos et dont l'opposition viscérale à la société citadine n'était pas, loin s'en faut, un facteur d'ouverture ? On ne peut pas pour autant en conclure que les villes saintes de Mésopotamie firent simplement office, pour les *mujtahid*, de tribune à partir de laquelle ils s'adressaient aux Persans. Si l'impact de la révolution constitutionnelle persane sur les chiites irakiens fut très différent dans les villes saintes et dans la zone tribale, l'idée d'un pouvoir croissant des religieux et les revendications islamiques des ulémas, telle la lutte contre la domination étrangère et le despotisme, s'étaient bel et bien enracinées en Irak, préfigurant les grands mouvements des années 1910 et 1920.

V

Le jihad de 1914-1918

Un thème récurrent dans les discours des *mujtahid* était la nécessité de résister à la domination étrangère. Malgré un recul momentané lors de la vague de protestation contre la Régie du tabac, la mainmise européenne sur l'économie persane s'accentua à l'approche du XXᵉ siècle. Les Belges prirent le contrôle des douanes du pays. À partir de 1900, le gouvernement persan, au bord de la faillite, sollicita de nouveaux emprunts auprès de la Russie et de la Grande-Bretagne. En échange, les deux puissances obtinrent encore davantage de concessions d'un pays dont des pans entiers de la vie économique et politique étaient passés entre leurs mains. La convention anglo-russe de 1907 divisait la Perse en deux zones d'influence : russe au nord, britannique au sud. Découvert en 1908 dans le sud-ouest du pays, le pétrole se retrouva aussitôt sous le contrôle de Londres. En 1911, un ultimatum russe ouvertement hostile aux aspirations constitutionnalistes et nationales en Perse fut suivi de l'invasion de plusieurs villes persanes par les troupes anglo-russes. L'un des deux empires musulmans était ainsi passé sous la domination militaire directe des puissances européennes.

La situation de l'Empire ottoman n'était pas meilleure. L'endettement avait fait de l'État un obligé dans un nombre croissant de domaines. La Porte avait vu son territoire se rétrécir dans les

Balkans, dans le Caucase, dans la péninsule Arabique, en Égypte, sans parler du Maghreb. À partir des années 1870, la Grande-Bretagne avait acquis en Mésopotamie une position dominante, alors que le Golfe était devenu sa chasse gardée. La politique de Londres en Mésopotamie ottomane était pilotée depuis les Indes, et les Britanniques envisageaient purement et simplement l'annexion de l'Irak. Avant la Première Guerre mondiale, le vilayet de Bassorah dépendait ainsi des services des Indes britanniques ; les vilayets de Bagdad et de Mossoul, de ceux de Londres, puis du Bureau arabe du Caire. Quant au Liban, les affrontements confessionnels y avaient favorisé le jeu de la France et de la Grande-Bretagne, qui s'imposaient comme les deux puissances tutélaires face à la Porte, là aussi officiellement souveraine sur le pays.

Dès les premiers mouvements des troupes russes, l'ayatollah Khurâsâni envoya, depuis Najaf, un violent télégramme de protestation au gouvernement tsariste. Puis, comme l'avance russe continuait, il promulgua une fatwa appelant au jihad contre les Russes et battit le rappel des *mujâhidîn* afin qu'ils aillent combattre en Perse. Après son décès soudain en 1911, cette fatwa fut confirmée par des fatwas similaires émanant de deux des plus grands *mujtahid* de Najaf et de Kâzimayn, Muhammad Taqi Shîrâzi (1853-1920) et cheikh Mahdi al-Khâlisi (1861-1925). Celui qui était devenu le *marja' a'la*, sayyid Kâzim Yazdi (1831-1919), demeurait pour sa part apathique, laissant aux disciples de Khurâsâni le soin d'organiser la mobilisation.

Une autre agression contre un territoire musulman se déroulait au même moment beaucoup plus à l'ouest. La Tripolitaine ottomane dut faire face en 1911 à une attaque généralisée de l'armée italienne. Khurâsâni promulgua également une fatwa appelant au jihad en Tripolitaine et supervisa lui-même l'enrôlement de *mujâhidîn* destinés à aller combattre les troupes italiennes. Pour la première fois dans l'histoire, un grand *marja'* se faisait chef de guerre et organisait la résistance à l'ennemi au nom d'un jihad déclaré en défense de l'islam. L'une des dernières prérogatives des Imams se trouvait ainsi accaparée par les *marja'*. Les plus grands ulémas chiites rendirent publique la déclaration suivante : « Ô musulmans! Vous devez savoir qu'une guerre sainte contre les infidèles est considérée comme obligatoire lorsque l'*umma* et la nécessité religieuse le commandent. Aujourd'hui, l'armée italienne a envahi la Tripolitaine, semant la destruction dans ses régions les plus peuplées, tuant ses hommes, ses femmes et ses enfants. Remplissez votre devoir de jihad dans la voie de Dieu, unissez-vous et soyez généreux en donnant vos biens, soyez prêts à vous défendre, avant qu'il ne soit trop tard! »

En réponse à ces fatwas, des comités mêlant chiites et sunnites se formèrent pour soutenir le jihad en Libye, une cause « arabe » qui parlait peut-être davantage aux Irakiens que les événements de Perse. Les appels à l'unité des musulmans avaient remplacé ceux en faveur du constitutionnalisme.

Alors que les puissances alliées européennes étaient entrées en guerre contre l'Empire ottoman et que les troupes britanniques avaient entamé l'occupation de la Mésopotamie en débarquant à Fao, à l'extrémité méridionale du pays, le *shaykhulislâm* et le mufti de l'État ottoman délivrèrent une fatwa, le 7 novembre 1914, proclamant le jihad contre les Alliés. Au même moment, depuis toutes les villes saintes chiites, les plus grands *mujtahid* promulguèrent des fatwas similaires, appelant au jihad et à la résistance armée contre l'invasion britannique. Les ulémas de Najaf firent de la « défense de l'État islamique » un devoir religieux et invitèrent en conséquence les chiites à combattre les envahisseurs aux côtés des troupes ottomanes. L'appel au soulèvement général fut réitéré par les principaux *mujtahid* tout au long de novembre et décembre 1914. Ils prirent la direction effective du mouvement de jihad, organisant une force armée composée de volontaires, et conduisirent ces derniers sur le front, où ils participèrent aux combats conjointement avec l'armée ottomane.

Le jihad en Mésopotamie débuta de façon effective le 9 novembre 1914, trois jours après l'occupation de Fao. Les *mujtahid* avaient envoyé leurs représentants dans les tribus afin de les soulever contre les Britanniques. La tâche n'était pas facile, car l'hostilité des tribus chiites d'Irak au gouvernement ottoman était proverbiale. On peut mesurer l'autorité des *mujtahid* des villes saintes au fait qu'ils réussirent, en un laps de temps record, à susciter une mobilisation générale, aussi bien dans les villes saintes que dans les zones tribales.

À Najaf, tous les ulémas se mirent au service du jihad. Un nom se distingue parmi eux : celui de sayyid Muhammad Sa'îd al-Habbûbi. Issu d'une famille de commerçants de Najaf, il s'était acquis la réputation d'un religieux aux conceptions libérales. La fatwa qu'il avait délivrée en 1908 pour affirmer la légitimité au regard de la *sharî'a* des écoles modernes de Bagdad, où l'on enseignait les langues étrangères, était demeurée dans toutes les mémoires. Ce *mujtahid* allait jouer un rôle central durant toutes les campagnes militaires.

De nombreux ulémas se joignirent à lui à la tête des combattants tribaux sur le front ouest de Bassorah. Parmi eux, celui qui deviendrait *marja' a'la* dans les années 1960, Muhsin al-Hakîm, ainsi qu'Abû'l-Qâsim Kâshâni, futur allié de Mosaddegh en Iran. Sayyid al-Habbûbi devait mourir en juin 1915 près de Nâsiriyya, dans le Bas-Euphrate, après avoir subi une terrible défaite face à une armée britannique supérieure en nombre (composée en majorité de soldats indiens) et en équipement. La bataille perdue de Shu'ayba, à l'ouest de Bassorah, du 11 au 14 avril 1915, ouvrit aux troupes britanniques la voie vers le nord le long du Tigre. Mais, preuve que la mobilisation n'était pas simplement formelle, les effectifs de l'armée des *mujâhidîn* chiites irakiens que comman-

dait sayyid al-Habbûbi étaient supérieurs à ceux de l'armée ottomane qu'ils étaient censés seconder. Même sayyid Yazdi, célèbre
pour son opposition aux constitutionnalistes et qui avait de très
mauvaises relations avec les Jeunes-Turcs, ne fut pas en reste et
appela également à la mobilisation.

À Sâmarra, Muhammad Taqi Shîrâzi, un *mujtahid* disciple de
feu Khurâsâni, joua un rôle éminent dans le soulèvement. Il avait
promulgué une fatwa qui faisait un devoir absolu de combattre les
infidèles. À Kâzimayn, cheikh Mahdi al-Khâlisi et sayyid Mahdi
al-Haydari s'illustrèrent particulièrement dans la campagne du
jihad. Ces deux *mujtahid* ne ménagèrent pas leur peine pour mobiliser les tribus. Ils supervisèrent en personne le départ vers le sud
de groupes de *mujâhidîn* qui s'étaient rassemblés dans leur ville. À
la suite de l'occupation de Fao, ils avaient envoyé aux ulémas de
Najaf, de Karbala et de Sâmarra des télégrammes les exhortant à
se regrouper à Kâzimayn et à « combattre les infidèles, quel qu'en
soit le prix ». Plusieurs ulémas leur répondirent qu'ils étaient déjà
sur le point de rejoindre sayyid al-Habbûbi, lequel se dirigeait vers
le front de Bassorah à la tête de milliers de combattants. Plusieurs
grands *mujtahid*, parmi lesquels Shaykh al-Sharî'a Isfahâni, quittèrent Najaf pour Kâzimayn, où ils furent accueillis par une marée
humaine aux cris de « *Allâhu akbar!* ». Quelques jours plus tard,
cheikh Mahdi al-Khâlisi promulgua un ordre religieux faisant aux
musulmans un devoir « de mettre tous [leurs] biens à la disposition
du jihad, jusqu'à ce que disparaisse la calamité de l'impiété », et
ajoutant qu'il était légitime de prendre ses biens par la force à celui
qui s'abstenait de répondre à son appel. Dans le même temps, il fit
circuler un traité de *fiqh* où il exposait ses vues concernant le jihad
en islam, ainsi que les conditions, les règles et les principes devant
le régir au sein de l'*umma* musulmane face à une grave menace. À
Bagdad, où les fatwas des ulémas rencontrèrent un large écho, un
grand nombre d'habitants s'enrôlèrent comme volontaires.

À Karbala, le grand *mujtahid* Ismâ'îl al-Sadr (1842-1920) rassembla la population dans la cour du mausolée de l'Imam Husayn. Saisissant une épée richement décorée qui était conservée dans le dôme sacré, il l'offrit au commandant ottoman de la ville, Nûr al-Dîn Beg.

Aux côtés de sayyid Yazdi, Shaykh al-Sharî'a Isfahâni, à Najaf, tenta de rallier au jihad les émirs du Koweït et d'Al-Muhammara (aujourd'hui Abadan, en Iran). L'émir d'Al-Muhammara, cheikh Khaz'al, était un Arabe chiite, mais les deux émirs du Golfe avaient pour leur part déjà passé des accords avec les Anglais à la fin du XIXᵉ siècle.

L'armée de *mujâhidîn* s'affirmait en premier lieu comme une force essentiellement tribale. Elle fut rapidement mise sur pied et, durant les cinq premiers mois de la guerre, les actions des tribus contre les Britanniques se développèrent sur une grande échelle. Les *mujtahid* s'étaient réparti géographiquement les différents fronts. À Qurna, là où Tigre et Euphrate se rejoignent, les ulémas et les *mujâhidîn* se distribuèrent sur trois fronts, en accord avec le commandement de la division ottomane présente sur le champ de bataille. Sur le front même de Qurna, sayyid Mahdi al-Haydari, Shaykh al-Sharî'a Isfahâni – le futur *marj'a a'la* de 1920 – et d'autres ulémas importants, à la tête de nombreux combattants, durent affronter les premiers assauts des forces britanniques. À l'est de Bassorah, dans les marais de Huwayza, les opérations étaient dirigées par cheikh Mahdi al-Khâlisi et son fils, Muhammad, secondés par Nâ'îni, le héraut du constitutionnalisme religieux. Le fils de sayyid Yazdi et celui de Muhammad Taqi Shîrâzi, futur leader de la révolution de 1920, se trouvaient également sur ce front. Enfin, c'est sur le front de Shu'ayba, à l'ouest de Bassorah, que s'étaient concentrés la plupart des ulémas autour de sayyid al-Habbûbi, notamment Abû'l-Qâsim Kâshâni et Muhsin al-Hakîm. On peut dire que, à quelques exceptions près, l'ensemble des *mujtahid* étaient présents sur les différents fronts.

Par ailleurs, des combattants originaires pour la plupart des tribus du Moyen-Euphrate avaient intégré par milliers les bataillons de *mujâhidîn*, notamment sur le front de Shu'ayba. L'engagement des *mujâhidîn* contre les Anglais devait revêtir plusieurs formes : il y avait les opérations menées derrière les lignes britanniques, visant à couper les voies d'approvisionnement et à retarder l'avance de l'armée d'occupation, mais également une participation directe aux batailles aux côtés de l'armée ottomane. Profitant du temps nécessaire aux Britanniques pour concentrer leurs troupes, les *mujâhidîn* lancèrent contre celles-ci des engagements latéraux, avant de s'évanouir dans le désert, employant la technique d'attaque qui leur était familière, celle des raids lors des razzias. Mais vint bientôt le temps des engagements frontaux et des grandes batailles. Après l'effondrement du front de Qurna, les *mujâhidîn* se rassemblèrent sur deux principaux fronts : celui de Shu'ayba et celui situé entre Huwayza et Ahwâz (aujourd'hui en Iran). De violents combats se déroulèrent sur les deux fronts, mais la bataille qui se révéla décisive fut celle de Shu'ayba. Après l'avoir perdue, cheikh Mahdi al-Khâlisi, à la tête de *mujâhidîn*, partit pour la région des marais, dans le Sud, avant de passer en territoire persan. La guerre débordait ainsi les limites nationales. Dans un contexte de jihad défensif, les *mujtahid* considéraient comme légitime de ne plus respecter les frontières séparant les musulmans.

La défaite de Shu'ayba fit cependant rapidement réapparaître les vieilles haines : les *mujâhidîn* se retournèrent contre leurs alliés et se mirent à harceler les troupes turques sur leurs arrières, gênant considérablement leur retraite. Dès lors, *mujâhidîn* et ulémas se replièrent progressivement en remontant l'Euphrate, jusqu'au retour de tous les combattants dans leurs régions d'origine et à l'abandon définitif des combats après que les hostilités sur les fronts de Bassorah eurent cessé. À la fin de mai 1915, la 6e division indienne, commandée par le général Townshend, était en mesure de marcher sur les régions de la vallée du Tigre situées au nord de Qurna. Les troupes britanniques, sous le commandement du général Maude, occupèrent Bagdad le 11 mars 1917.

Les sources divergent quant à l'estimation du nombre de *mujâhidîn* ayant participé aux combats sur les trois principaux fronts. Pour certains historiens irakiens, les *mujâhidîn* placés sous la direction de sayyid al-Habbûbi comptaient environ 40 000 fantassins et 10 000 cavaliers. D'autres fixent le nombre de l'ensemble des volontaires tribaux à 30 000. D'autres encore évaluent les effectifs des *mujâhidîn* à 11 000. Quelque 3 000 guerriers provenaient des tribus de l'Arabestan (la région d'Al-Muhammara, aujourd'hui en territoire iranien et appelée Khouzistan). Selon les estimations officielles de la Porte, les troupes régulières ottomanes regroupaient 7 600 hommes. Les *mujâhidîn* chiites étaient donc plus nombreux que l'armée dont ils se voulaient les auxiliaires.

Cependant, même si les embuscades des volontaires arabes connurent un certain succès, l'efficacité militaire des combattants tribaux se révéla très faible. Les *mujâhidîn* étaient en effet censés se battre selon des tactiques militaires conventionnelles qui leur étaient totalement étrangères. Il faut préciser que des dizaines de milliers de volontaires qui avaient enregistré leurs noms à Najaf, Karbala, Kâzimayn et Bagdad n'avaient pu partir faute d'armes.

Quant au nombre de tués et de prisonniers parmi les *mujâhidîn*, il se chiffre par milliers, sans qu'aucune estimation précise soit possible. Durant la seule bataille de Shu'ayba, les tribus auraient subi plus de 2 000 pertes. Certains ulémas importants, comme sayyid Muhammad, le fils du *marja' a'la* sayyid Yazdi, faisaient partie des victimes. Il faut toutefois rapprocher ces estimations des

92 501 victimes (morts et blessés) officiellement dénombrées par l'armée britannique au terme de deux ans et demi de combats.

Les conséquences des défaites successives sur les fronts de Bassorah furent multiples. Alors que la capacité des forces ottomanes à repousser l'envahisseur semblait de plus en plus hypothétique, un vent de démoralisation se mit à souffler dans les rangs des *mujâhidîn*. Le mouvement de jihad ne prit pas fin, mais il commença à adopter d'autres formes de résistance à l'occupation, sans lien direct, cette fois, avec les forces gouvernementales ottomanes. Deux facteurs expliquent cette évolution : l'irrésistible avancée des troupes d'occupation britanniques et, surtout, l'attitude des autorités ottomanes, qui s'étaient rendues coupables de représailles sauvages contre les habitants de certaines villes du Moyen-Euphrate et contre les tribus. Tant que les Britanniques continuaient d'occuper le pays, les fatwas des ulémas appelant au jihad contre eux restaient en vigueur ; les exactions des Ottomans contre la population chiite n'annulaient pas le devoir de combattre les Anglais par les armes. Cependant, le comportement des Ottomans eut des répercussions catastrophiques. Non seulement il porta un coup fatal à l'unité d'action précédemment réalisée avec les *mujâhidîn*, mais il aboutit à une tragique dégradation des relations entre les Ottomans et l'ensemble des chiites.

L'importance que revêtirent les relations ottomano-chiites dans la campagne du jihad et les conséquences du divorce entre les deux parties rendent ici nécessaire un bref retour en arrière.

Avant l'occupation britannique et la proclamation du jihad, les relations entre la Porte et ses sujets chiites n'étaient pas bonnes. L'agression britannique constitua le socle d'une nouvelle collaboration entre chiites et Ottomans. C'est contre les Britanniques que les rapports purent officiellement s'améliorer. Au moment de la proclamation de la guerre sainte, le gouvernement ottoman était parfaitement conscient de l'immense pouvoir religieux et politique des *mujtahid* et de l'intérêt qu'il avait à associer les ulémas chiites au mouvement de jihad. Il dépêcha ses envoyés à Najaf et à Koufa auprès du *marja' a'la*, sayyid Yazdi. Les deux parties tombèrent d'accord sur « la nécessité du jihad et de la défense des territoires musulmans face aux infidèles ». Les dirigeants ottomans ne pouvaient alors que se réjouir de l'action des *mujtahid*. Une telle attitude, de la part des ulémas chiites, était en effet remarquable, tant elle semblait aller à contre-courant du mouvement qui, avec le chérif Husayn de La Mecque, n'allait pas tarder à agiter les provinces arabes de l'Empire ottoman, visant à créer un État arabe indépendant avec l'aide de la Grande-Bretagne. Malgré les exactions continues des troupes ottomanes contre les tribus chiites d'Irak et la nationalité persane de la majorité des ulémas chiites – la Perse étant le rival traditionnel de l'Empire ottoman –, en dépit aussi de la propagande chérifienne appelant au soulèvement contre les Turcs, la hiérarchie religieuse chiite, dans sa majorité, avait clairement choisi de défendre sa conception de l'islam en unissant ses forces à celles de l'armée ottomane. Et, tandis que plusieurs officiers sunnites originaires des trois vilayets s'apprêtaient, à l'instar de Nûri Sa'îd et de Ja'far al-'Askari, à rejoindre l'armée chérifienne en gestation, aux côtés du colonel Lawrence, les plus grands *mujtahid* avaient répondu favorablement à l'appel au jihad du sultan-calife. Seule une minorité avait interprété la fatwa pour le jihad de manière restrictive, c'est-à-dire limitée à la défense des villes saintes. Le clivage confessionnel entre la majorité chiite et la minorité sunnite en Irak se manifestait ainsi de façon éclatante. L'Irak se distinguait nettement de ses voisins arabes, notamment du Levant, au sein d'un monde arabe où les idées arabistes commençaient à se diffuser de plus en plus largement.

La communauté chiite de Mésopotamie fut alors partagée entre sa haine profonde envers les Turcs et les appels de ses ulémas à collaborer avec les Ottomans contre les Anglais. De leur côté, après des siècles de répression antitribale, les Ottomans avaient mesuré l'intérêt que pouvait représenter le soutien des tribus dans leur guerre en cours. Tout en cherchant à se rapprocher des ulémas, ils avaient entrepris de se concilier les chefs de tribu. Les cheikhs emprisonnés, comme ceux des Fatla, furent libérés, et d'autres, comme ceux des Banî Lâm, se virent offrir de grosses sommes d'argent. Toutefois, ce sont les appels des *mujtahid* qui furent la cause réelle de la mobilisation du monde tribal. De fait, les bataillons de *mujâhidîn* étaient une force essentiellement chiite et tribale, dirigée par les ulémas, les *sayyid* et les cheikhs. Mais la coordination avec l'armée ottomane allait se révéler délicate et l'adjonction de tels auxiliaires à une armée régulière ne pouvait se réaliser sans heurts. Les hommes des tribus étaient tous des guerriers accomplis, mais davantage habitués aux attaques surprises et aux embuscades qu'à une guerre classique. L'absence de discipline des tribus rendait inefficace, aux yeux des chefs militaires ottomans, leur participation aux combats.

C'est à la suite de la bataille de Shu'ayba que les différends latents entre les deux parties éclatèrent. Durant les deux premiers jours de la bataille, les tribus subirent de nombreuses pertes. Le troisième jour, alors que la défaite semblait certaine, elles se retournèrent contre leurs alliés et empêchèrent la retraite de l'armée ottomane en frappant ses arrières. Ce retournement constitua une surprise pour les Turcs et fut une véritable aubaine pour les Britanniques.

La volte-face des tribus est difficile à expliquer sans se référer à la psychologie tribale, qui veut que, lors d'un raid, lorsque la défaite est certaine, il faut profiter de l'avantage que confère la mobilité pour s'évanouir dans le désert. Les Ottomans, que leurs nombreuses campagnes passées auraient dû instruire, furent les victimes de cette tactique, dans laquelle les tribus ne voyaient en aucun cas une trahison. Quand les officiers turcs leur reprochèrent leur félonie, celles-ci dénoncèrent en retour leurs mauvais traitements. Alors qu'ils battaient en retraite, Turcs et *mujâhidîn* s'accusèrent ainsi mutuellement d'être à l'origine de la défaite. Ces rancœurs envenimèrent rapidement les relations, tandis que se réveillait la traditionnelle animosité entre le gouvernement et les tribus. Les rapports se dégradèrent à tel point qu'on en vint à une situation d'affrontement entre les Ottomans et les habitants des villes du Moyen-Euphrate.

L'antagonisme atteignit son paroxysme lorsque de véritables soulèvements touchèrent Najaf, Karbala et Hilla entre mai 1915 et mai 1916. Les troupes ottomanes cherchaient à se venger de leur défaite en commettant diverses exactions contre les tribus et les villages rencontrés sur leur chemin. Le mouvement de désertion dans l'armée ottomane et dans les rangs des *mujâhidîn* s'amplifia, les déserteurs refluant vers les villes saintes chiites et Hilla. La guerre entre l'Empire ottoman et la Grande-Bretagne allait fournir aux dirigeants locaux de Najaf et de Karbala l'occasion rêvée de dicter leur loi aux Turcs, tout en les plaçant en position de force pour négocier avec les Anglais. Le principal objectif des cheikhs des quartiers des villes saintes était alors d'obtenir le maximum de concessions des deux côtés, afin d'assurer à leur ville la plus grande autonomie possible.

Des milliers de déserteurs avaient donc trouvé refuge à Najaf. Quand une expédition punitive turque d'environ 1 000 fantassins et cavaliers fut envoyée dans la ville sainte pour les arrêter, en mai 1915, ils entreprirent de résister, avec le soutien actif des habitants et des dirigeants locaux. Cet événement déclencha de véritables émeutes au sein d'une population excédée par les exactions répétées des troupes ottomanes et par les réquisitions draconiennes décrétées par les autorités turques. L'armée se livra à des représailles qui causèrent de nombreuses destructions ; le mausolée de l'Imam Ali fut lui-même endommagé au cours des affrontements. Dès que la nouvelle de ce sacrilège fut connue, une foule ivre de colère prit d'assaut les bâtiments officiels et pilla les bureaux du gouvernement. Après trois jours de combats, la population fut maîtresse de la ville, obligeant les forces ottomanes à se rendre et chassant hors des murs de la cité tous les fonctionnaires du gouvernement. Ces journées insurrectionnelles mirent un terme définitif à l'autorité de la Porte sur la ville de l'Imam Ali. Les chefs de ses quatre quartiers s'emparèrent du pouvoir à Najaf, consacrant une situation d'indépendance virtuelle qui allait se perpétuer pendant deux années entières.

Le mouvement de dissidence se propagea, avec le soutien des tribus environnantes, à Karbala et à toutes les villes du Moyen-Euphrate. À Hilla comme partout ailleurs, le principal souci des habitants était d'échapper à la conscription obligatoire. La ville connut un soulèvement en octobre 1916. Mais, cette fois, les autorités ottomanes décidèrent de l'écraser pour en faire un exemple. L'armée ottomane mit Hilla à feu et à sang, causant en deux jours la mort de 1 500 personnes.

Au-delà de leurs causes immédiates, ces soulèvements illustraient une fois de plus l'hostilité historique des villes saintes chiites au gouvernement ottoman, de même que la volte-face des tribus avait manifesté un antagonisme de plusieurs siècles avec l'État, marqué par une haine et un mépris réciproques. Ils posent toutefois une question importante : l'explosion antiottomane qui embrasait les villes et les campagnes chiites du Moyen-Euphrate constituait-elle un véritable courant politique, en contradiction avec les fatwas des *mujtahid* sur la nécessité de défendre l'État ottoman et de combattre l'occupation anglaise ? En bref, exprimait-elle un désaveu des *mujtahid* ?

Ces événements ne recouvraient pas une orientation politique consciente. Leurs causes directes, à Najaf, Karbala ou Hilla, ne reflétaient pas une nouvelle position politique des villes chiites. C'était toujours la sempiternelle lutte entre l'État et ceux qui n'acceptaient pas son autorité. L'hostilité traditionnelle des tribus et des quartiers des villes saintes à l'autorité gouvernementale était le facteur dominant. Les *mujtahid* continuèrent d'appeler au jihad contre les Anglais. À l'aune de ces événements, on saisit justement l'importance de leur pouvoir, puisqu'ils avaient réussi à mobiliser des milliers de *mujâhidîn* au nom de la défense de l'islam, en dépit du fossé séparant les chiites du gouvernement ottoman. La force du sentiment religieux en tant que facteur décisif dans le jihad n'en apparaît que plus nettement. L'appel au jihad des Ottomans n'avait rencontré qu'un faible écho dans le monde musulman, notamment dans les provinces arabes. Ce n'est pas le moindre des paradoxes que de constater que ceux qui répondirent le plus massivement à l'appel du calife ottoman furent précisément les chiites de Mésopotamie, auxquels la Porte ne reconnaissait officiellement aucune existence! De fait, le jihad de 1914-1918 en Irak fut le mouvement armé le plus massif que connut la région contre la domination européenne.

L'attitude des *mujtahid* face à ces soulèvements fut loin d'être unanime. Il existait des soupçons selon lesquels certains d'entre eux auraient pu, en sous-main, en être les instigateurs. Cette suspicion visait en particulier le *marja' a'la*, sayyid Yazdi, qui demeura étrangement silencieux durant les combats et dont les relations étroites avec les chefs de quartier de Najaf rendaient plausibles de telles rumeurs. Toutefois, à cette exception près, tous les autres grands *mujtahid* réitérèrent avec force leurs fatwas appelant au jihad. Une fois de plus, une différence se manifestait là entre une *marja'iyya* « quiétiste », représentée par sayyid Yazdi, et une *marja'iyya* « combattante », qui se voulait l'héritière des engagements de feu l'ayatollah Khurâsâni.

Les armes semblaient néanmoins avoir définitivement parlé. Après l'occupation de Bagdad, les autorités religieuses chiites comprirent que, désormais, l'État ottoman était défait et que le destin du pays se déclinait avec un nouveau maître : les Britanniques. Ces derniers avaient atteint Bagdad en remontant la vallée du Tigre et laissé les villes saintes d'Irak hors de leur contrôle. Pour les dirigeants chiites, cette initiative signifiait que les villes saintes du Moyen-Euphrate, Najaf et Karbala, pouvaient s'auto-administrer.

La majorité des *mujtahid*, à l'exception du *marja' a'la*, maintinrent donc leur position en faveur du jihad. De fait, durant les deux années qui s'écoulèrent entre la fin des opérations à Bassorah, le 14 août 1915, et l'occupation de Bagdad, le 11 mars 1917, le jihad se poursuivit, quoique sur une moindre échelle. Malgré les revers militaires et les affrontements avec les forces turques, les tribus du Moyen-Euphrate et du Tigre continuèrent de répondre aux appels des ulémas. Le recul des forces turques faisait apparaître les *mujâhidîn* non plus comme de simples auxiliaires de l'armée ottomane, mais comme une résistance de plus en plus indépendante du gouvernement. Autour de Bassorah, leurs actions contre les Britanniques prirent l'allure d'une guerre de guérilla. Dans le Bas-Euphrate, à quelques exceptions près, toutes les tribus de la grande confédération tribale des Muntafik continuèrent de se battre aux côtés des Turcs. Les nombreux *sayyid* tribaux des régions environnantes des villes saintes persistèrent dans leur hostilité envers les Britanniques. Avec la reddition sans condition de la garnison britannique à Kût, le 29 avril 1916, la seule victoire remportée par l'armée ottomane ne le fut que grâce à l'aide des *mujâhidîn*.

La plupart de ceux-ci provenaient des tribus des Muntafik et du Moyen-Euphrate, ainsi que de celles de Huwayza et d'Al-Muhammara. Les régions du Tigre, plus éloignées des villes saintes et soumises un régime latifundiaire moins favorable à la révolte, demeurèrent passives. Mais, de façon générale, le comportement des tribus et de chaque cheikh de la zone rurale chiite est très difficile à étudier : l'infini morcellement du monde tribal empêchait toute unité d'action et les intérêts particuliers rendaient les volte-face fréquentes.

À la tête du corps expéditionnaire britannique de Mésopotamie, le général Stanley Maude entra dans Bagdad et ses faubourgs chiites. Kâzimayn fut la première des quatre villes saintes à tomber sous la domination britannique. En avril 1917, Sâmarra fut à son tour occupée. La fin de quatre siècles de domination ottomane marquait aussi la fin du règne « islamique ». Pour les trois vilayets de Mésopotamie, ce fut un véritable séisme. Ils étaient désormais sous le contrôle d'un pays européen chrétien dont les objectifs et les méthodes de gouvernement étaient radicalement différents de ceux de la puissance tutélaire précédente. L'Irak était soumis à une nouvelle administration dépendant du service britannique des Indes. La roupie indienne fut introduite, et une police indienne et somalie chargée du maintien de l'ordre. Le gouvernement des Indes avait en effet demandé, dès 1915, l'annexion de l'ensemble de la Mésopotamie. Dans les provinces du sud et du centre mésopotamiens, qui s'étaient soulevées contre l'occupation britannique au nom de l'islam, la Révolte arabe du chérif Husayn paraissait bien éloignée.

VI

La révolution de 1920 en Irak

L'occupation britannique de la Mésopotamie ottomane s'était achevée avec celle de Mossoul le 13 novembre 1918. Dès lors se posait une question : gouvernement arabe ou administration directe de la Grande-Bretagne ? L'accumulation des promesses et des déclarations contradictoires faites simultanément par les différents pays alliés aux peuples du Moyen-Orient rendait les choses particulièrement opaques. L'armistice de Moudros, le 30 octobre 1918, autorisait encore la conquête par les Alliés de nouveaux territoires prélevés sur un Empire ottoman en voie de démembrement. Les accords secrets Sykes-Picot du 16 mai 1916, qui prévoyaient le partage du Moyen-Orient entre la Grande-Bretagne et la France, venaient invalider les déclarations des « libérateurs », ainsi que les Britanniques se présentaient à Bagdad. Pour l'heure, l'Irak dépendait encore des services des Indes, favorables à une administration britannique directe des territoires conquis. Sir Arnold Wilson, haut-commissaire britannique à Bagdad, s'opposait ainsi au Bureau arabe du Caire, où le colonel Lawrence agissait en faveur d'un gouvernement arabe allié à la Grande-Bretagne.

Les options divergentes de la politique britannique trouvèrent en Mésopotamie un terrain des plus propices à leur expression. Le 25 avril 1920, la conférence de San Remo, au cours de laquelle la Grande-Bretagne fut officiellement investie de la responsabilité du mandat sur l'Irak par la Société des Nations, ancêtre de l'ONU, mit un terme à cette incertitude.

La résistance à l'occupation britannique

De 1917 à 1920, la résistance à l'occupant se fit de plus en plus massive au fur et à mesure qu'il devint évident que les autorités d'occupation instauraient sur le pays un régime de protectorat sans se soucier des débats qui agitaient les milieux coloniaux britanniques. Le mouvement indépendantiste s'affirma dans les grandes villes, notamment à Bagdad. C'est là que fut fondé, en février 1919, le parti Haras al-Istiqlâl (« Les Gardiens de l'indépendance »), qui se partageait la clientèle indépendantiste avec le parti Al-'Ahd (« Le Serment »). Alors qu'Al-'Ahd limitait son influence à Mossoul et à Bagdad, Haras al-Istiqlâl déploya des branches clandestines dans le pays chiite, à Najaf, à Hilla et dans tout le Moyen-Euphrate. Les deux partis avaient des objectifs similaires : l'indépendance de l'Irak, de Mossoul au Golfe, et le choix de l'un des fils du chérif Husayn de La Mecque comme futur émir du pays. Toutefois, les liens qu'Al-'Ahd entretenait avec le gouvernement chérifien de Damas suscitaient l'inquiétude des membres de Haras al-Istiqlâl. Ces derniers critiquaient l'alliance avec les Britanniques, base de l'entreprise chérifienne. Ils redoutaient qu'Al-'Ahd ne s'entende plus tard avec les Britanniques en Mésopotamie par hostilité envers les Français, lesquels venaient de chasser Faysal de son trône fraîchement conquis à Damas. Sans être opposé aux idées panarabes professées par Al-'Ahd, Haras al-Istiqlâl exprimait davantage un patriotisme local irakien au nom duquel il allait entreprendre de réaliser l'unité d'action entre sunnites et chiites.

Au même moment, dans le nord et l'est du vilayet de Mossoul, les Kurdes rejetaient à la fois la domination britannique et la perspective de se retrouver incorporés à un État arabe. L'opposition aux projets britanniques se manifesta par un affrontement armé direct. Dans la région de Sulaymâniyya, le mouvement kurde conduit par cheikh Mahmoud Barzinji devait exercer une forte pression sur l'armée britannique jusqu'en 1923.

C'est toutefois dans le centre et le sud du pays, ainsi qu'à Bagdad, là où les ulémas chiites jouissaient d'un pouvoir religieux et politique important, qu'allait se manifester la plus vive opposition aux Britanniques. Vaincus militairement lors du jihad de 1914-1915, les *mujtahid* n'avaient pas pour autant baissé les bras. Après la bataille de Shu'ayba, d'intenses contacts avaient été maintenus entre les ulémas de Najaf et de Karbala, ainsi qu'avec les chefs de tribu de tout le Moyen-Euphrate. Cependant, ce n'est qu'après l'occupation de Bagdad, lorsque l'occupant afficha sa volonté d'étendre son autorité aux zones tribales et aux villes saintes chiites, à la fin de 1917 et au début de 1918, que le mouvement dégénéra en affrontements armés. L'insurrection de Najaf en fut la première illustration.

Jusqu'au début de l'été 1917, l'autorité militaire et civile britannique s'était limitée aux grandes villes. De nombreuses régions étaient restées hors de son emprise. C'était notamment le cas des zones tribales, mais aussi du Moyen-Euphrate et des villes saintes de Najaf et de Karbala. Durant deux années pleines, aucun pouvoir extérieur ne s'y était exercé.

En juin 1917, l'administration d'occupation commença à nommer des fonctionnaires anglais dans les régions échappant encore à son contrôle. À Najaf, elle se heurta au pouvoir de fait qui s'était établi sur la ville, celui des chefs de quartier, agissant avec la bénédiction des grands *mujtahid*. Najaf était bel et bien devenue une entité politique citadine et chiite aux intérêts propres. Le

28 août, le capitaine Balfour fut désigné comme premier résident britannique de la région de Najaf. Les velléités de l'administration d'occupation de réintroduire un système d'impôts ne furent pas, on s'en doute, bien accueillies, d'autant que les réquisitions de blé à destination des troupes britanniques avaient déjà provoqué une vertigineuse flambée des prix. À partir de novembre 1917, des affrontements sporadiques se succédèrent à un rythme de plus en plus soutenu. Les cheikhs de quartier prirent rapidement la direction du mouvement.

Face à la dégradation de la situation, les ulémas et les chefs locaux eurent des réactions diverses. L'ayatollah Yazdi, le *marja' a'la*, garda un silence remarqué et se retira même dans les environs de la ville ; à l'inverse, nombre d'ulémas chiites accordèrent leur bénédiction aux chefs de quartier. Sir Percy Cox, partisan des thèses du Bureau arabe du Caire préconisant l'établissement d'États « à visage arabe », vint rendre visite à sayyid Yazdi et à certains *mujtahid* de Najaf favorables à l'occupant. Ces derniers furent aussitôt qualifiés avec mépris de *ulama al-hafîz* (religieux du pouvoir) par les opposants à l'occupation, qui comptaient de nombreux ulémas. Les deux *mujtahid* les plus influents après sayyid Yazdi, Muhammad Taqi Shîrâzi, qui résidait encore à Sâmarra, et Shaykh al-Sharî'a Isfahâni, qui se trouvait à Najaf, s'abstinrent de toute position publique. Malgré cette retenue, l'hostilité envers les Britanniques interdit bientôt à ceux-ci d'apparaître en public à Najaf.

La ville sainte, une fois de plus, était le lieu privilégié d'intenses débats politiques. Des ulémas et des hommes de lettres musulmans appartenant aux grandes familles religieuses locales avaient commencé à animer de véritables clubs de réflexion politique. Les réunions présidées par cheikh Jawâd al-Jazâ'iri et Abd al-Karîm al-Jazâ'iri, ainsi que celles tenues à l'initiative de cheikh Muhammad Rida et de sayyid Muhammad Bâqir al-Shabîbi, bénéficiaient de

cheikh

l'audience la plus large. Le club des Âl Kamâl al-Dîn jouissait également d'un grand prestige.

C'est au sein de ces clubs, où les ulémas tenaient un rôle prééminent, que furent prises deux décisions importantes. La première fut la fondation, en novembre 1917, d'une association musulmane secrète qui se baptisa Association de la renaissance islamique. La seconde fut de demander à cheikh Muhammad Taqî Shîrâzi, alors établi à Sâmarra, de venir à Najaf. Cette demande était motivée par le fait que le *marja' a'la* de la ville, sayyid Yazdi, n'était pas disposé à s'impliquer dans un soutien actif à un mouvement insurrectionnel contre les Britanniques – une éventualité de plus en plus souvent évoquée dans les assemblées clandestines. Cependant, ceux qui avaient appelé de leurs vœux la venue de Shîrâzi se ravisèrent sitôt qu'il fut arrivé. Ils craignaient en effet que son installation dans la ville de l'Imam Ali n'apparût comme un défi lancé à sayyid Yazdi. De fait, depuis que celui-ci était devenu *marja' a'la* à la mort de l'ayatollah Khurâsâni, les deux *marja'* se trouvaient en concurrence directe. Cheikh Muhammad Taqi Shîrâzi convint qu'il n'était pas souhaitable pour lui de rester à Najaf et repartit pour Karbala.

L'Association de la renaissance islamique peut être considérée comme la première organisation politique islamique fondée en Irak après la dissolution des partis et associations de l'époque ottomane. Deux ulémas arabes, sayyid Muhsin Muhammad Ali Bahr al-Ulûm et cheikh Muhammad Jawâd al-Jazâ'iri, en furent les inspirateurs. Avant de prendre la direction de l'insurrection de Najaf, l'Association se lança dans une intense activité de propagande antibritannique.

Le délégué de cheikh Muhammad Jawâd al-Jazâ'iri auprès des Ottomans était un épicier de Najaf nommé Hâjj Najm al-Baqqâl, réputé pour sa piété. Il allait devenir célèbre en commettant l'acte qui devait donner le signal du soulèvement : l'assassinat du capitaine

131

William Marshall, représentant britannique à Najaf, le 19 mars 1918. Peu après, toute la ville se souleva contre l'occupant, dont les représentants furent expulsés, et tomba aux mains des insurgés. Les Britanniques comprirent la gravité du défi qui leur était lancé. Un assaut militaire contre la ville sainte aurait eu pour effet immédiat de provoquer un soulèvement de l'ensemble du pays chiite. Najaf fut donc encerclée et soumise à un blocus total, privée d'eau et de nourriture jusqu'à la reddition des leaders de l'insurrection.

Le siège dura quarante-six jours. De nombreuses tentatives de médiation furent menées par le *marja' a'la* et certains notables. Mais les conditions posées par les Britanniques pour lever le siège étaient si draconiennes que la population refusa les appels à la modération de sayyid Yazdi. Toutes les médiations se heurtèrent à l'intransigeance de la direction de l'Association, qui s'était fait le porte-parole des insurgés. L'attitude ambiguë du *marja' a'la* encourageait les Britanniques à ne rien céder.

La prolongation du siège créa des conditions insupportables pour la population et eut raison de la résistance des Najafis. Les combattants et les habitants se rendirent et, le 4 mai 1918, le siège fut levé. Des tribunaux formés en toute hâte jugèrent et condamnèrent à la peine capitale, de façon expéditive, treize dirigeants de l'insurrection. Cent soixante-dix autres Najafis furent exilés aux Indes. Lorsque, le 25 mai, les sentences furent rendues publiques, de nombreux habitants s'élevèrent contre cette décision d'exécuter treize personnes pour le meurtre d'une seule (le capitaine Marshall) et se tournèrent vers sayyid Yazdi afin qu'il la condamne. Mais le *marja' a'la* se refusa à intervenir. Sa répugnance à s'impliquer dans les affaires politiques s'apparentait de plus en plus à un soutien déguisé à l'action des Britanniques.

Premier mouvement armé de grande ampleur contre l'occupation britannique en Mésopotamie, l'insurrection de Najaf suscita un mouvement de sympathie dans l'ensemble du pays. Sa répression dressa un mur infranchissable entre la ville et les Britanniques. Cet épisode illustra l'alliance des ulémas, réunis au sein de l'Association de la renaissance islamique, avec les cheikhs de quartier et l'immense majorité des Najafis. Même si le soulèvement demeura circonscrit à la ville, l'intervention des ulémas chiites, au-delà du rôle moteur de l'Association de la renaissance islamique, revêtit une valeur symbolique. Elle s'exprima à travers les objectifs politiques mêmes que se fixa le mouvement, où l'idée de la libération du pays et de l'indépendance était directement liée « à la défense des pays islamiques face aux agressions des infidèles ».

Cheikh Muhammad Taqi Shîrâzi, dont les liens avec l'Association étaient notoires, se montrait en même temps fort circonspect quant aux chances de succès du mouvement, probablement parce que les campagnes environnantes demeuraient passives. Le monde tribal obéissait à ses propres lois, qui n'étaient pas toujours en harmonie avec le rôle des villes proches, fussent-elles saintes et chiites. Enfin, l'attitude même du *marja' a'la* découragea nombre de tribus et sema le trouble au sein du clergé chiite. Le sens de l'action de sayyid Yazdi lors de l'insurrection de Najaf a fait l'objet d'appréciations diverses. Qualifié plus tard par l'historiographie nationaliste arabe de « religieux rétrograde » et d'« agent britannique », alors même que les nationalistes arabes avaient été totalement absents des événements, il n'en continua pas moins d'être considéré comme le plus grand religieux de son temps par de nombreux ulémas et fidèles chiites.

Un simulacre de référendum

L'occupation de la Mésopotamie achevée, la déclaration franco-britannique du 8 novembre 1918 sur l'avenir des vilayets arabes arrachés à l'Empire ottoman suscita maints espoirs. Le Foreign

Office conseilla à sir Arnold Wilson, résident britannique à Bagdad, de permettre la tenue d'un référendum général dans les trois vilayets. L'administration d'occupation fixa au 30 novembre 1918 la date du début de la consultation. Il s'agissait de répondre aux trois questions suivantes :

– Êtes-vous favorable à la constitution d'un État arabe sous contrôle britannique et comprenant les vilayets de Mossoul, Bagdad et Bassorah ?

– Si oui, désirez-vous qu'un émir arabe dirige cet État ?

– Qui est cet émir que vous appelez de vos vœux ?

Le référendum s'étala sur deux mois, décembre 1918 et janvier 1919. Pour la première fois de son histoire, la population des trois vilayets semblait être consultée sur son avenir. Cependant, les réalités de l'époque démentaient cette apparence démocratique et l'organisation de la consultation souleva dès son annonce maintes objections. La formulation tendancieuse des questions, qui ne dissociaient pas l'institution d'un gouvernement arabe de la protection britannique, fut d'emblée dénoncée par les ulémas chiites. Le mot « indépendance », en effet, n'était pas même mentionné. L'immense majorité des Irakiens, analphabètes et ignorants des institutions, devaient s'en remettre aux dirigeants locaux, chefs de tribu, ulémas, *sayyid*, chefs de quartier et notables, qui s'exprimaient au nom du groupe qu'ils étaient censés représenter. Le référendum donna lieu à de multiples réunions au cours desquelles ces personnalités rédigeaient et signaient des déclarations, les fameuses *mazbata*, qui affluèrent de tous les vilayets vers le haut-commissaire britannique.

À Najaf, Karbala et Kâzimayn, les résultats furent contraires aux attentes de l'occupant. Les ulémas chiites avaient en effet menacé d'anathème ceux qui voteraient en faveur des Britanniques. Dans ces villes, dans leur arrière-pays tribal et à Bagdad, les dirigeants religieux avaient choisi de mettre à profit le référendum pour exprimer leur hostilité à l'occupation britannique. Et, parce qu'ils étaient à la tête de la communauté de loin la plus nombreuse du pays, il était difficile d'ignorer leur avis. Peu de dirigeants pouvaient se targuer d'une représentativité aussi large et aussi effective que celle dont jouissaient les *mujtahid*. Le référendum allait leur permettre de manifester avec force leur refus de toute forme de domination étrangère.

La consultation intervenait par ailleurs dans un climat particulièrement lourd, en premier lieu dans les villes saintes. Pendant les mois qui suivirent l'échec de son insurrection au printemps 1918, Najaf renoua avec l'agitation politique hostile aux Britanniques. Shaykh al-Sharî'a Isfahâni, l'un des *mujtahid* les plus importants de la ville, déclara que cet échec tenait à l'état d'impréparation du mouvement et au fait que les conditions n'étaient pas encore réunies. Dès lors, il insista sur la nécessité de préparer les futurs mouvements pour leur donner de meilleures chances de succès. Avec la bénédiction de cheikh Muhammad Taqi Shîrâzi, il entreprit de nouer des contacts avec les autres ulémas et avec les chefs de tribu. Des partis clandestins prônant l'indépendance immédiate et inconditionnelle de l'Irak virent le jour à Najaf et à Karbala. Dans cette dernière ville, l'installation de cheikh Muhammad Taqi Shîrâzi, le plus grand *mujtahid* après le *marja' a'la*, donna une nouvelle impulsion aux activités du mouvement antibritannique. Quant à Kâzimayn, qui avait été un centre important de la mobilisation des *mujâhidîn* en 1914-1915 et la première ville sainte à avoir été conquise par les Britanniques, elle était demeurée silencieuse sous l'autorité de ses nouveaux maîtres, mais les signes d'une hostilité croissante aux forces d'occupation se manifestaient au sein de la population.

C'est Najaf qui fut choisie pour inaugurer l'opération du référendum. Conscient de l'importance symbolique de la cité, le résident britannique à Bagdad s'y déplaça en personne, le 11 décembre 1918, afin de rencontrer les dirigeants religieux et les notables. Il put s'entretenir avec le *marja' a'la*, sayyid Yazdi, qui laissa planer le doute quant à la capacité des Irakiens à répondre aux questions qui leur seraient soumises. Alors que les ulémas le sollicitaient, il finit par adopter une position de retrait, se contentant de déclarer, à la surprise générale : « En tant que religieux, je ne connais que le licite et l'illicite, et je ne m'immisce pas dans la politique. Choisissez ce qui est le mieux pour les musulmans. » De par son statut de *marja' a'la*, sayyid Yazdi se sentait responsable de l'ordre et de la sécurité de ses fidèles. Le fait qu'il parût s'en remettre à la capacité des Britanniques à assurer l'un et l'autre n'avait pas nécessairement d'implications quant à sa vision de l'avenir politique du pays, sujet qu'il s'efforçait d'esquiver, surtout lorsque les musulmans semblaient se trouver en position de faiblesse.

Face au retrait du *marja' a'la*, les *mazbata* se multiplièrent pour affirmer, à l'instar de celle de Najaf : « Nous désirons que l'Irak s'étende du nord de Mossoul au golfe Persique avec un gouvernement arabe islamique dirigé par un roi arabe musulman qui pourrait être l'un des fils du roi Husayn afin qu'il soit notre monarque, limité par une assemblée législative. » Seule la forme d'État souhaitée variait d'une *mazbata* à l'autre : les représentants de Bagdad se prononçaient en faveur de l'avènement d'un État arabe, alors que les *mazbata* des villes saintes chiites appelaient de leurs vœux l'établissement d'un État arabe islamique. La formulation choisie par les auteurs de la *mazbata* de Bagdad illustrait sans nul doute l'influence des idées nationalistes arabes, même si le mouvement panarabe en était encore à ses balbutiements en Mésopotamie. Toutefois, à ce stade, on ne décelait aucune divergence consciente avec les revendications des villes saintes. L'idée nationaliste était trop récente pour paraître entrer en contradiction totale avec les vues des ulémas, et l'unanimité régnait au sujet de la revendication d'indépendance immédiate et sans condition.

L'expression « gouvernement arabe islamique », qui avait remplacé « défense de l'État islamique » ottoman dans le discours des ulémas chiites, était davantage un mot d'ordre qu'un type bien défini de régime politique. Certes, elle se référait à un système politique directement régi par la *sharî'a* et les avis des *mujtahid*. La revendication d'un régime constitutionnel montrait en fait que le constitutionnalisme religieux continuait d'imprégner la culture de la majorité des ulémas chiites, malgré l'échec de l'expérience en Perse. L'abandon de toute référence à l'État ottoman illustrait à quel point la solidarité manifestée par les *mujtahid* avec le sultan-calife d'Istanbul avait été circonstancielle, motivée par la lutte contre les Anglais plutôt que par une sincère allégeance. Dès lors que toute éventualité d'un retour des Ottomans s'était évanouie, les ulémas chiites avaient visiblement tourné la page.

Pour ce qui concernait la personnalité du roi arabe musulman destiné à régner sur le futur État irakien, l'ensemble des *mazbata*, d'où qu'elles émanent, s'accordaient sur le choix de l'un des fils du chérif Husayn de La Mecque. Enfin, il y avait également unanimité pour inclure Mossoul dans le territoire du futur Irak.

Ces *mazbata* reflétaient à l'évidence la position de la grande majorité des chiites, qui suivaient les avis de leurs *mujtahid*. Mais les autorités britanniques locales ignorèrent ces pétitions et les empêchèrent d'être portées à la connaissance du public. Au lieu de cela, elles s'adressèrent à des personnalités qui n'étaient en rien représentatives et étaient connues pour leurs penchants pro-britanniques. L'intervention de l'administration d'occupation dans le déroulement du référendum révélait clairement son intention d'utiliser les *mazbata* pro-britanniques comme support légal pour légitimer la nomination en Irak d'un résident britannique et nier ainsi la réalité de l'opposition à la domination étrangère.

La tournure prise par le référendum au profit de l'occupant suscita l'inquiétude des ulémas chiites et des notables musulmans des villes saintes, ainsi que celle des chefs de tribu, notamment dans le Moyen-Euphrate. Leurs craintes s'avivèrent encore lorsque fut connue la décision de sayyid Yazdî de se retirer de la lutte sans avoir émis d'avis défini sur la consultation. Les Britanniques purent ainsi faire valoir l'attitude « conciliante » du premier des *marja'*. C'est alors vers cheikh Muhammad Taqi Shîrâzi que se tournèrent les ulémas et l'ensemble de l'opposition. Le plus grand *mujtahid* de Karbala, qui avait été proche des dirigeants religieux du mouvement constitutionnaliste au moment de la révolution persane, apparaissait comme l'héritier direct de ces derniers et le dépositaire des conceptions interventionnistes des ulémas dans les affaires politiques, contre lesquelles s'était toujours élevé sayyid Yazdî. Plusieurs ulémas et chefs de tribu lui demandèrent de se prononcer sur l'éventualité de l'élection d'un non-musulman à la tête de l'État. Shîrâzi répondit depuis Karbala par une célèbre fatwa : « Aucun musulman ne peut élire un non-musulman pour gouverner les musulmans. »

Promulguée le 23 janvier 1919, cette fatwa fut aussitôt diffusée dans toutes les villes et toutes les régions du pays. Elle rencontra partout un immense écho, plus particulièrement dans les tribus du Moyen et du Bas-Euphrate. Événement crucial pour l'avenir de l'Irak, elle eut deux résultats immédiats. D'abord, elle rendit plus difficile l'utilisation du référendum par les autorités d'occupation pour imposer à l'Irak un résident permanent ou un gouverneur britannique. Ensuite, elle consacra l'émergence de l'ayatollah Shîrâzi en tant que direction politico-religieuse concurrente de celle du *marja' a'la*, sayyid Yazdî.

Un à un, les grands *mujtahid* se rangèrent derrière cheikh Muhammad Taqi Shîrâzi. Ils promulguèrent à leur tour des fatwas le soutenant et assimilant ceux qui voteraient pour l'occupation britannique à des apostats de l'islam qui encourraient l'anathème des ulémas.

L'ayatollah Muhammad Taqi Shîrâzi prend la première place

Cheikh Muhammad Taqi Shîrâzi bénéficiait d'un prestige considérable, qui finit par le hisser à la position de *marja' a'la* avant même qu'il n'assume officiellement la fonction après le décès de sayyid Yazdî, le 30 avril 1919. Sous sa direction, ce fut la plus haute autorité chiite qui conduisit directement le mouvement de résistance à l'occupation britannique.

Paradoxalement, les funérailles de sayyid Yazdî, le 1er mai 1919, furent l'occasion de rassemblements de masse où se concrétisa l'ébauche d'un rapprochement mémorable entre sunnites et chiites dans leur commune hostilité à la Grande-Bretagne. Les foules imposantes qui rendirent hommage au *marja'* défunt montrèrent aussi que, contre toute attente, les *mujtahid* opposés à l'intervention des religieux dans les affaires politiques n'étaient pas les moins influents. La réserve sur le plan politique était l'attitude traditionnelle de la majorité des ulémas. On considérait que seuls ceux qui gardaient leurs distances par rapport aux affaires publiques et concentraient leurs efforts sur l'étude et l'application de la *sharî'a* pouvaient atteindre les degrés les plus élevés de la hiérarchie religieuse. Sayyid Yazdî avait parfaitement illustré cette tendance.

Avec cheikh Muhammad Taqi Shîrâzi, le rôle politique de la direction religieuse se trouva grandement renforcé et, en conséquence, l'opposition à l'occupation et aux projets des autorités britanniques s'exprima de façon croissante. À un moment crucial pour l'avenir du pays, les chiites se voyaient dotés d'une direction énergique qui, contrairement à la précédente, ne redoutait pas le combat politique.

Durant toute une année, le nouveau *marja' a'la* travailla à réunir les conditions d'un affrontement avec les autorités d'occupation. Conscient du fait que les tribus constituaient la base sociale indispensable à tout mouvement de vaste ampleur dans le pays, il s'employa à faire taire les dissensions qui les opposaient et à les mobiliser. Dans le même temps, les ulémas des villes saintes prirent contact avec les dirigeants du mouvement patriotique de Bagdad et un accord fut trouvé pour mener une campagne en faveur de l'indépendance immédiate et inconditionnelle.

L'action de cheikh Muhammad Taqi Shîrâzi ne se limita pas aux trois vilayets. Il s'évertua à donner une audience arabe et internationale au mouvement indépendantiste irakien, envoyant des émissaires auprès du chérif Husayn de La Mecque et de Faysal, alors à Damas.

La personne du chérif de La Mecque faisait l'objet d'un profond respect de la part des chiites. Son ascendance hachémite lui conférait aux yeux des imamites une réelle autorité qu'une commune hostilité aux wahhabites n'avait fait que renforcer. Toutefois, les *mujtahid* n'oubliaient pas que Husayn était l'allié des Britanniques, ni qu'il avait appelé à la révolte des Arabes contre les Ottomans au moment où les *marja'* chiites mobilisaient le pays dans le jihad aux côtés de l'armée ottomane. Dans l'attitude des dirigeants religieux chiites entrait donc une part importante d'instrumentalisation de la fonction du chérif, sans que cela signifie le moins du monde une adhésion au projet chérifien.

Le *marja' a'la* et Shaykh al-Sharî'a Isfahâni s'adressèrent également au président des États-Unis. Les Quatorze Points du président Wilson, énoncés le 8 janvier 1918, dans lesquels il insistait notamment sur le droit des peuples à disposer d'eux-mêmes, lui avaient valu la sympathie des Arabes. Les deux dirigeants chiites le considéraient comme un recours contre les Britanniques. Ils lui envoyèrent une lettre sollicitant son soutien à la cause de l'indépendance de l'Irak, puis une seconde affirmant « le désir des Irakiens, en tant qu'*umma* musulmane, d'instituer un nouvel État arabe indépendant islamique, avec un roi musulman lié par une assemblée nationale ».

La révolution en préparation

À la fin de 1919, la résistance à l'occupation britannique revêtait encore un caractère pacifique. Cependant, les relations du *marja' a'la* avec les autorités se faisaient de plus en plus tendues, laissant présager un affrontement majeur. Le 1er mars 1920, l'ayatollah Shîrâzi promulgua une fatwa interdisant aux musulmans d'accepter des fonctions au sein de l'administration britannique. Dans les semaines qui suivirent, il prit la décision d'un soulèvement général contre les Britanniques. Quatre mois s'écoulèrent encore avant le début effectif de la révolution, le 30 juin 1920. Ce jour-là, l'attaque d'une garnison britannique dans le Moyen-Euphrate fut le déclencheur d'une insurrection qui allait durer environ cinq mois et s'étendre à l'ensemble du pays.

La révolution de 1920 marque l'apogée du mouvement pour l'indépendance. La population musulmane était désormais consciente de la duplicité des Britanniques, qui n'avaient nulle intention de respecter les promesses faites au lendemain de l'occupation de Bagdad en 1917. La conférence de San Remo, le 25 avril 1920, avait confirmé les craintes des ulémas des villes saintes : le Moyen-Orient était divisé entre la France et la Grande-Bretagne, l'Irak attribué à la Grande-Bretagne, et sir Arnold Wilson serait chargé de mettre en application le mandat.

L'expulsion des forces britanniques et l'indépendance devinrent alors le cri de ralliement de tous les mécontents : religieux chiites, tribus, citadins, notables et nationalistes. Dans les villes saintes, les causes qui avaient provoqué l'insurrection de Najaf, en mars 1918, subsistaient : refus des Britanniques de reconnaître le pouvoir des dirigeants locaux, impôts trop lourds, crise économique consécutive à la hausse des prix et à l'interruption des circuits commerciaux traditionnels. L'influence des ulémas chiites fut capitale dans la direction du mouvement, mais le rôle essentiel échut à l'ayatollah Shîrâzi, qui jouissait du prestige lié à sa fonction et du soutien actif de tout le clergé. Celui qui devait demeurer dans l'histoire comme le « leader de la révolution de 1920 » était l'objet des louanges de la plupart des ulémas.

La fatwa du 1er mars 1920, première étape du mouvement, provoqua des démissions en cascade parmi ceux qui, relativement nombreux, avaient accepté de travailler au sein des institutions du nouveau pouvoir. Elle faisait en effet planer la menace d'un anathème que peu de chiites étaient prêts à risquer.

C'est au cours d'une réunion secrète tenue à Najaf à la mi-mars 1920, à laquelle assistaient de nombreux ulémas, chefs de tribu et dirigeants du Moyen-Euphrate, que la mobilisation générale en vue de l'insurrection fut décidée. Karbala devint le théâtre d'une agitation croissante. Des rassemblements de plus en plus massifs en vinrent à rythmer presque quotidiennement la vie de la ville sainte, sous la direction de cheikh Muhammad Rida, fils du *marja' a'la*, et de sayyid Abû'l-Qâsim Kâshâni.

Le point d'orgue fut le 3 mai 1920 : ce jour-là, ulémas, chefs de tribu, *sayyid*, *ashrâf* et notables affluèrent de l'ensemble du pays à la demeure de l'ayatollah Shîrâzi. En présence du *marja' a'la*, ils s'entretinrent avec Ja'far Abû Timman. Fils d'un célèbre commerçant chiite, celui-ci représentait le mouvement patriotique de Bagdad, qui s'était affirmé tout au long de l'année 1919 et comprenait divers courants indépendantistes, nationalistes, patriotiques et islamiques. Le mouvement se manifestait surtout à travers l'activité du parti Haras al-Istiqlâl, de certaines personnalités du parti Al-'Ahd (parti des officiers irakiens engagés dans la Révolte arabe du chérif Husayn), qui avait recouvré quelque influence à la fin de 1918 avant de disparaître presque totalement dans la tourmente de la révolution de 1920, et de certains ulémas chiites et sunnites, comme Muhammad al-Sadr et cheikh Yûsif al-Suwaydi. Cette collaboration, pour la première fois de façon officielle, des villes saintes chiites et des chefs de tribu avec le représentant du mouvement antibritannique de Bagdad revêtait une importance exceptionnelle. Comme nous allons le voir, elle scellait également une entente sans précédent entre chiites et sunnites pour les besoins de la lutte contre l'occupation.

L'ayatollah Shîrâzi était tout sauf le va-t-en-guerre fanatique que se plaisaient à décrire les autorités britanniques. Conscient du rapport de forces, il exprima ses doutes sur la capacité des tribus à tenir tête aux Anglais. Shaykh al-Sharî'a Isfahâni, second *marja'* après cheikh Shîrâzi, était lui aussi très réservé quant aux chances de succès du soulèvement. Si les deux chefs religieux se rendirent aux arguments des ulémas et des chefs de tribu qui les pressaient de proclamer le jihad, ils y mirent une condition : que l'on demandât d'abord aux Britanniques, de façon officielle, de respecter leurs promesses et d'accorder l'indépendance à l'Irak.

Rapprochement entre chiites et sunnites

La coopération entre les villes saintes et le mouvement patriotique de Bagdad symbolisait donc la volonté commune aux musulmans chiites et sunnites de lutter contre l'occupation. Ayant tiré les leçons de l'échec de l'insurrection de Najaf, le *marja' a'la* fit de leur unité un principe religieux qui, seul, pouvait permettre le succès du mouvement. La première manifestation de ce rapprochement se produisit lors des funérailles de sayyid Yazdi. Chiites et sunnites s'y retrouvèrent côte à côte en d'imposants cortèges de deuil. C'était un événement majeur après des siècles de haine et de méfiance réciproques qui avaient creusé entre les deux communautés un fossé apparemment infranchissable. Il avait fallu tout le prestige de l'ayatollah Shîrâzi pour venir à bout des nombreuses réticences de part et d'autre. Des visites mutuelles vinrent confirmer cette collaboration nouvelle.

C'est à ce moment que le parti Haras al-Istiqlâl, la plus importante organisation indépendantiste de Bagdad, décida que les processions sunnites commémorant la naissance du Prophète – les *mawlûd* – seraient organisées en commun avec celles du deuil chiite – *'Ashûra*. Traditionnellement, le *mawlûd* constituait la principale manifestation religieuse sunnite. Le fait d'exalter en commun les grandes commémorations religieuses de chacune des deux communautés avait un caractère hautement symbolique. Cette initiative ouvrit à Haras al-Istiqlâl les portes des villes saintes et des campagnes chiites du Moyen-Euphrate. Les grandes mosquées de Bagdad devinrent le lieu de ralliement des cortèges religieux, qui se transformaient ensuite en manifestations politiques contre le mandat et en faveur de l'indépendance. Afin de mieux illustrer l'unité entre sunnites et chiites, les habitants des quartiers formèrent un cortège conduit conjointement par sayyid Muhammad al-Sadr, religieux chiite établi à Kâzimayn, et cheikh Ahmad Dâwûd, un uléma sunnite de Bagdad, ou encore Yûsif al-Suwaydi, ancien *qâdî* sunnite de Bagdad. Sayyid Muhammad al-Sadr devint le leader de Haras al-Istiqlâl à Kâzimayn.

C'est à l'occasion d'une de ces manifestations, autour de la mosquée Haydarkhâne à Bagdad, que furent élus quinze délégués chargés de représenter la population auprès des Britanniques. Parmi eux figuraient d'importants ulémas chiites et sunnites, dont sayyid Muhammad al-Sadr et Yûsif al-Suwaydi. Ces délégués demandèrent à rencontrer le résident britannique, à qui ils présentèrent leur revendication : la réunion d'un congrès irakien dont la mission serait de définir l'avenir du pays. Ils exigèrent également la liberté de la presse et de communication.

À partir du 12 août 1920, les autorités déclenchèrent une campagne de répression de grande ampleur, arrêtant les délégués et interdisant les manifestations religieuses. Les dirigeants de Haras al-Istiqlâl et les délégués trouvèrent refuge dans les zones révolutionnaires qui s'étaient constituées dans le Moyen-Euphrate dès le début de juin. Yûsif al-Suwaydi et Muhammad al-Sadr furent, avec de nombreux autres dirigeants de Bagdad, sunnites comme chiites, accueillis à Karbala, où résidait le *marja' a'la*. Le refus des autorités de prêter attention aux demandes des délégués fut la principale raison qui incita cheikh Muhammad Taqi Shîrâzi à s'aligner définitivement sur les résolutions des ulémas et des chefs de tribu. Il lança un appel à la solidarité avec les habitants de Bagdad qui fut copié à des milliers d'exemplaires et diffusé dans tout le pays. De nouvelles pétitions affluèrent vers les autorités. Toutes réitéraient ce qui était devenu un leitmotiv : « l'indépendance complète et immédiate, l'avènement d'un État arabe islamique dirigé par un roi musulman lié par une assemblée nationale législative ». Les arrestations et les déportations sur l'île inhospitalière de Hinjâm, au sud du Golfe, s'intensifièrent. Le propre fils du *marja' a'la*, cheikh Muhammad Rida, y fut envoyé avec onze autres religieux et personnalités politiques.

Le déroulement de l'insurrection

L'attitude des autorités contribua à faire tomber les dernières réticences du *marja' a'la*. Longtemps, celui-ci avait hésité à donner l'ordre du soulèvement, redoutant une réédition de l'échec de l'insurrection de Najaf. L'aggravation soudaine de la situation le convainquit qu'il n'était plus temps de composer. C'est pourquoi, lorsque les chefs de tribu lui demandèrent de promulguer une fatwa rendant licite l'utilisation des armes contre les autorités d'occupation, il répondit, à la fin de juin 1920, par la fatwa suivante : « Les Irakiens ont le devoir d'exiger la satisfaction de leurs droits et il leur est permis d'utiliser la force défensive au cas où les Anglais leur dénieraient ces droits. »

Cette fatwa majeure devint la base légale de l'action des ulémas et des chefs de tribu pour planifier l'affrontement militaire avec les forces d'occupation. Peu après, tous les ulémas et *sayyid* de Najaf se réunirent en grand secret. Le 6 août 1920, ils décidèrent d'envoyer à l'ensemble des chefs de tribu des messages les appelant au soulèvement, et adressèrent à tous les musulmans une lettre leur faisant un devoir religieux de participer à la résistance armée contre les Anglais « afin de chasser les infidèles des territoires islamiques ».

On ne peut dire que les *mujtahid* aient eu un véritable plan pour passer à l'insurrection. En la matière, ils étaient entièrement dépendants des cheikhs tribaux. Ces derniers avaient fixé au 3 juillet le déclenchement de leur mouvement. Trois jours avant la date convenue, des postes militaires anglais furent attaqués par les tribus. Des combattants de la tribu des Zawâlim prirent d'assaut le siège du résident politique anglais à Rumaytha, dans le Moyen-Euphrate. L'opération de Rumaytha est généralement considérée comme la première action militaire d'envergure de la révolution de 1920. Le champ des opérations s'étendit rapidement à tout le Moyen-Euphrate. Les tribus en armes partaient à l'assaut de tout ce qui symbolisait la présence britannique, coupant les lignes de chemin de fer Bagdad-Bassorah et assiégeant les garnisons militaires les unes après les autres. Les représentants du gouvernement d'occupation furent chassés et toute trace de l'autorité britannique fut vite effacée des zones insurgées. Najaf et Karbala se soulevèrent et furent évacuées par les forces britanniques en juillet.

En quelques jours, l'ensemble des villes et des campagnes du Moyen-Euphrate furent soustraites à la domination britannique. Plus au sud, Sûq al-Shuyûkh et Samâwa tombèrent à leur tour. Plusieurs canonnières britanniques furent coulées sur l'Euphrate par les mitrailleuses et les canons des tribus, qui tiraient à partir des berges.

Tout au long des cinq mois qu'elle dura, l'insurrection s'étendit à l'ensemble du pays. Certes, trois villes principales – Karbala, Najaf et Diwâniyya – et une région – le Moyen-Euphrate – apparaissaient comme le bastion du mouvement, mais le soulèvement se propagea vers le sud et vers le nord, tandis que le pays kurde demeurait en état de dissidence. Ba'qûba et Shahrabân tombèrent aux mains des insurgés en août. Sayyid Muhammad al-Sadr réussit à mobiliser la population dans cette région à majorité sunnite où il représentait le *marja' a'la*.

On estime les effectifs des combattants tribaux à un nombre compris entre 130 000 et 250 000, mais beaucoup étaient dépourvus d'armes à feu. Ils faisaient face à plus de 100 000 soldats britanniques, indiens dans leur majorité. Les pertes britanniques furent officiellement de 426 tués, auxquels il faut ajouter 540 disparus ou prisonniers. Parmi les tribus, on estime à 8 450 le nombre des tués et blessés. Le bilan financier de la révolution de 1920 ne fut pas moins lourd pour la Grande-Bretagne : environ 3 millions de livres sterling, soit trois fois la contribution britannique à la Révolte arabe du chérif de La Mecque.

Toutefois, malgré leur détermination et l'ampleur du mouvement, les insurgés ne purent s'imposer face aux Britanniques. Que pouvaient des tribus, même animées de l'ardeur du jihad, face à la première puissance militaire du monde, une armée moderne disposant de l'aviation, de blindés et de l'armement le plus sophistiqué ? Les vieux fusils hérités de l'époque ottomane ne faisaient pas le poids face à un tel arsenal. Dès la fin de juin, les forces britanniques lancèrent d'importantes offensives contre les positions des insurgés dans le Moyen-Euphrate. Les dernières eurent lieu le 12 novembre 1920. Renforcées par deux divisions venues des Indes, les troupes de l'occupant furent en mesure, dès la fin d'octobre, de reconquérir toutes les régions d'où elles avaient été chassées. Le 13 octobre, Karbala fut réinvestie ; ce fut le tour de Najaf le jour suivant. Il fallut ensuite plus d'un mois aux forces britanniques pour pacifier les provinces insurgées et y restaurer leur pouvoir. La révolution prit fin de façon effective avec la signature de l'accord de cessez-le-feu du 30 novembre 1920 entre les chefs des tribus Bani Hukaym et les autorités britanniques, même si des opérations militaires se poursuivirent ici ou là jusqu'en 1921.

Les ulémas dirigeants politiques de la révolution

Le rôle des ulémas chiites se révéla décisif dans ce qui demeure de nos jours pour tous les Irakiens un symbole patriotique. Ils n'avaient pas ménagé leurs efforts pour mobiliser la population et préparer le soulèvement. Après son déclenchement, leur rôle s'accentua encore. Les ulémas et les représentants des *mujtahid* assumèrent sur le terrain la direction des opérations contre les forces d'occupation, tandis que, dans les villes saintes, les *marja'* prenaient la direction religieuse, politique et militaire de la révolution et présidaient les différentes institutions qui virent le jour durant celle-ci. Le *marja' a'la*, cheikh Muhammad Taqi Shîrâzi, était le véritable centre de décision ; à sa suite, et jusqu'à la fin du soulèvement, ce rôle fut dévolu à son successeur, Shaykh al-Sharî'a Isfahâni. Tous deux s'appuyèrent sur l'ensemble du corps des ulémas, y compris le bas de la hiérarchie, ainsi que sur les chefs de tribu et les autres dirigeants du Moyen-Euphrate, qui participaient directement aux combats. En leur qualité de conseillers et de représentants des *mujtahid*, ils animèrent les comités et commissions qui, en tant qu'institutions révolutionnaires, préfiguraient le gouvernement islamique que les dirigeants chiites appelaient de leurs vœux.

Dans les villes saintes, trois groupes conjuguèrent leurs efforts pour doter la révolution d'une direction unifiée. Il y eut d'abord la hiérarchie religieuse, avec à sa tête l'ayatollah Shîrâzi ; la plupart de ses membres, qu'ils fussent persans ou arabes, avaient fait le jihad de 1914 et étaient déjà des vieillards. Le deuxième groupe était constitué de jeunes chiites, fils de familles religieuses ou de notables. Muhammad Rida, fils de l'ayatollah Shîrâzi, et Muhammad al-Sadr en étaient les principaux représentants. Ces hommes pouvaient être vus sur les fronts, dans les villes saintes et dans les campagnes, où ils faisaient figure à la fois de propagandistes islamiques et de chefs militaires. Le troisième groupe était celui des cheikhs et des *sayyid* tribaux, dont beaucoup étaient des propriétaires terriens. Le fait que ces trois groupes eussent été en mesure de collaborer signifiait que la division entre les villes et les campagnes du Moyen-Euphrate avait, dans une certaine mesure, été dépassée et que, pour la première fois, les *mujtahid* exerçaient directement leur pouvoir politique et social sur un territoire défini.

Dans la ville de Karbala, principal centre de décision de la révolution à l'époque de l'ayatollah Shîrâzi, deux assemblées furent créées. La première, le Conseil supérieur de la guerre, était composée de cinq ulémas, parmi lesquels les fils des grands *marja'* et Abû'l-Qâsim Kâshâni, qui dirigeait les opérations militaires. La seconde, le Conseil communautaire, réunissait dix-sept *sayyid* et chefs de tribu. L'ayatollah Shîrâzi supervisait les deux assemblées. Il assumait la direction des affaires politiques et gérait les questions générales d'intendance et de logistique – en somme, tout ce qui concernait la vie quotidienne de la population. Le Conseil communautaire créa le Conseil d'administration de Karbala, chargé des affaires municipales, et nomma des fonctionnaires représentant le nouveau pouvoir révolutionnaire islamique. Lors d'une grande manifestation devant le siège de la municipalité de Karbala, le 6 octobre 1920, en présence de nombreuses personnalités, dont les représentants du mouvement patriotique de Bagdad réfugiés dans la ville, sayyid Muhsin Abû Tabîkh fut nommé président du gouvernement patriotique provisoire.

L'ayatollah Muhammad Taqi Shîrâzi mourut en pleine révolution, le 13 août 1920. Shaykh al-Sharî'a Isfahâni, qui résidait à Najaf, lui succéda en tant que *marja' a'la* de tous les chiites. La disparition, au plus fort du soulèvement, de celui qui apparaissait comme son principal leader fut un coup dur. Toutefois, Shaykh al-Sharî'a Isfahâni étant réputé partager les conceptions religieuses et politiques de son prédécesseur, elle n'amena aucun changement dans les orientations de la direction religieuse chiite. Longtemps considéré comme le numéro deux de la hiérarchie, Shaykh al-Sharî'a Isfahâni fut unanimement reconnu par les ulémas comme leur nouveau dirigeant. En conséquence, Najaf devint, après Karbala, la deuxième capitale de la révolution.

À Najaf également, plusieurs conseils furent créés pour diriger le soulèvement autant que pour gérer les affaires courantes des habitants de la cité. L'un d'eux, le Comité supérieur religieux, devint un centre de décision de la révolution dépassant les frontières de la ville. Un autre, la Direction suprême de la révolution, associait aux ulémas et aux chefs de tribu des officiers ayant servi dans l'armée ottomane et qui venaient là dispenser leur savoir militaire.

Muhammad Taqi Shîrâzi, puis Shaykh al-Sharî'a Isfahâni maintenaient un contact étroit et quotidien avec les combattants, leur prodiguant de véritables cours d'instruction à la fois religieuse et militaire. En accord avec les injonctions du *marja' a'la*, de nombreux ulémas étaient partis sur les fronts, où ils dispensaient des directives aux combattants. Sayyid Abû'l-Qâsim Kâshâni figurait parmi eux. Ne parlant que le persan, il communiquait par gestes avec les combattants tribaux.

Quant à la presse, elle dépendait du Comité supérieur religieux, au sein duquel un organisme appelé Directives et Propagande supervisait la publication des journaux. Deux hebdomadaires furent lancés à Najaf. Le premier, *Al-Furât* (« L'Euphrate »), était dirigé par sayyid Muhammad Bâqir al-Shabîbi. Cinq numéros parurent à partir du 6 août 1920. Le second, *Al-Istiqlâl* (« L'Indépendance »), eut une longévité plus grande, puisqu'il en parut huit numéros. Ces deux journaux reflétaient l'orientation de la direction religieuse de la révolution ; leur conception de la révolution et de l'indépendance était avant tout islamique. Des prédicateurs (*khatîb*) et des poètes étaient chargés d'en répercuter les nouvelles en dehors des villes saintes.

Au moment de la succession de Muhammad Taqi Shîrâzi, les Britanniques menèrent quelques tentatives pour reprendre langue avec les dirigeants religieux chiites. Cependant, même si beaucoup parmi eux ne se faisaient pas d'illusions sur l'issue des combats et si une minorité était favorable à des négociations, le nouveau *marja' a'la* coupa court à toute velléité d'entamer des pourparlers, affirmant : « Pas de négociation avant l'évacuation ! » Shaykh al-Sharî'a Isfahâni répondit à la lettre de sir Arnold Wilson par une cinglante fin de non-recevoir.

Malgré les offres de négociations et les tentatives pour parvenir à un cessez-le-feu, la guerre continua à faire rage jusqu'à l'offensive généralisée que déclenchèrent les forces britanniques à partir du 12 octobre 1920. À la fin de novembre 1920, les zones tenues par les insurgés durent se soumettre. La répression s'abattit sur les dirigeants de la révolution, et de nombreux ulémas de Karbala et de Najaf furent arrêtés et déportés.

À la fois tribale et religieuse, la révolution de 1920 est devenue un mythe fondateur du patriotisme irakien revendiqué par
tous. Même si le mouvement était centré sur la région du Moyen-
Euphrate et si la communauté chiite en fut l'épicentre, il symbo-
lisa l'unité irakienne entre sunnites et chiites sous la direction du
clergé chiite. Ce symbole est toujours vivant, puisqu'un groupe
d'insurgés sunnites auteur d'attaques contre les Américains a
revendiqué, à partir de 2003, le nom de Brigades de la révolution
de 1920 – à une époque où, pourtant, on était bien loin d'un
quelconque rapprochement entre les deux communautés...

VII

État-nation arabe sous mandat *versus* État arabe et islamique indépendant en Irak

Malgré son échec, la révolution de 1920 suscita des interrogations pressantes à Londres. Était-il possible de continuer à administrer directement l'Irak ? Les vues du gouvernement britannique des Indes perdaient de leur poids face aux partisans d'un « État arabe local », tel que le préconisait le Bureau arabe du Caire. L'installation d'un régime de mandat allait inaugurer une nouvelle phase de l'histoire de l'Irak.

Rappelons que le mandat attribué par la SDN aux puissances victorieuses de la Grande Guerre prévoyait un « accompagnement » des nouveaux États « sur la voie de la souveraineté ». La résistance armée à l'occupation britannique était à son apogée lorsque fut annoncée la nomination, le 17 juin 1920, du nouveau résident permanent. Sir Percy Cox fut chargé de l'établissement d'une administration locale « à la façade arabe » en remplacement de l'administration militaire directe des Britanniques. Son retour à Bagdad, le 11 octobre 1920, allait marquer la victoire du Bureau arabe et le début du processus de fondation des institutions de l'« État local » sous mandat qui est à l'origine de l'État irakien moderne.

Le premier pas concret sur la voie de la création d'un « État local » fut la formation d'un gouvernement national provisoire dont le résident confia la direction à Abd al-Rahmân al-Gaylâni, chef des *ashrâf* de Bagdad. Ce notable sunnite était aussi un membre éminent de la famille « régnante » de la confrérie soufie Qâdiriyya, dont le saint patron éponyme, Abd al-Qâdir al-Gaylâni (mort en 1166), a son tombeau à Bagdad. Un premier gouvernement irakien fut proclamé le 25 octobre 1920, mais il n'exista de façon effective qu'à partir du 11 novembre, après que le résident eut exposé son orientation et ses directives. Sir Percy Cox fit par ailleurs entrer dans le conseil consultatif des personnalités appartenant aux plus grandes familles sunnites du pays.

Il fallait à ce gouvernement un chef qui incarnât en même temps l'État. Parmi de nombreux candidats, le gouvernement britannique choisit pour devenir roi d'Irak l'émir Faysal, l'un des fils du chérif Husayn de La Mecque. Faysal reçut officiellement la couronne du « royaume arabe d'Irak » le 23 août 1921, après avoir été désigné de façon définitive au congrès du Caire, présidé par sir Winston Churchill, quelques mois plus tôt, le 12 mars. Quant à l'armée irakienne, le gouvernement provisoire avait pris la décision de sa constitution dès le 6 janvier 1921, mais c'est également lors du congrès du Caire qu'elle fut officiellement créée. Ja'far al-Askari, l'un des officiers chérifiens rentrés en Irak à la faveur de l'occupation britannique, est considéré comme le « fondateur » de la première armée irakienne – dissoute en 2003 par un décret de Paul Bremer, représentant à Bagdad de la coalition américaine.

L'administration mandataire œuvra ensuite à la formation d'une Assemblée nationale à laquelle elle assigna pour tâche de voter la loi fondamentale, c'est-à-dire la Constitution, et la loi dite de la Chambre des députés, puis de signer le traité anglo-irakien. L'Assemblée, qui tint sa première session le 27 mars 1924, adopta les deux lois et approuva le traité, le protocole ainsi que les quatre accords annexes. Aux termes de ces derniers, l'action des fonctionnaires britanniques au sein de l'appareil d'État irakien devenait institutionnelle, de même que la présence militaire britannique et l'extraterritorialité judiciaire et financière des ressortissants britanniques présents sur le sol irakien. De plus, un droit de veto était accordé au haut-commissaire britannique dans tous les domaines de la vie politique.

Le 2 août 1924, alors que l'Assemblée venait de ratifier la loi électorale, dernière pièce manquant à l'édifice constitutionnel dont la raison d'être était de légitimer le mandat, sa dissolution fut décidée. Le gouvernement irakien, pour sa part, avait approuvé le traité, qui reprenait les dispositions du mandat tout en entretenant l'illusion d'un contrat librement consenti entre deux pays souverains. Sur ordre de Faysal, le chef du gouvernement signa le traité le 10 octobre 1922, le protocole le 20 avril 1923 et les quatre accords annexes le 25 mars 1924.

Une fois que l'administration mandataire eut fini de mettre en place la plupart des institutions de l'État local, le gouvernement britannique présenta à la SDN les pièces nécessaires à la continuation de son mandat sur l'Irak. Il obtint son approbation le 27 septembre 1924.

Les cinq premières années du mandat coïncidèrent ainsi avec la période de fondation des institutions de l'État local, par le biais duquel le mandat et la domination britanniques pouvaient se réclamer d'une apparente légitimité. Le processus de mise en place de l'État s'accompagna de transformations sociales qui firent émerger des forces dont les intérêts et les orientations politiques s'harmonisaient avec ceux du mandat et de l'État. Une part essentielle de la question irakienne était née : la domination politique d'élites issues de la minorité arabe sunnite sur les chiites, avec son corollaire, la domination étrangère. À partir de 1925 s'y ajouta la domination ethnique des Arabes sur les Kurdes, avec le rattachement du vilayet de Mossoul au royaume arabe d'Irak, malgré le refus clairement exprimé des Kurdes d'être incorporés à un État arabe. En effet, le traité mort-né de Sèvres, signé le 10 août 1920, prévoyait la formation d'un État kurde indépendant sur les régions kurdes du vilayet de Mossoul. La « trahison » de cette promesse par les Alliés suscita en 1922 un nouveau soulèvement au Kurdistan, dirigé par cheikh Mahmûd, qui s'était proclamé « roi du Kurdistan ».

Cependant, le mandat et son projet étatique se heurtaient à l'hostilité farouche de vastes secteurs de la population. On distinguait plusieurs tendances, mais, celle des *mujtahid* étant la plus puissante, ils prirent la tête de l'opposition.

La formation du gouvernement provisoire, qui correspondait à l'échec de la révolution de 1920, coïncida également avec une vague de répression sans précédent contre les responsables de l'insurrection. Tandis que les prisons se remplissaient, des cohortes de proscrits prirent le chemin d'un exil forcé. Le *marja' a'la*, Shaykh al-Sharî'a Isfahâni, continua de diriger l'opposition aux Britanniques et de faire campagne à la fois contre l'occupation, le mandat et la formation du gouvernement provisoire, jusqu'à son décès soudain, le 18 décembre 1920. Les ulémas chiites ne cessèrent ensuite de lancer des appels aux tribus afin qu'elles n'abandonnent pas la résistance armée, même si la révolution avait été défaite.

À la mort de Shaykh al-Sharî'a Isfahâni, aucun *mujtahid* ne paraissait détenir une influence suffisante pour assumer la fonction de *marja' a'la*. Plusieurs jouissaient d'un prestige équivalent : cheikh Abdol-Karîm Hâ'iri Yazdi en Iran, dans la ville sainte de Qom, ou encore cheikh Abdallâh Mamâqâni et cheikh Diyâ al-Dîn al-Irâqi à Najaf. Si un *mujtahid* de Kâzimayn, cheikh Mahdi al-Khâlisi, semblait bénéficier de la plus grande popularité en Irak, sayyid Abû'l-Hasan Isfahâni et cheikh Muhammad Husayn Nâ'îni, à Najaf, n'étaient pas en reste. C'est ce trio qui reprit le flambeau de la direction religieuse chiite en matière politique.

Au sein du gouvernement provisoire installé par sir Percy Cox le 11 novembre 1920, chaque ministre arabe se trouvait flanqué d'un conseiller britannique, et le haut-commissaire demeurait le maître incontesté du pays. Abd al-Rahmân al-Gaylâni, premier chef d'un gouvernement irakien, chaud partisan de la présence britannique en Irak, ne s'offusquait pas des conseils de Cox. Il ne cessait, en revanche, de mettre en garde les Anglais contre les chiites. La véritable haine que leur vouait le chef des *ashrâf* sunnites de Bagdad était encore avivée par le souvenir de la démolition par eux du tombeau de son ancêtre, l'inspirateur de la confrérie soufie Qâdiriyya, lors d'une occupation de Bagdad par les Persans.

Malgré le caractère fictif de l'indépendance irakienne, la création d'un gouvernement composé d'Arabes répondait aux aspirations de certains habitants, en particulier des élites arabes sunnites. Conscient du fait qu'un gouvernement sans chiites n'aurait aucune chance de jouir d'une quelconque autorité, sir Percy Cox fit des avances aux ulémas chiites. Seules deux personnalités se laissèrent séduire. Les ministères de l'Éducation et de la Santé leur furent attribués.

Les autres chefs religieux chiites déclarèrent que ce gouvernement était à l'opposé de celui qu'ils revendiquaient pour l'Irak. En janvier 1921, cheikh Mahdi al-Khâlisi promulgua une fatwa interdisant aux musulmans d'accepter des fonctions en son sein, et les rares religieux à l'avoir fait furent à nouveau traités de *ulama al-hafîz* (« ulémas de l'Office », c'est-à-dire du pouvoir). L'immense majorité des ulémas chiites se rallièrent à la position de cheikh al-Khâlisi. L'un des religieux les plus militants de Najaf, cheikh Muhammad Rida al-Shabîbi, exprima ainsi le sentiment des grands *mujtahid* : « Cet État a l'apparence de la souveraineté, mais, dans la réalité, il n'en a aucun attribut. Le pouvoir est entre les mains des Anglais et de leurs créatures. » Depuis leur exil, la plupart des dirigeants de la révolution de 1920 rejetèrent ce gouvernement, de même que nombre de notables et de chefs de tribu.

Le refus des chiites de reconnaître ce nouvel État, dont ils étaient pratiquement exclus, devint un leitmotiv qui ne laissait pas d'inquiéter les Britanniques, ainsi qu'en témoigne l'abondante correspondance entre leurs responsables à propos de la position de monopole des sunnites dans le gouvernement.

Pour l'heure, l'une des préoccupations des chefs religieux chiites était de faciliter le retour des ulémas et des leaders de la révolution exilés. Une fois clos le débat sur la nature du nouveau pouvoir – républicaine ou monarchique –, on avait entrepris de dresser la liste des prétendants au trône. Tâlib Pasha, l'homme fort de Bassorah, et Khaz'al, le cheikh d'Al-Muhammara, capitale de l'Arabestan iranien (aujourd'hui Abadan en Iran), s'effacèrent successivement devant Faysal. Face à la candidature de ce dernier, les avis des ulémas chiites divergeaient. Deux positions se cristallisèrent.

Une première tendance consistait à rejeter la candidature de Faysal comme toute autre candidature tant que perdurait le régime du mandat. Ses principaux représentants étaient deux des plus grands *mujtahid* de Najaf, sayyid Abû'l-Hassan Isfahâni et cheikh Muhammad Husayn Nâ'îni, héraut du constitutionnalisme religieux. Cette tendance était favorable à la poursuite de la lutte jusqu'à l'indépendance complète de l'Irak et à la formation d'un gouvernement constitutionnel sans lien avec l'étranger. En juin 1921, dans une fatwa largement diffusée, l'ayatollah Abû'l-Hasan Isfahâni interdit aux musulmans de participer aux consultations autour de l'élection de Faysal. Celles-ci, de par leur caractère plébiscitaire, visaient à conférer une légitimité populaire à sa candidature. À l'instigation des ulémas de Najaf, la majorité des habitants de cette ville et de ceux de Karbala s'abstinrent de venir accueillir le jeune émir lorsqu'il y fit son entrée respectivement les 26 et 28 juin, en provenance de Bassorah. La population de Najaf en particulier boycotta ostensiblement les cérémonies de bienvenue, respectant ainsi le mot d'ordre des *mujtahid*. Seuls se montrèrent les partisans du gouvernement. Au lieu de la liesse que les Britanniques lui avaient laissé prévoir, Faysal ne trouva que portes closes et silence de mort. Lorsqu'il débarqua à Bagdad, il était encore sous le choc de l'accueil que lui avait réservé le pays chiite.

La seconde tendance, représentée par le plus important *mujtahid* de Kâzimayn, cheikh Mahdi al-Khâlisi, ainsi que par le jeune uléma Muhammad al-Sadr, soutenait la candidature de Faysal au trône d'Irak. Ce soutien n'était cependant pas inconditionnel. Cheikh Mahdi al-Khâlisi s'était insurgé contre le référendum organisé pour légitimer l'élection de Faysal. Comme les *mujtahid* de Najaf, il avait promulgué une fatwa interdisant de participer à cette consultation, qu'il considérait comme un piège tendu par les Britanniques. Cela n'entama toutefois pas son soutien déjà exprimé au fils du chérif Husayn de La Mecque. Cheikh Mahdi al-Khâlisi donna son point de vue par un acte d'allégeance conditionnel à Faysal lorsque celui-ci lui rendit visite à Kâzimayn : « Nous sommes d'accord pour faire acte d'allégeance envers toi en tant que roi d'un Irak indépendant, libéré de tout lien avec l'étranger quel qu'il soit. »

La position de cheikh Mahdi al-Khâlisi fut confirmée par une fatwa d'allégeance conditionnelle largement diffusée, rédigée en ces termes : « Nous lui avons prêté allégeance publiquement, à la condition qu'il soit roi d'un Irak assisté d'une chambre représentative, libre de tout lien avec l'étranger et jouissant d'une totale souveraineté. »

Malgré ces divergences entre Najaf et Kâzimayn, qui n'en arrivèrent jamais au point de rupture, tous les *mujtahid*, à quelque tendance qu'ils appartinssent, continuaient à défendre l'idée d'une indépendance totale. Si bien que, du jour où le pari sur les velléités d'indépendance du roi parut voué à l'échec, la réconciliation devint possible. Les agressions des Ikhwân wahhabites contre l'Irak, l'opposition au traité anglo-irakien ainsi que le boycott des élections à l'Assemblée constituante furent autant d'occasions de sceller cette unité retrouvée.

Faysal était arrivé à Bassorah le 23 juin 1921. Après la cérémonie de couronnement, le 23 août suivant, le gouvernement britannique n'eut de cesse de lui faire signer un traité garantissant l'avenir de la domination britannique sur le pays, bien au-delà du mandat. Les négociations entre le résident permanent et le roi se conclurent le 10 octobre 1922 par l'approbation du traité par le gouvernement irakien. Étalées sur plus d'un an, elles furent particulièrement âpres : le nouveau roi n'était pas aussi docile que Londres l'espérait. Les atermoiements de Faysal en vinrent à provoquer l'ire du ministre des Colonies, sir Winston Churchill : il menaça de mettre un terme aux pourparlers et d'abandonner Faysal à son sort. La douloureuse expérience qu'avait vécue ce dernier en Syrie lui rappela qu'il ne fallait pas aller trop loin avec la puissance mandataire…

Tandis que les négociations se poursuivaient, le mouvement d'opposition islamique au mandat se développa de façon spectaculaire. L'opposition des *mujtahid* au traité constituait le plus grave problème pour l'administration mandataire et le gouvernement de Faysal. Le 11 mars 1922, les wahhabites lancèrent sur l'Irak des raids de grande envergure dont les principales victimes furent les tribus Muntafik, dans le Bas-Euphrate. Deux autres attaques visèrent ensuite les tribus de Samâwa, suivies d'une razzia contre Karbala. Ces opérations meurtrières, dans la lignée de celles du siècle précédent, firent des centaines de morts au sein des tribus, tandis que plus de 20 000 têtes de bétail (moutons, chevaux, chameaux) furent emportées en guise de butin.

Ces événements tragiques suscitèrent une violente réaction de l'ensemble de l'opinion irakienne. Les *mujtahid* accusèrent les Anglais d'être les instigateurs de ces raids afin de détourner l'attention de la question du traité et de faire pression sur le roi pour l'inciter à souscrire à leurs conditions. Les ulémas de Najaf décidèrent d'organiser un vaste rassemblement à Karbala, du 3 au 8 avril 1922. Ils y convièrent tous les ulémas, les chefs de tribu et les notables. Ce fut l'occasion qu'ils attendaient pour réconcilier les deux tendances qui s'opposaient jusque-là à propos de Faysal. Cheikh Mahdi al-Khâlisi répondit favorablement à cette invitation et reprit à son compte l'appel au rassemblement à Karbala.

Le jour convenu, une foule impressionnante, évaluée à plus de 200 000 personnes et composée de combattants des tribus, d'habitants des villes saintes et de Bagdad, d'ulémas et de dirigeants politiques, se pressa autour du mausolée de l'Imam Husayn. Sayyid Abû'l-Hasan Isfahâni et cheikh Mahdi al-Khâlisi furent les principaux orateurs. S'il ne fit pas le déplacement – probablement sous la pression des autorités britanniques, qui ne voyaient dans ce rassemblement qu'un prétexte utilisé par les dirigeants religieux chiites pour exprimer leur hostilité –, le roi Faysal se vit politiquement contraint d'envoyer un message de soutien aux manifestants. De fait, le rassemblement prit rapidement les allures d'une manifestation d'opposition au traité anglo-irakien, les Britanniques étant dénoncés comme incapables de défendre l'Irak. Ces derniers, de leur côté, considéraient que l'objectif du rassemblement n'était pas de défendre le pays contre les Ikhwân wahhabites, mais d'inciter le roi à y assister et à proclamer en public qu'il exigeait à son tour l'indépendance immédiate et sans condition de l'Irak.

Les retombées de l'événement ne furent pas à la hauteur des espérances de l'opposition, notamment des *mujtahid*. Le mandat et le traité ne furent qu'à peine évoqués. À force de pressions et de menaces, les Britanniques avaient réussi à réduire la portée protestataire du rassemblement. Toutefois, celui-ci apparut nettement comme l'expression d'une volonté populaire à côté de laquelle la future Assemblée constituante ferait pâle figure. Il confirma la place centrale sur l'échiquier politique des *mujtahid*, à nouveau unis.

Les deux années suivantes virent le mouvement d'opposition au mandat s'amplifier. Durant cette période, les *mujtahid* prirent la direction de tous les courants oppositionnels. Avant que le gouvernement n'approuve officiellement le traité, le 12 octobre 1922, et ne fixe une date pour les élections à l'Assemblée, ils ne ménagèrent pas leurs efforts pour tenter d'empêcher par tous les moyens la signature d'un accord qui, à leurs yeux, légitimait le mandat. Lorsque le gouvernement promulgua la loi électorale, le 1er mai 1922, les ulémas et les dirigeants religieux de Najaf proclamèrent que c'était un devoir religieux de boycotter les élections.

Parallèlement, le roi Faysal s'était engagé dans des négociations secrètes avec le résident permanent britannique. Mais le secret fut rapidement éventé et suscita la réaction immédiate de cheikh Mahdi al-Khâlisi. Le 26 juin, face à une assemblée impressionnante de chefs de tribu et de dirigeants de l'opposition, le *mujtahid* retira publiquement son allégeance à Faysal, déclarant : « Votre allégeance envers le roi Faysal est devenue sans objet, car il n'a pas respecté les engagements qu'il avait pris quand vous lui avez prêté serment d'allégeance, aux termes desquels il se portait garant de l'indépendance de l'Irak. »

Cette prise de position scella la rupture entre Faysal et l'opposition. Plus que jamais soumis aux pressions britanniques, le roi parapha le traité le 25 juin. Sa « trahison » provoqua une mobilisation sans précédent de l'opposition, tant à Bagdad que dans les villes saintes, aboutissant à la chute du gouvernement. Certaines tribus retournèrent à la résistance armée contre les forces gouvernementales et, sous l'influence des ulémas, pratiquèrent la désobéissance à l'égard de leurs cheikhs pro-britanniques. À nouveau, le pays se retrouvait au bord de l'insurrection.

Le haut-commissaire décida qu'il était temps d'agir : il engagea une campagne de répression peu avant la signature du traité par le gouvernement. Les dirigeants du mouvement patriotique de Bagdad furent arrêtés et déportés à Hinjâm. Cheikh Muhammad al-Khâlisi, fils de cheikh Mahdi, devenu le premier des *mujtahid*, et sayyid Muhammad al-Sadr furent arrêtés à leur domicile et, le 29 août 1922, reconduits à la frontière iranienne. Dans le même temps, l'aviation britannique bombarda les zones tribales liées à l'opposition.

قصف مناطق العثائر المعارضة بالطائرات

Un moment paralysée par cette vague de répression, l'opposition recouvra vite ses forces et sa pugnacité. Depuis Téhéran, les deux jeunes ulémas exilés organisèrent la riposte en formant une société clandestine, l'Organisation suprême des représentants de l'Irak à Téhéran, dont le but était de populariser en Iran la cause de l'indépendance irakienne.

Après la constitution du troisième gouvernement d'Abd al-Rahmân al-Gaylâni, le 30 septembre 1922, et sa ratification du traité le 12 octobre, l'opposition se concentra sur les élections à l'Assemblée constituante. Toujours soucieux de conférer une apparente légitimité populaire aux institutions qu'ils créaient en Irak, les Britanniques ne voulaient pas se limiter à l'approbation du roi et du gouvernement : le vote d'une assemblée leur semblait nécessaire. Mais la réaction de l'opposition dépassa toutes leurs craintes. Les chefs religieux chiites partaient du principe que le gouvernement qui avait accepté de ratifier le traité ne pouvait organiser des élections libres. Les plus grands *mujtahid* de Najaf promulguèrent alors une à une, le 5 novembre 1922, des fatwas faisant du boycott des élections un devoir religieux. Cheikh Mahdi al-Khâlisi fut le premier, depuis Kâzimayn, à édicter un tel ordre :

« Au nom de Dieu clément et miséricordieux, nous avons prononcé l'interdiction des élections à l'ensemble de l'*umma* irakienne. Quiconque y participera ou apportera une aide, quelle qu'elle soit, à leur déroulement lancera un défi à Dieu et à Son Prophète. Dieu a dit dans Son livre sacré : "Ne savez-vous pas que celui qui défie Dieu et Son Prophète est promis au feu éternel de l'enfer, Que Dieu vous en préserve." »

Cheikh Mahdi al-Khâlisi fut imité par les deux autres grands *mujtahid* de Najaf, Abû'l-Hasan Isfahâni et cheikh Muhammad Husayn Nâ'îni. Comme le gouvernement ne répondait à aucune des exigences de l'opposition – la levée de l'état d'urgence, la liberté d'association, de presse et de réunion, le retour des exilés politiques –, sayyid Abû'l-Hasan Isfahâni promulgua une autre fatwa au ton encore plus menaçant :

« À nos frères musulmans, ces élections visent à détruire l'*umma* musulmane. Quiconque participera au scrutin tout en connaissant l'interdiction que nous avons prononcée sur ces élections, l'anathème sera sur lui et sur sa femme, il sera interdit de lui rendre visite, de répondre à son salut et de l'accepter dans les hammams des musulmans. C'est ce que nous décidons, Dieu en est témoin. »

Le gouvernement interdit la publication des fatwas et répandit la rumeur que les ulémas ne s'opposaient nullement aux élections. Le texte des fatwas fut alors recopié à des milliers d'exemplaires et diffusé dans l'ensemble du pays. Dans les mosquées, lors des sermons, les fidèles furent appelés sans relâche à obéir aux fatwas des ulémas.

Lors d'une réunion publique tenue dans son école de Kâzimayn, cheikh Mahdî al-Khâlisi retira publiquement sa confiance à Faysal, affirmant : « Nous avons fait acte d'allégeance pour qu'il soit roi d'Irak sous certaines conditions, mais, ces conditions n'ayant pas été respectées, il n'existe plus pour nous ou pour le peuple irakien aucune allégeance. » Il fit suivre cette déclaration d'une fatwa interdisant de travailler pour le gouvernement et assimilant toute collaboration avec les autorités à une collaboration avec les infidèles. Désormais, la rupture entre Faysal et les chiites était totale.

L'appel au boycott eut de graves conséquences pour le gouvernement. Ayant échoué à organiser des élections, le cabinet dirigé par Abd al-Rahmân al-Gaylâni démissionna le 16 novembre 1922 et un nouveau cabinet fut formé sous la direction d'Abd al-Muhsin al-Sa'adûn. Membre de la famille dirigeante de la confédération tribale chiite des Muntafik, lui-même sunnite, grand propriétaire terrien, il était l'une des rares personnalités d'origine tribale à avoir fréquenté les académies militaires ottomanes à Istanbul. En toute hâte, il utilisa la loi électorale pour assimiler à un délit tout appel au boycott du scrutin. Le seul fait de diffuser les fatwas des *mujtahid* exposait à l'emprisonnement. Armé de cette loi, Abd al-Muhsin al-Sa'adûn entreprit d'organiser le premier tour des élections. Mais il était devenu évident aux yeux des autorités mandataires que la répression ne viendrait pas à bout du mouvement décrété par les plus grands *mujtahid* : il fallait donc éliminer la direction religieuse des chiites.

Les Britanniques firent quelques pas en vue de satisfaire certaines revendications de l'opposition et tentèrent d'entrer en contact avec des cheikhs tribaux qui avaient participé à la révolution de 1920 dans l'espoir d'affaiblir la position des *mujtahid*. Ils créèrent artificiellement des tensions avec la Turquie kémaliste à propos du sort du vilayet de Mossoul pour faire jouer le sentiment d'union nationale. Les *mujtahid* promulguèrent une fatwa interdisant aux musulmans de combattre les Turcs si ceux-ci n'attaquaient pas l'Irak. Le retournement de certains chefs tribaux sembla marquer un succès relatif des autorités mandataires. C'est alors qu'elles décidèrent, avec le gouvernement, d'exiler les trois grands *mujtahid* qui apparaissaient comme l'obstacle principal au déroulement des élections. Encore fallait-il trouver les justifications nécessaires pour le faire. Le 8 juin 1923, de nouvelles dispositions du code pénal furent promulguées, autorisant l'expulsion des étrangers qui seraient impliqués dans des « complots politiques ». Elles visaient avant tout les *mujtahid*, dont une majorité, qu'ils fussent arabes ou d'origine persane, avaient la nationalité persane. Cheikh Mahdi al-Khâlisi, seul Arabe parmi les grands *mujtahid* à ne pas avoir la nationalité persane, en fut paradoxalement la première cible.

Le gouvernement lança sa campagne contre les *mujtahid* par un communiqué du ministère de l'Intérieur niant l'« irakité » des dirigeants religieux chiites : « Ce sont des étrangers qui n'ont aucun lien avec l'arabisme. » Le ton était donné : les Britanniques se présentaient comme les meilleurs défenseurs de l'arabisme contre les « ayatollahs persans ». Une rhétorique que reprendrait plus tard Saddam Hussein...

Les autorités mandataires et le gouvernement étaient conscients du grand risque qu'ils prenaient en procédant à l'arrestation, puis à l'exil d'un des *mujtahid* les plus populaires. C'est pourquoi ils agirent en secret, dans la nuit du 25 au 26 juin. Les forces de police encerclèrent la maison de cheikh Mahdi al-Khâlisi à Kâzimayn et l'arrêtèrent, ainsi que deux de ses fils et certains de ses proches et élèves. Tous furent emmenés en train à Bassorah et, de là, vers le Hedjaz. Le 28 juillet 1923, cheikh Mahdi al-Khâlisi et ses compagnons arrivèrent à La Mecque, où ils firent leur pèlerinage. Puis ils partirent pour la ville sainte de Qom, en Iran, où ils retrouveraient bientôt sayyid Abû'l-Hasan Isfahâni et Muhammad Husayn Nâ'îni, également expulsés d'Irak.

L'expulsion de cheikh Mahdi al-Khâlisi provoqua de violentes réactions dans les villes saintes et à Bagdad. Les ulémas appelèrent d'abord à la grève générale, puis les plus grands *mujtahid* menacèrent le gouvernement de quitter l'Irak en masse en signe de protestation – un moyen pour eux de mobiliser les chiites, à la fois en Irak et en Iran, contre les Britanniques et le gouvernement irakien. Karbala devint une fois de plus un lieu de rassemblements quotidiens de l'opposition. Le gouvernement donna l'ordre aux forces locales d'arrêter neuf religieux titulaires de la nationalité iranienne, parmi lesquels figuraient les deux grands *mujtahid* sayyid Abû'l-Hasan Isfahâni et Nâ'înî. Avec vingt-six autres ulémas, ils furent expulsés vers l'Iran le 29 juin 1923 à bord d'un train spécial qui franchit la frontière en pleine nuit pour éviter les troubles.

En Iran, l'arrivée des *mujtahid* exilés fit grand bruit et suscita une importante vague de protestations. Un journal compara même leur exode à l'émigration du Prophète Muhammad de La Mecque à Médine. Ahmad Shâh et Mosaddegh Saltâne leur envoyèrent des télégrammes de bienvenue et l'Iran dénonça officiellement le traitement réservé à ces personnages sacrés. Quant aux ulémas d'Irak et aux dirigeants de l'opposition irakienne à Téhéran, loin de rester silencieux, ils continuèrent d'appeler au boycott des élections en Irak. Cheikh Muhammad al-Khâlisi, fils aîné du *marja'* exilé, fonda à Téhéran l'Association pour la sauvegarde des lieux saints et de la Mésopotamie, exhortant les musulmans à « libérer le Hedjaz et l'Irak de la domination des infidèles ».

Une fois exilés les *mujtahid*, le gouvernement jugea que les conditions étaient réunies pour que les élections puissent se dérouler. À force de pressions et d'intimidations, il réussit tant bien que mal à organiser un simulacre de scrutin. L'opposition, quoique affaiblie, n'en demeurait pas moins vive. D'importantes régions boycottèrent la consultation, mais l'Assemblée constituante fut élue et adopta la Loi organique, première Constitution de l'Irak.

On chercherait en vain une trace d'hégémonie confessionnelle dans le texte de cette Constitution. C'est dans l'identité du nou-

vel État, calqué sur le modèle européen des États-nations avec
l'arabisme pour légitimation, que résidait tacitement tout l'enjeu
religieux. Le projet islamique des *mujtahid* reconnaissait certes
l'arabité de l'Irak, mais cette reconnaissance n'était en aucun cas
exclusive et ne se référait pas au nationalisme arabe, dont l'idée
même était étrangère à l'immense majorité de la population.
L'ayatollah Muhammad Taqi Shîrâzi, « leader de la révolution de
1920 », n'était-il pas iranien d'origine et de nationalité ?

Il fallait aller fouiller plus loin, dans le code de la nationalité de
1924, pour déceler une discrimination confessionnelle avouée :
ceux qui avaient eu, ou dont les parents ou grands-parents avaient
eu, la nationalité ottomane, liée au sunnisme, acquéraient automa-
tiquement la nationalité irakienne. La plupart des chiites n'avaient,
eux, aucune nationalité, soit parce que le concept n'en avait pas
cours au sein du monde tribal des campagnes, soit par refus d'une
allégeance envers un pouvoir jugé illégitime, celui des Ottomans.
Ceux-là devaient faire une « demande » de nationalité irakienne
et « prouver » leur « irakité ». Ils furent souvent assimilés à une
autre catégorie : celle des détenteurs de la nationalité persane en
Irak. Ces derniers se virent délivrer des certificats de nationalité B,
devenant des citoyens de seconde zone par rapport aux bénéficiaires du certificat A. Saddam Hussein utiliserait à nouveau ces
distinctions dans les années 1970-1980 pour expulser d'Irak de
nombreux chiites, accusés d'être une « cinquième colonne » persane dans le pays. Dénier leur « irakité » et même leur « arabité »
aux chiites d'Irak (Arabes pour plus de 90 % d'entre eux) serait
une constante du second régime baassiste à partir du milieu des
années 1970.

Pour l'heure, les autorités britanniques et le gouvernement irakien disposaient désormais de toutes les institutions nécessaires au
fonctionnement du système. Faysal décida de prendre contact avec
les *mujtahid* exilés, à l'exception de cheikh Mahdi al-Khâlisi. Il

écrivit notamment à sayyid Abû'l-Hasan Isfahâni et à Muhammad اصفهانی

Husayn Nâ'îni en leur proposant des mesures de clémence : eux نائینی

seuls seraient autorisés à rentrer en Irak, moyennant l'engagement
de ne plus s'impliquer dans les affaires politiques. Cette correspondance eut pour effet d'envenimer les rapports entre les trois
grands *mujtahid*. Cheikh Mahdi al-Khâlisi quitta Qom en 1924 الشیخ مهدی
pour Mashhad, l'autre grande ville sainte chiite d'Iran. La plupart
des *mujtahid* exilés revinrent en Irak le 22 avril 1924, après avoir
accepté les conditions du gouvernement. Il faut noter que, sur les
trois grands *marja'* exilés, le seul auquel fut dénié le droit de revenir
en Irak, cheikh Mahdi al-Khâlisi, était aussi, on l'a vu, le seul Arabe. الشیخ مهدی
Cela suffit à montrer, s'il en était besoin, les véritables intentions
qui animaient le pouvoir dans sa croisade anti-iranienne, dans un
pays où l'hostilité envers le pays voisin demeurait, malgré les vicis-
situdes de l'histoire, traditionnellement absente.

Le 30 mai 1924, sayyid Muhammad al-Sadr, en contact avec محمد الصدر
Faysal depuis le début de son exil, arriva à son tour à Bagdad et
afficha une attitude positive à l'égard du roi, attitude implicitement condamnée par les *mujtahid* réduits au silence.

L'acceptation par les *mujtahid* des conditions du gouvernement révélait à quel point il était important pour eux de rési-
der à Najaf, centre historique de la direction religieuse chiite.
Leur séjour en Iran n'avait pas été exempt de difficultés. À cette
époque, le pays était le théâtre d'événements majeurs. Reza رضاخان
Khân, Premier ministre, tentait de convaincre les ulémas du
bien-fondé d'un régime républicain pour mettre à bas la dynastie
qâdjâre. Il échoua à rallier à sa cause les *mujtahid* iraniens, qui
voyaient en lui un agent britannique et un émule de Mustafa
Kemal, lequel venait d'abolir le califat. Les *mujtahid* d'Irak,
sollicités de toute part, s'efforcèrent d'abord d'harmoniser leur
position avec celle des ulémas iraniens, dont ils étaient les hôtes.
Cheikh Muhammad al-Khâlisi organisa des rassemblements hos- الشیخ محمد

tiles à Reza Khân en mars 1924, tandis que cheikh Muhammad Husayn Nâ'îni, sayyid Abû'l-Hasan Isfahâni et cheikh Abdol-Karîm Hâ'iri Yazdi, le grand *marja'* de Qom, se prononçaient pour la monarchie et contre la république. Nâ'îni se rapprocha néanmoins de Reza Khân de crainte que les mouvements insurrectionnels des provinces du nord ne favorisent l'influence bolchevique, qui lui semblait menacer directement l'islam. Son initiative mécontenta les autres *mujtahid* iraniens. De retour en Irak, cheikh Muhammad Husayn Nâ'îni écrivit à Reza Khân pour le remercier de son aide, ce qui provoqua la colère des ulémas iraniens et de cheikh Muhammad al-Khâlisi.

Cheikh Nâ'îni et sayyid Isfahâni continuèrent de manifester leur reconnaissance à Reza Khân après que celui-ci eut fondé la dynastie pehlevie. Ces implications inévitables des *mujtahid* d'Irak dans les affaires intérieures de l'Iran furent source de nombreuses difficultés. Le *marja'* de Qom, Abdol-Karîm Hâ'iri Yazdi, qui avait pris les *mujtahid* d'Irak sous sa protection, ne désirait pas les voir s'installer dans sa ville, où ils risquaient de lui faire concurrence. Quant aux *mujtahid* exilés, ils n'avaient pas une bonne opinion de l'Iran. Tout cela avait convaincu cheikh Nâ'îni et sayyid Isfahâni de revenir en Irak.

Cheikh Mahdi al-Khâlisi, lui, condamna les démarches des autres *mujtahid* en vue d'obtenir leur retour en Irak et resta en Iran. Il s'installa à Mashhad, la ville sainte du Khorassan, d'où il continua de combattre la domination britannique sur l'Irak. C'est là qu'il mourut le 5 avril 1925, abandonné par les autres *mujtahid*. Selon ses fidèles, il aurait été empoisonné sur ordre du consul britannique de la ville. Son fils, cheikh Muhammad al-Khâlisi, demeura en Iran, passant d'un lieu de relégation à l'autre jusqu'en 1949, date à laquelle il fut autorisé à revenir à Kâzimayn, en Irak.

C'est ainsi que le gouvernement irakien et les autorités mandataires finirent par obliger les ulémas chiites à s'abstenir dorénavant de toute action politique, sous peine d'être de nouveau arrêtés et exilés, sans pour autant obtenir leur ralliement et leur soutien à l'édification du nouvel État. Après leur retour en Irak, les chefs religieux chiites allaient se tenir à l'écart des affaires politiques et s'imposer un silence total dont ils ne sortiraient plus jusqu'à leur mort. Leur rôle en Irak ne fut plus désormais que cultuel et culturel. À partir de 1925, avec la mort de cheikh Mahdi al-Khâlisi, le mouvement religieux entama ainsi une longue traversée du désert.

La défaite et la retraite des *mujtahid* furent les conditions nécessaires pour que l'État local puisse s'édifier. La construction étatique que connut l'Irak constituait un choix politique : celui d'une modernité à l'occidentale. Elle consacrait la victoire des projets britanniques sur les forces hostiles à la présence étrangère en Mésopotamie. Dans les rapports de forces locaux, elle symbolisait à la fois la suprématie du pouvoir central et de la ville sur les tribus et les campagnes, la victoire de la classe citadine des *efendi* sur celle des ulémas chiites, enfin la victoire des Arabes sunnites sur les chiites et, plus tard, sur les Kurdes. Composée d'Arabes, de Kurdes et de Turkmènes, la classe des *efendi* regroupait les hauts fonctionnaires et les officiers de l'époque ottomane, ainsi que les grandes familles, en majorité sunnites, qui avaient consolidé leur puissance grâce à la nature confessionnelle de l'État ottoman. Ce groupe, traditionnellement lié au pouvoir, avait fait sienne la revendication nationaliste arabe comme arme contre les Ottomans. La plupart des postes clés au sein de l'État moderne irakien étaient ainsi investis par les membres d'une bourgeoisie arabe sunnite convaincue de jouer un rôle hérité du passé abbasside et ottoman, et lui revenant de plein droit.

La rapidité avec laquelle ces élites dénoncèrent leur allégeance au sultan-calife ottoman pour se mettre au service des Britanniques et de leur projet d'État-nation arabe illustra la rencontre entre deux projets : celui des Britanniques, qui étaient à la recherche de relais locaux pour justifier leur mandat; celui des élites arabes sunnites, pour qui le pouvoir devait leur revenir naturellement, quelle que fût la puissance tutélaire. L'État-nation arabe répondait également à la volonté des sunnites d'Irak d'échapper à leur situation minoritaire au sein de leur pays en se réclamant d'une vaste nation arabe où les sunnites étaient restés majoritaires.

En sens inverse, le projet des dirigeants religieux chiites pouvait être qualifié d'« irakiste » dans la mesure où il visait à préserver l'identité de l'Irak, où les chiites sont largement majoritaires, face à un monde arabe où les chiites sont minoritaires. Les grandes familles d'*ashrâf*, les riches commerçants rivalisant avec les *efendi* pour le pouvoir, les notables des grandes villes, les gros propriétaires terriens, les chefs de tribu les plus puissants, les nationalistes, les rares intellectuels occidentalisés et les officiers irakiens au sein de l'armée ottomane, qui formèrent la colonne vertébrale du parti Al-'Ahd, puis de l'armée chérifienne et irakienne – tous s'engouffrèrent dans cette ouverture que leur offrait le nouvel État à une ascension sociale rapide. Les chiites furent tenus à l'écart des instruments du pouvoir (essentiellement l'armée et le gouvernement), comme ils l'avaient toujours été à l'époque ottomane. Les principaux rouages de l'État furent dominés par des Arabes sunnites, tandis que la hiérarchie religieuse chiite vaincue entama un mouvement de repli sur les villes saintes. Alors qu'au début des années 1920 il était courant d'entendre : « Les tribus sont l'armée des *mujtahid* », il serait plus juste de dire dans les années 1930 : « Les tribus sont l'arme des politiciens. » Dans le cadre du nouvel État, la question chiite n'allait plus être considérée que comme un simple enjeu confessionnel et social.

Ces conceptions étaient à l'opposé des motivations des chefs religieux chiites. Lorsqu'on analyse les fatwas promulguées par les *mujtahid* du début du XXᵉ siècle à l'avènement du régime hachémite en Irak, on distingue cinq constantes : la lutte contre l'influence et la mainmise des puissances occidentales sur les pays musulmans ; le soutien au mouvement constitutionnel en Perse et dans l'Empire ottoman ; le double appel à défendre l'islam et l'État islamique, représenté par l'État ottoman, puis à instaurer un État islamique indépendant en Irak ; les protestations contre les débordements des tribus, notamment la condamnation des razzias bédouines et des attaques wahhabites ; le désir d'associer tous les croyants à la politique.

En même temps qu'elle marquait la défaite du mouvement islamique conduit par les *mujtahid*, l'année 1925 fut celle du rattachement du vilayet de Mossoul au royaume arabe d'Irak, sur une décision de la SDN et en violation des promesses faites aux Kurdes. La question irakienne, qui recouvre une double domination – celle, confessionnelle, des sunnites sur les chiites et celle des Arabes sur les Kurdes –, était désormais posée dans son intégralité.

VIII

Mosaddegh, Kâshâni et la nationalisation du pétrole iranien[1]

Alors que le clergé chiite en Irak commençait une traversée du désert de plusieurs décennies, qu'en était-il en Iran ? Les deux pays présentaient de nombreuses similitudes. À quatre ans d'intervalle, ils connurent l'avènement de deux nouvelles dynasties : les Hachémites à Bagdad, les Pehlevi à Téhéran. Deux pouvoirs mis en place sous le patronage britannique. Sir Percy Loraine joua en Iran un rôle similaire à celui de sir Percy Cox en Irak. En permettant à Reza Khân, un colonel inculte de la brigade cosaque, de devenir Premier ministre, puis de se faire sacrer roi d'Iran sous le nom de Reza Shâh, il installa un régime ami de la Grande-Bretagne. Le nouveau maître substitua le nom d'Iran à celui de Perse.

Dans la région, de nouveaux pouvoirs laïcistes s'étaient imposés sur les ruines des défunts empires musulmans. En particulier, Mustafa Kemal en Turquie avait instauré la république (1923) et aboli le califat (1924). Reza Shâh se voulut son émule en Iran. À travers une série de mesures laïcisantes, le nouveau chah tenta de

---

1. Voir Jean-Pierre Digard, Bernard Hourcade, Yann Richard (dir.), *L'Iran au* xxe *siècle. Entre nationalisme, islam et mondialisation*, Paris, Fayard, 2007.

suivre l'exemple de son voisin turc, mais, il faut le reconnaître, avec beaucoup moins de succès. Ainsi, l'Iran fut le premier et le seul pays musulman à légiférer sur le port du voile islamique, interdit dans la sphère publique à partir de 1936. Reza Shâh s'engagea également dans une politique de marginalisation économique du clergé, dont le statut se trouva rabaissé et dont les membres connurent des humiliations multiples qui les poussèrent souvent à abandonner l'habit clérical.

Cependant, même réduits au silence pour ce qui concernait les affaires politiques, les *mujtahid* n'en continuaient pas moins de jouir en Iran d'un immense prestige. Le chiisme était toujours la religion officielle du pays, tandis qu'un clergé « officiel » prenait place dans les mosquées pour diriger les prières du vendredi. Malgré sa volonté de contrôler l'islam, Reza Shâh permit aux *mujtahid* quiétistes de développer la *hawza*. Cheikh Abdol-Karîm Hâ'iri Yazdi fit ainsi de Qom un centre d'enseignement religieux capable de rivaliser avec Najaf.

Les sympathies pro-allemandes présumées de Reza Shâh pendant la Seconde Guerre mondiale aboutirent à son éviction, toujours sous la pression des Britanniques. Il fut remplacé en 1941 par son fils, Mohammed-Reza Shâh. Atteintes à l'islam à travers une succession de mesures laïcisantes, domination occidentale et régime autoritaire finirent par incarner un seul et même mal aux yeux d'une opinion iranienne bâillonnée. De ce fait, le clergé chiite joua de plus en plus le rôle d'une contre-société.

Devant l'ampleur de la fraude électorale avérée à l'occasion des scrutins successifs, un groupe d'hommes politiques issus de divers partis, parmi lesquels Mohammad Mosaddegh (1882-1967), prirent en 1949 la tête d'une manifestation pacifique devant le palais impérial. Rejoints par d'autres leaders, ils décidèrent de constituer le Front national. Cette formation rassemblant plusieurs partis revendiquait l'annulation des élections législatives de juillet-août 1949 à Téhéran, la liberté de la presse et la fin de la loi martiale. Un nouveau scrutin fut organisé qui permit pour la première fois l'élection de représentants de l'opposition. Parmi les nouveaux élus figurait l'ayatollah Abû'l-Qâsim Kâshâni (1882-1962). Le religieux revint de son exil au Liban et fit une entrée triomphale à Téhéran le 10 juin 1950.

Kâshâni jouissait d'une grande popularité auprès d'une nouvelle génération d'ulémas politisés. Parmi eux, Rûhollâh Khomeyni. D'autres groupes s'étaient tournés vers la violence. C'était le cas des Fedâ'iyân-e Eslâm (« Les Fedayin de l'islam »), un mouvement musulman radical auquel était lié l'auteur d'un attentat raté contre le chah en 1949. Accusé d'être le mentor de ce groupe qualifié de terroriste par les autorités, Kâshâni fut exilé une nouvelle fois. Les Fedâ'iyân-e Eslâm s'étaient constitués pendant la guerre autour d'un jeune mollah surnommé Navvâb-e Safavi, déterminé à combattre les infidèles en Iran, quels qu'ils fussent. Ils commirent plusieurs attentats spectaculaires, dont, en 1951, celui qui coûta la vie au général Razmâra, alors Premier ministre.

Le 15 mars 1951, le Front national réussit à faire voter une décision lourde de conséquences : la nationalisation du pétrole iranien. Le mouvement national, dirigé par Mosaddegh, militait depuis plusieurs années contre la mainmise britannique sur ce pétrole et pour le rétablissement d'un contrôle démocratique sur les institutions. Sous la pression populaire, Mosaddegh devint Premier ministre (de 1951 à 1953). Lors de la nationalisation de l'Anglo-Iranian Oil Company, il préconisa une économie émancipée du « tout-pétrole ». Le chah était alors parti en exil en Italie.

L'idéologie libérale et anticolonialiste de Mosaddegh attirait à lui de nombreux nationalistes. Il cumula bientôt les fonctions de Premier ministre et de ministre de la Guerre, et sa popularité semblait sans limite. Personnage truculent, habile à capter l'attention des médias, lui-même membre de l'aristocratie qâdjâre, il se rendit célèbre pour avoir reçu les journalistes chez lui, étendu sur son lit en pyjama. Pendant plus d'un an, un bras de fer opposa la Grande-Bretagne au gouvernement iranien à propos du caractère légal ou non de la nationalisation. Mais la popularité de Mosaddegh lui valut l'inimitié de ses alliés, notamment religieux. La CIA commença à préparer le terrain en vue d'un coup d'État, tandis que les Britanniques s'employèrent à utiliser contre lui les Fedâ'iyân-e Eslâm. Le putsch orchestré par la CIA se solda, en 1953, par l'arrestation de Mosaddegh et le retour de Mohammed-Reza Shâh en Iran. Ce renversement marqua la fin douloureuse d'un processus national. Adulé par les nationalistes, Mosaddegh allait ensuite être vilipendé par le clergé militant.

La question du rôle du clergé chiite se pose à travers l'attitude de l'ayatollah Abû'l-Qâsim Kâshâni. Parmi les grandes figures cléricales du XXᵉ siècle iranien, il est en effet l'une des plus controversées. Après avoir participé au jihad de 1914-1918, puis à la révolution de 1920 en Irak, Kâshâni avait été l'un des rares ulémas d'Iran à soutenir Reza Khân dans son projet inabouti d'instaurer une république. Comme beaucoup d'autres ulémas et nationalistes en Iran, il fit ensuite profil bas pendant le règne de Reza Shâh (1925-1941). Revenu à l'agitation antianglaise en 1941, il fut fait prisonnier en 1942 par les troupes soviéto-britanniques d'occupation pour « propagande pro-allemande ». Après la guerre, il devint un héros et se lança dans l'arène politique.

Très antibritannique, Kâshâni adhérait sans réserve au combat de Mosaddegh. C'est probablement la véritable raison qui motiva son exil en 1949. Tour à tour allié des libéraux nationalistes et des militants islamiques les plus virulents (Fedâ'iyân-e Eslâm), il fut jusqu'en 1952, aux côtés de Mosaddegh, un leader de la campagne en faveur de la nationalisation du pétrole iranien. Il devint même président du Parlement.

Au début, Kâshâni soutint même Mosaddegh lorsque celui-ci décida de sévir contre les Fedâ'iyân-e Eslâm. Il espérait en retirer un bénéfice concret, notamment la nomination de certains de ses proches à des postes importants. Mais son attente ne fut pas récompensée. Mosaddegh se rapprochant des communistes du parti Tûdeh, un fossé commença à se creuser entre les deux hommes. Les rivalités personnelles et idéologiques entraînèrent finalement une rupture qui facilita le coup d'État d'août 1953 et le retour sur le trône de Mohammed-Reza Shâh. Kâshâni mourut dans l'oubli en 1962, méprisé par les nationalistes.

La ligne qu'il avait défendue semblait se solder par un échec : son soutien à Mosaddegh avait conduit à une impasse et, en favorisant les acteurs du coup d'État, il s'était placé en mauvaise posture face à une opinion iranienne très antiaméricaine. Mais l'ayatollah avait fait le choix de l'action politique, et c'était là l'important : face à un clergé quiétiste peu enclin à prendre des risques, il incarnait le modèle du religieux révolutionnaire s'appuyant sur des militants déterminés. Il préfigurait ainsi les protagonistes de la révolution islamique de 1979.

Kâshâni n'a été réhabilité en Iran qu'après la victoire du clergé lors de la révolution islamique en 1980[1].

---

1. Voir Yann Richard, « Ayatollah Kashani : Precursor of the Islamic Republic ? », *in* Nikki R. Keddie, *Religion and Politics in Iran. Shi'ism from Quietism to Revolution*, Yale University Press, 1983, p. 101-124.

IX

La révolution islamique en marche[1]

À la fin des années 1950, de multiples signes indiquaient qu'une page de l'histoire du clergé chiite allait se tourner et une nouvelle ère s'ouvrir. Les conditions politiques et sociales prévalant en Iran et en Irak suscitèrent l'émergence d'un nouveau type d'ulémas chiites ; la traversée du désert allait bientôt prendre fin.

La « Révolution blanche » comme catalyseur

Sous le règne de Mohammed-Reza Shâh, l'alliance entre l'Iran et les États-Unis se renforça au point de faire de l'ancienne Perse le « gendarme du Golfe ». Il s'agissait alors de protéger les intérêts occidentaux dans cette région stratégique. À l'intérieur, la répression ne faiblissait pas face à toutes les oppositions – marxiste, nationaliste, religieuse, libérale. L'élection du démocrate John Fitzgerald Kennedy à la présidence en 1961 conduisit les États-Unis à faire pression sur le chah pour qu'il s'engage dans

---

1. Voir Jean-Pierre Digard, Bernard Hourcade, Yann Richard (dir.), *L'Iran au xxᵉ siècle, op. cit.* ; Yann Richard, *L'Islam chiite, op. cit.* ; Yann Richard, *L'Iran. Naissance d'une république islamique*, Paris, La Martinière, 2006 ; et Yann Richard, *L'Iran de 1800 à nos jours*, Paris, Flammarion, coll. « Champs Histoire », 2009.

des réformes, à défaut d'une réelle démocratisation. En 1962, un train de mesures appelé « Révolution blanche », incluant une réforme agraire et l'octroi du droit de vote aux femmes, fut imposé d'en haut. Mohammed-Reza Shâh entendait faire avaliser ce programme par un référendum ; les résultats en étaient connus d'avance, vu la fraude institutionnalisée qui avait marqué les scrutins précédents.

Le clergé chiite était depuis longtemps un très grand propriétaire terrien en Iran. Il se sentit à juste titre visé par ces réformes, qui lui ôtaient une part importante de ses prérogatives traditionnelles, notamment les revenus issus de la détention de grands domaines fonciers, sans parler du contrôle de l'éducation et du statut personnel – les lois gérant le statut des personnes (mariage, divorce, héritage, etc.). Pourtant réputé pour son quiétisme, l'ayatollah Burûdjerdi (mort en mars 1962) commença à donner de la voix pour exprimer son opposition à la politique gouvernementale. En protestation contre la « Révolution blanche », les étudiants de la *hawza* entamèrent une série de manifestations avec à leur tête un *sayyid* âgé d'une soixantaine d'années : Rûhollâh Khomeyni.

Khomeyni, un uléma révolutionnaire face au régime impérial

Khomeyni incarnait l'émergence d'un nouveau type d'uléma en Iran. Moins guidé par sa science présumée (l'obtention de sa licence d'*ijtihâd* demeure sujette à caution) que par son activisme politique, il faisait de l'islam un langage politique, ce qui le distinguait de ses illustres prédécesseurs, pour qui l'implication des religieux en politique n'était licite qu'en riposte à une menace majeure contre l'islam. Voué au militantisme, l'islam de Khomeyni devenait une idéologie politique révolutionnaire et traduisait, à ce titre, le processus de sécularisation en cours. En ce sens seulement peut-on parler d'« islamisme », car, on l'a vu, Khomeyni ne fut pas, loin s'en faut, le premier des *mujtahid* à s'impliquer en politique. Son attitude à cet égard différait de celle des grands *marja'* combattants du début du XXᵉ siècle en ce qu'il investissait le champ politique par le religieux au moins autant qu'il intégrait des principes politiques au champ religieux. Khomeyni, on le verra, est celui qui a mené à son stade ultime la longue marche des *mujtahid usûli* vers le pouvoir.

Rûhollâh Khomeyni (1902-1989) est né à Khomeyn, près d'Ispahan. Parce que son grand-père avait un temps fait du commerce avec l'Inde, la famille était parfois surnommée « Hindi ». À partir de 1919, Khomeyni fit ses études sous la direction de l'ayatollah Abdol-Karîm Hâ'iri Yazdi à Sultânâbâd, puis à Qom dès 1922. À la mort de Hâ'iri-Yazdi en 1937, il commença à enseigner. Très vite, il se spécialisa en *kalâm* (théologie spéculative), *akhlâq* (éthique), philosophie et *'irfân* (gnose). La *hawza* de Qom était certainement l'un des rares lieux dans le monde musulman où l'on osait commenter les traités philosophiques d'Aristote ou d'Ibn Sîna (Avicenne) et où la tradition post-platonicienne était vivante. Jusqu'au début des années 1950, Khomeyni y était particulièrement connu pour son cours de philosophie. Après la révolution islamique, il continua de citer dans ses discours les textes de Molla Sadra (mort en 1640), l'un des plus brillants représentants de la tradition philosophique islamique iranienne. En 1943 déjà, il avait publié un livre intitulé *Kashf al-Asrâr* (« Le Dévoilement des secrets »), dans lequel il condamnait le gouvernement de Reza Shâh et affirmait qu'une monarchie devait être limitée par la *sharî'a* telle qu'interprétée par les *mujtahid*. Il allait même jusqu'à préférer le pouvoir des *mujtahid* à celui d'un roi. Durant la période de la *marja'iyya* de l'ayatollah Burûdjerdi,

Khomeyni demeura relativement silencieux sur le plan politique. Mais, à partir de 1960, quand Burûdjerdi commença à prendre position dans ce domaine, puis après la mort de ce dernier, ses leçons d'éthique à Qom se firent l'expression de critiques ouvertes contre le gouvernement.

C'est donc en 1962 que Khomeyni, alors inconnu hors des cercles de théologiens musulmans de Qom, prit la tête de la résistance des religieux aux réformes du chah. Il réunit les plus grands *marja'* de la ville et les persuada d'appeler au boycott du référendum destiné à légitimer la « Révolution blanche ». Avant le scrutin, il s'était opposé à la loi électorale accordant le droit de vote aux femmes et prévoyant que les élus prêteraient serment « sur le Livre sacré », le Coran n'étant pas explicitement nommé. Ce serment semblait annoncer une reconnaissance légale du bahaïsme[1] ; or les ulémas refusaient de reconnaître aux bahaïs iraniens une place de citoyens à part entière, ces derniers étant pour la plupart d'anciens musulmans, donc « coupables » d'apostasie. Le clergé était aussi hostile à la nouvelle étape de la réforme agraire, qui l'obligeait à vendre les *waqf* gérés par lui et à renoncer en partie à son indépendance financière.

En janvier 1963, Mohammed-Reza Shâh effectua à Qom une visite qui fut perçue comme une provocation. Il fustigea publiquement la « réaction noire » dans la ville sainte, désignant ainsi le clergé comme un adversaire. La riposte de Khomeyni intervint à l'occasion du nouvel an iranien, *Nôrûz*. Il décréta que les célébrations, prévues le 21 mars 1963, seraient annulées en signe de protestation contre le gouvernement. Devant de nombreux pèlerins réunis à l'intérieur de l'école Fayziyeh, il s'exclama : « N'ayez pas peur de ces baïonnettes rouillées et usées, car elles vont bien-

---

1. Le bahaïsme, considéré comme une hérésie de l'islam chiite, était exclu du pluralisme religieux, limité aux « religions du Livre » : Églises chrétiennes, judaïsme, zoroastrisme…

tôt se briser! L'État ne peut opposer des baïonnettes à la volonté d'une grande nation! »

Le théologien s'engageait ainsi sans coup férir dans un engrenage d'affrontement politique. Arrivée en force sur les lieux, la police matraqua sans ménagements les ulémas. La presse officielle présenta les événements comme des heurts entre les partisans de la réforme et les réactionnaires qui s'y opposaient. Khomeyni continua de dénoncer le programme du chah en publiant une déclaration portant les signatures de huit *marja'* importants, dans laquelle il stigmatisait les différentes façons dont le chah avait violé la Constitution ainsi que la corruption des mœurs grandissante, et accusait Mohammed-Reza Shâh de se soumettre aux États-Unis et à Israël.

Puis vinrent les commémorations de *muharram*. Le 3 juin 1963, le deuil rituel tourna à l'émeute contre le gouvernement; la police ne put intervenir, tant la foule était dense. Khomeyni refusa toute tentative de conciliation. Depuis l'école Fayziyeh, devant une assistance nombreuse, il apostropha le chah et prédit même sa fin. Le comparant au calife omeyyade Yazîd, symbole de la tyrannie aux yeux des chiites, il exhorta la population à se mobiliser. À Téhéran, une marche de plus de 100 000 personnes reprit le slogan : « Mort au dictateur! Longue vie à Khomeyni! »

Deux jours plus tard, le 5 juin, Khomeyni fut arrêté. Les manifestations de soutien qui s'ensuivirent immédiatement furent réprimées par les armes, faisant des centaines de victimes. La loi martiale fut à nouveau instaurée. La rupture entre le régime impérial et le clergé était consommée. Le mouvement, connu en Iran sous le nom de « soulèvement du 15 *khordâd* » (5-6 juin 1963) – de nombreuses avenues, rues et places de villes iraniennes portent aujourd'hui ce nom –, illustrait bien le fait que le clergé militant était devenu une force politique incontournable.

C'est alors que la *marja'iyya* décida de coopter Khomeyni pour en faire un des siens. L'ayatollah Sharî'atmadâri (mort en 1986) suggéra qu'il soit proclamé *marja'*. Pour obtenir sa libération, les principaux ayatollahs firent savoir qu'ils reconnaissaient en lui un grand ayatollah susceptible d'être imité. Une fois reconnu ayatollah, Khomeyni était en principe devenu intouchable. Malgré cela, il fut incarcéré comme s'il allait être jugé et exécuté. À la suite d'un compromis passé avec le chef de la SAVAK, la police politique du chah – et toujours nié par Khomeyni –, le religieux fut libéré le 7 avril 1964 et assigné à résidence.

Mais la tension resta palpable. En octobre 1964, le Parlement adopta une loi accordant l'immunité diplomatique, c'est-à-dire l'extraterritorialité juridique, au personnel militaire américain en Iran. Les Iraniens eurent le sentiment d'être revenus aux capitulations du début du siècle. Seul Khomeyni dénonça publiquement la mesure lors d'un sermon prononcé le 27 octobre. Une semaine plus tard, le 4 novembre, il fut embarqué par des agents de la SAVAK et exilé en Turquie. Il demeura quelques mois à Bursa, d'où il gagna Najaf en octobre 1965.

Dans la ville sainte irakienne, où il devait s'établir pendant treize années, Khomeyni recouvrit une liberté de parole dont il ne se priva pas d'user. Ses communications avec ses fidèles iraniens étaient certes entravées, mais il tissa rapidement un réseau d'agents qui, passant par l'Europe, purent les maintenir. Le désormais « ayatollah Khomeyni » commença à enseigner le *fiqh* à la *madrasa* de cheikh Murtaza Ansâri. C'est là qu'il rédigea un traité savant de *fiqh* en cinq volumes sur les transactions, dans lequel il condamnait sans appel les principes du gouvernement démocratique et ceux de la monarchie constitutionnelle. Récusant le suffrage universel comme seule source de légitimité, il fustigeait sans détour les concepts de laïcité et de sécularisation. Il développa la même idée au cours de leçons dispensées à Najaf en persan. Entre le 21 janvier et le 8 février 1970, il donna une série de cours sur la *wilâyat al-faqîh*; retranscrits vers 1971 par des étudiants de la *hawza*, ils furent regroupés dans un livre intitulé *Hokûmat-e eslâmi* (« Le Gouvernement islamique »). Celui-ci fut aussitôt diffusé clandestinement en Iran. À sa lecture, on ne pouvait qu'être frappé par la radicalisation de la pensée politique de Khomeyni depuis son exil en 1964. Dans ses leçons, il exposait clairement sa conception de la *velâyat-e faqîh*[1], la gouvernance du théologien reconnu comme le plus savant de son époque, concept qui devait devenir la clé de voûte de la Constitution iranienne de 1979.

La *wilâya*, c'est-à-dire l'autorité politique, était, selon le dogme chiite duodécimain, un attribut majeur et exclusif des Imams chiites infaillibles. Le XXᵉ siècle avait vu fleurir chez les dignitaires chiites de multiples théories de l'État. Le débat constitutionnel (1905-1911) avait été à cet égard le plus riche en extrapolations dogmatiques de toutes sortes. Mais l'idée selon laquelle le *faqîh*, le jurisconsulte, pouvait être le *nâ'ib 'âmm* (représentant général) de l'Imam avait fait son chemin. Khomeyni reprit un fil que plusieurs ulémas avaient tendu durant les décennies de la traversée du désert, entre l'époque de la *marja'iyya* combattante du début du XXᵉ siècle et celle des *mujtahid* militants des années 1960-1970. Parmi eux figurait cheikh Muhammad al-Khâlisi (mort en 1963), fils de l'ayatollah Mahdi al-Khâlisi, qui développa en l'étendant le concept de « représentant général » de l'Imam caché. Khomeyni en fit une revendication révolutionnaire à double titre : parce qu'elle l'était aux yeux de l'immense majorité des *mujtahid*, réticents ou hostiles au régime en place, et parce qu'elle servit à légitimer une véritable révolution.

---

1. Prononciation persane de l'expression arabe *wilâyat al-faqîh*.

Selon cette théorie, les ulémas ont reçu la mission, héritée du Prophète, de prendre en charge la gouvernance de la Cité terrestre en attendant le retour de l'Imam caché. Ils doivent instaurer un gouvernement islamique à la tête duquel ils désigneront soit l'un d'entre eux, soit un collège de plusieurs *mujtahid*. Ce gouvernement devra veiller à l'application de la *sharî'a*, à la perception des taxes religieuses et à la défense du territoire de l'islam.

La boucle était bouclée : après un processus long de plusieurs siècles et qui s'était soudain accéléré depuis la victoire du courant *usûli*, une partie du clergé réclamait le pouvoir politique pour lui-même, donnant une définition de plus en plus politique de la fonction cléricale. La béance mystique qui caractérisait le pouvoir politique dans le dogme duodécimain en période d'Occultation laissait la place à une véritable théorie cléricale du pouvoir et de l'État.

Khomeyni n'était pas la seule figure cléricale engagée en politique. À côté de lui, d'autres *mujtahid* avaient déjà acquis une réputation militante en Iran. L'ayatollah Mahmûd Tâleghâni (mort en 1979) incarnait ainsi un islam progressiste qui le fit considérer plus tard comme l'inspirateur du groupe des Moudjahidin du peuple (*Modjâhedîn-e Khalq*), organisation musulmane née après les événements de 1963 et revendiquant un islam « progressiste ». Il faut également mentionner Husayn Ali Montazeri (1922-2009), qui, après l'exil de Khomeyni en 1964, fut en première ligne dans la lutte contre le régime du chah, bien qu'il eût été emprisonné à plusieurs reprises.

Un nouveau venu : l'intellectuel musulman militant

La tonalité nationale et anti-impérialiste du discours de ces nouveaux ulémas fut remarquée par des intellectuels tiers-mondistes et progressistes qui se joignirent au clergé pour dénoncer le laïcisme occidental. L'écrivain et essayiste Jalâl Âl-e Ahmad (1923-1969) fut le plus célèbre d'entre eux. Aux yeux de nombreux intellectuels engagés, le réveil d'un sentiment religieux politisé était le meilleur antidote à l'occidentalisation forcée du régime pehlevi ; il semblait indiquer que l'islam pouvait constituer une réponse collective au défi de la modernité et que le clergé était le mieux placé pour diriger la Cité puisque le mieux prémuni contre toute compromission avec l'État impie. Cette vision pouvait aussi déboucher sur un certain anticléricalisme religieux alimenté par l'opposition au conservatisme de la majorité des *mujtahid*.

Ali Sharî'ati (1935-1977) est la figure emblématique la plus reconnue de ces intellectuels musulmans militants dont l'émergence à côté du clergé illustrait indéniablement un processus de sécularisation en cours[1]. Désormais, l'interprétation de la *sharî'a* n'était plus le privilège exclusif des *mujtahid*. Fils d'un uléma défroqué par la laïcisation intervenue sous le règne de Reza Shâh, Ali Sharî'ati a hérité lui aussi de l'idéologie nationaliste libérale et anticolonialiste de Mosaddegh. Après des études universitaires « modernes », il a séjourné en France pendant cinq années qui coïncidèrent avec la fin de la guerre d'Algérie. C'est au cours de ce séjour qu'il prit conscience de la puissance mobilisatrice de l'islam dans les luttes anticoloniales. À Paris, il fréquenta les islamologues Louis Massignon et Jacques Berque, ainsi que l'essayiste et militant anticolonialiste Frantz Fanon. Il lut aussi assidûment le célèbre iranologue Henry Corbin. De retour en Iran en 1964, il devint un conférencier populaire. Ses prises de position l'amenèrent à être arrêté et emprisonné en 1973. Libéré deux ans plus tard, il réussit à quitter l'Iran, mais mourut en 1977 à Londres d'une crise cardiaque à l'âge de quarante-quatre ans – selon ses partisans, il fut plutôt victime d'une action de la SAVAK. Ali Sharî'ati est enterré à Damas près du mausolée de Sayyida Zaynab, visité par de nombreux pèlerins iraniens.

---

1. Sabrina Mervin (dir.), *Les Mondes chiites et l'Iran*, Paris, IFPO et Karthala, 2007.

Pour Ali Sharî'ati, il était possible de lire le Coran différemment du clergé. Il se montra un adversaire implacable du clergé chiite, qu'il accusait d'avoir trahi le chiisme des origines. Selon lui, le conservatisme figé du clergé avait fait de l'islam une religion littéraliste, inadaptée aux problèmes du temps. Il préconisait ainsi un régime politique guidé par des élites savantes émancipées des pesanteurs du clergé. D'une certaine façon, il voyait le chiisme comme une traduction culturelle du marxisme, une doctrine subversive dont l'Imam Husayn tout autant que Che Guevara faisaient partie des saints. Son slogan préféré – « Chaque jour est *'Ashûra*, chaque terre est Karbala » – illustrait bien le militantisme révolutionnaire du jeune intellectuel. Il reprit à son compte l'expression de Jalâl Âl-e Ahmad dans son livre *Occidentalite : la peste de l'Occident*, publié clandestinement en 1962. *Gharbzadegi* est un terme persan péjoratif qui peut être traduit par « occidentoxication » ou « occidentalite ». Il est utilisé pour désigner la perte de l'identité culturelle iranienne découlant de l'adoption et de l'imitation des modèles et des critères occidentaux dans l'éducation, les arts et la culture, à la faveur de la transformation de l'Iran en marché passif pour les biens de consommation occidentaux et en simple pion dans la géopolitique de l'Occident. Inventé par Ahmad Fardid, professeur à l'université de Téhéran dans les années 1940, ce terme fut popularisé par le livre de Jalâl Âl-e Ahmad. Pour Fardid, l'Occident était coupable d'avoir réduit la catégorie du divin aux dimensions de la rationalité la plus sèche, ce qui, selon lui, ne pouvait conduire qu'au nihilisme.

Ali Sharî'ati fut par la suite récupéré par le clergé khomeyniste aussi bien que par les plus farouches opposants de ce dernier, les Moudjahidin du peuple. Cette organisation, qualifiée de « marxiste-islamique » par le gouvernement du chah, allait devenir célèbre pour ses menées terroristes à partir de 1971 (notamment des actions violentes contre le régime du chah et un entraînement dans les camps palestiniens au Liban).

Najaf, pépinière de cadres
pour les mouvements « islamistes » chiites

C'est sous le régime d'Abd al-Salâm Aref (1963-1966) que Khomeyni décida de s'installer dans la première ville sainte d'Irak, où il trouva un environnement des plus favorables à son action. C'est donc à partir de Najaf qu'il prépara la révolution islamique en Iran.

Najaf et Karbala connaissaient alors une véritable renaissance religieuse. D'abord intellectuel et culturel, ce mouvement aboutit rapidement à l'affirmation d'une direction à la fois religieuse et politique où la *marja'iyya* et le mouvement islamiste se confortaient mutuellement. C'est à cette époque en effet que se développa le premier parti islamiste chiite d'Irak, le parti Da'wa (« Appel à l'islam »). Créé à la fin des années 1950 – en 1957, d'après ses dirigeants –, probablement par de jeunes ulémas protégés par Muhsin al-Hakîm, il comptait parmi ses fondateurs Muhammad Mahdi al-Asefi et cheikh Mahdi al-Khâlisi, le petit-fils de l'ayatollah du même nom qui avait dirigé la lutte contre le mandat britannique au début des années 1920. Muhammad Bâqir al-Sadr, dont il va bientôt être question, n'aurait eu, lui, qu'une relation distante avec le parti Da'wa. Malgré l'encombrant parrainage de l'Iran du chah, ce parti islamiste devint par la suite le plus « irakien » de tous, c'est-à-dire le plus indépendant par rapport au pays voisin. La transformation du mouvement religieux en parti politique illustrait bien l'idéologisation en cours de l'islam.

Les deux principales villes saintes irakiennes constituaient alors une pépinière de futurs cadres pour les mouvements qualifiés par les pays occidentaux d'« islamistes » du Liban à l'Iran, en passant par le Golfe. Parmi les jeunes ulémas militants présents à Najaf figuraient Muhammad Bâqir al-Sadr, qui reprit à son compte la théorie de Khomeyni sur la *wilâyat al-faqîh*; sayyid Muhammad Husayn Fadlallâh, né à Najaf en 1935, futur mentor du Hezbollah libanais, qui demeura à Najaf jusqu'en 1966; sayyid Mahmûd al-Hâshimi (appelé Shahrûdi en Iran), né à Najaf en 1948, arrêté et torturé avec d'autres partisans de Muhammad Bâqir al-Sadr en 1974 et qui quitta l'Irak en 1980 pour l'Iran, où il fut promu chef de l'institution judiciaire iranienne et membre du Conseil des experts[1]; les fils de l'ayatollah Muhsin al-Hakîm, Mahdi et Muhammad Bâqir al-Hakîm, qui dirigèrent des mouvements islamiques en Irak dans la foulée de la révolution islamique iranienne.

À Karbala, l'ayatollah Muhammad Shîrâzi, né à Najaf en 1928 et exilé au Liban avant de s'installer à Koweït en 1971, serait le futur *marja'* des chiites du Golfe. Parents des Shîrâzi, les frères Mudarrisi, Muhammad Taqi Mudarrisi, né en 1945 dans la ville de l'Imam Husayn, et Muhammad Hâdi Mudarrisi, créèrent en 1961 le Mouvement du message, rebaptisé Organisation de l'action islamique en 1979; cette organisation clandestine, qui avait d'amples ramifications parmi les chiites de Bahreïn et d'Arabie Saoudite, se fit connaître par des attentats à Bagdad contre le second régime baassiste. Outre Muhammad Shîrâzi (leur oncle, mort en 2001 à Qom), cette famille a donné plusieurs *marja'* importants, comme les ayatollahs Sâdiq Shîrâzi (un autre oncle), le grand ayatollah Ali Sabzevâri (leur cousin) ou sayyid Abdu'l-Hadi Shîrâzi (leur grand-oncle).

---

1. Il est aujourd'hui pressenti comme un futur Guide possible de la République islamique après l'ayatollah Ali Khamenei.

C'est ainsi que le réveil du mouvement religieux aboutit à une revendication islamiste. Pour la première fois en Irak, une fraction du clergé réclamait le pouvoir. Les relations entre le mouvement islamiste et la *marja'iyya* étaient celles de disciples à maîtres. L'autorité du *marja'* n'avait jusqu'alors jamais été remise en cause ; au contraire, sa bénédiction publique ou occulte était toujours recherchée. Mais une certaine concurrence avait pu se faire jour à l'époque où d'importants *marja'* inspiraient directement les mouvements islamistes. Ce fut le cas avec Khomeyni et Muhammad Bâqir al-Sadr. L'ombre de ce dernier, que sa stature promettait à un destin éminent, dominait le mouvement religieux. En Irak comme à l'extérieur, tous les islamistes chiites se réclamaient de lui.

Le réveil de l'institution religieuse, dès la fin des années 1950, fut aussi lié à la présence de la *marja'iyya* dans la ville sainte. En effet, en 1962, après la mort en Iran de l'ayatollah Burûdjerdi, le chah, désireux d'éloigner la direction religieuse chiite – il était alors aux prises avec un mouvement islamique menaçant –, avait fait pression pour que le nouveau *marja' a'la* soit un *mujtahid* arabe de Najaf, l'ayatollah Muhsin al-Hakîm (1889-1970). Appartenant à la génération qui avait connu à la fois la défaite du mouvement religieux dans les années 1920 et son repli consécutif dans les villes saintes, ce grand religieux avait toujours préconisé que les ulémas conservent une certaine réserve en matière politique. Mais il appelait aussi à une campagne visant à former les jeunes générations aux valeurs de l'islam. C'est sous son patronage que le mouvement de renaissance islamique prit son essor dans les années 1960. Les rôles se répartirent entre les plus grands *marja'*, comme Muhsin al-Hakîm ou Abû'l-Qâsim al-Khû'i (1899-1992) – réputés quiétistes, ils privilégiaient le développement de la *hawza* –, et d'autres ulémas plus militants, tels Khomeyni et Muhammad Bâqir al-Sadr, auxquels les *marja'* accordèrent tacitement leur protection pour mener une action politique.

La renaissance dont témoignaient les villes saintes d'Irak était avant tout due à des facteurs internes à ce pays. En premier lieu, elle se manifesta en réaction à l'influence des idées communistes. Avec l'arrivée d'une nouvelle génération d'ulémas, la riposte des religieux face au défi représenté par un Parti communiste au faîte de sa puissance se traduisit par la mise en place d'un réseau visant à reconquérir la jeunesse chiite. Le mouvement fut d'abord intellectuel : ainsi, l'Association des ulémas combattants, qui vit le jour en 1959, se voulait essentiellement culturelle. Najaf, il faut le rappeler, était devenue un des hauts lieux du Parti communiste, au sein duquel militaient de nombreux fils d'ulémas. Les énormes manifestations dont la ville sainte avait été le théâtre sous le régime de Qassem (1958-1963) avaient fini par convaincre les plus grands *marja'* de sortir de leur silence.

Mais, très vite, le véritable adversaire des ulémas chiites se révéla être le parti Baas, qui s'empara du pouvoir pour la seconde fois en 1968. Peu avant l'effondrement, en 1963, de la représentation des chiites dans ce parti, le clergé avait commencé à reprendre sa place, entre-temps occupée par les communistes, au sein de la communauté chiite. Tous les régimes irakiens avaient appris à cohabiter avec une rébellion kurde endémique. Le mouvement religieux chiite qui renaissait apparut au nouveau régime baassiste comme une menace bien plus grave. Entamant son retour sur la scène politique, il ressemblait peu à celui qui avait mobilisé la société irakienne dans les années 1910 et 1920, quand il recrutait essentiellement dans les tribus des campagnes. Sa base était désormais constituée par les habitants des grandes villes qui avaient fui en masse les campagnes chiites à partir des années 1930.

Suivant une tendance générale en terre d'islam, le mouvement religieux entretenait dorénavant avec la politique un nouveau rapport, marqué par une idéologisation affirmée. L'islam devint le langage d'un combat politique et social. Mais, à l'inverse de ce qui se passait chez les sunnites, chez les chiites ce furent des ulémas qui se firent les promoteurs de ce nouvel islam politique.

Le retour de la question irakienne

Quelles furent, sur la longue durée, les raisons du réveil du mouvement religieux ? Au moment de l'instauration de la république, en 1958, l'État irakien avait manifesté son incapacité à surmonter les divisions confessionnelles. Certes, les lendemains de la révolution avaient vu l'engagement massif d'Irakiens de toutes les communautés dans des partis idéologiques interconfessionnels. Ainsi, si les chiites s'étaient engagés en aussi grand nombre dans les rangs du Parti communiste, c'était avant tout, pensait-on, parce qu'ils constituaient les classes les plus défavorisées. Mais d'autres chiites n'avaient-ils pas rejoint le Baas au nom du nationalisme arabe ? Les conflits internes à ce parti n'étaient-ils pas d'abord idéologiques, ou motivés par la concurrence entre civils et militaires en son sein ?

Avec le recul, il apparaît clairement que le ralliement du Parti communiste à Qassem contre les projets d'union arabe manifestait déjà le refus de la plupart des chiites de voir l'Irak, où ils étaient majoritaires, perdre sa spécificité. La puissance dont jouissait alors le Parti communiste dans le pays s'explique certainement par sa rencontre avec la communauté chiite, avec laquelle il partageait des thèmes de mobilisation communs : refus d'un pouvoir illégitime et despotique, nécessité de se révolter contre l'injustice. À tel point que le communisme en vint à figurer une version moderne du chiisme.

Le divorce entre les chiites et le Baas, en 1963, est exemplaire de la façon dont les enjeux confessionnels se sont longtemps exprimés en Irak. Les clivages confessionnels étaient presque toujours masqués, car l'identité religieuse restait taboue. Régnait encore l'illusion que le nationalisme arabe et la réforme sociale pourraient remédier à l'exclusion politique et sociale des chiites. Le premier coup d'État baassiste, en 1963, ne revêtait pas un caractère confessionnel conscient, mais, du fait du jeu des solidarités régionales et des liens corporatistes avec l'institution militaire, ses conséquences ramenèrent les termes de la question irakienne sur le devant de la scène. La répression anticommuniste prit rapidement des allures de répression antichiite. Au sein du Baas, les militaires étaient presque tous sunnites. Les chiites représentaient l'aile civile du parti. Or c'était bien l'armée qui détenait les clés du pouvoir. En quelques semaines, la représentation chiite au sein du Baas s'effondra, tandis que les militaires s'imposaient.

La République ne permit pas aux exclus du système politique, chiites et Kurdes, d'accéder au pouvoir. Les régimes républicains successifs se trouvèrent confrontés à l'impossibilité de remplacer les élites qui avaient servi de classe politique sous la monarchie hachémite. En l'absence d'élites stables, ce furent les solidarités régionales arabo-sunnites, issues de petites et moyennes villes de province, qui, au lendemain de la révolution de 1958, devinrent les seules garantes du système. En s'appuyant sur elles, qui n'avaient plus grand-chose à voir avec les solidarités traditionnelles des anciennes tribus, un certain nombre de groupes tentèrent tour à tour, à partir de 1963, d'investir l'armée, l'État et le parti Baas. De par leur position dans l'armée, les Takrîti jouissaient d'un avantage décisif; le second coup d'État baassiste les amena au pouvoir le 17 juillet 1968.

Muhammad Baqîr al-Sadr, le « Khomeyni d'Irak »

Parmi les jeunes ulémas présents à Najaf, il en est un qui marqua profondément la scène religieuse, intellectuelle et politique, et qui joua un rôle central dans le réveil du mouvement religieux : Muhammad Bâqir al-Sadr (1935-1980).

La famille Sadr était célèbre dans le monde chiite. L'arrière-grand-père de Muhammad Bâqir al-Sadr, Sadr al-Dîn al-Âmili (mort en 1847), avait grandi dans un village du Sud-Liban, puis était parti étudier successivement à Ispahan et à Najaf. Son grand-père, Ismâ'îl al-Sadr, était né à Ispahan en 1842. Il s'était installé à Najaf, puis à Sâmarra, où il était devenu un proche de l'ayatollah Hasan Shîrâzi, auteur de la fatwa interdisant la consommation de tabac en Iran. Enfin, son père, Haydar, né à Sâmarra, étudia à Karbala, mais mourut dans un dénuement total.

Muhammad Bâqir al-Sadr est né en mars 1935 à Kâzimayn. C'est là qu'il fréquenta l'école primaire. En 1945, la famille partit pour Najaf, où Sadr devait rester jusqu'à sa mort. Il s'y trouva confronté au défi de l'influence communiste en milieu chiite. Sa première publication date de 1955. Il s'agissait d'un retour sur un événement – l'héritage après la mort du Prophète d'une terre, Fadak, ayant opposé Fâtima, sa fille, au premier calife, Abû Bakr – dont l'interprétation devint ensuite traditionnellement une pomme de discorde entre chiites et sunnites.

Auteur prolixe et militant, Muhammad Bâqir al-Sadr rédigea un nombre impressionnant d'ouvrages sur les thèmes les plus variés, toujours dans la volonté de démontrer la supériorité de l'islam sur les autres idéaux, qu'ils soient démocratiques, occidentaux, marxistes ou socialisants. Alors que le Parti communiste était au sommet de sa puissance, il s'attacha à réfuter le marxisme, le matérialisme et la dialectique au nom des principes de la religion. Puis, quand la vague communiste reflua, il entreprit de décrire les fondements d'une économie islamique, rejetant dans une même condamnation capitalisme et socialisme. Dans d'autres ouvrages, il aborda les questions du pouvoir en islam, de la femme musulmane, de la crise de l'agriculture irakienne, de l'éducation et de la banque islamique sans usure. Conscient des lacunes de la pensée islamique d'alors dans de nombreux domaines, il s'efforça de jeter les bases de théories politiques et économiques où l'islam apparaissait comme l'unique recours pour résoudre les problèmes auxquels était confronté l'Irak. Dans le même temps, Muhammad Bâqir al-Sadr engagea une action de grande envergure pour sortir la *marja'iyya* de son isolement. Le premier signe de ce réveil apparut en 1960, lorsque l'ayatollah Muhsin al-Hakîm, se départant de sa réserve, promulgua un décret religieux interdisant aux musulmans d'adhérer au Parti communiste sous peine d'anathème.

L'ayatollah Muhammad Bâqir al-Sadr s'imposa si bien comme le chef du mouvement de renaissance islamique que, à la fin des années 1970, ce courant parut en mesure de menacer le pouvoir baassiste. La succession de l'ayatollah Muhsin al-Hakîm passa alors à deux religieux : l'ayatollah Abû'l-Qâsim al-Khû'i, un Iranien résidant à Najaf, qui remplaça Muhsin al-Hakîm comme dirigeant du chiisme et se refusa à toute prise de position politique ; Muhammad Bâqir al-Sadr, ce jeune uléma arabe qui allait vite faire figure de « Khomeyni d'Irak ».

L'engrenage de l'affrontement entre le clergé chiite et le Baas

De son côté, à Najaf, Khomeyni préparait la révolution islamique iranienne. L'arrivée au pouvoir du tandem Ahmad Hasan al-Bakr/Saddam Hussein marqua le début de la confrontation entre le gouvernement et le clergé. Le nouveau régime baassiste s'illustra par de nombreuses provocations à l'égard des religieux, montrant qu'il ne tolérerait pas le maintien d'institutions dont le contrôle lui échappait ni une propagande opposant les principes de l'islam à la laïcité et au nationalisme arabe. Des manifestations religieuses de plus en plus massives se succédèrent dans les années 1970, période pendant laquelle l'affrontement entre le gouvernement et la *marja'iyya* devint une donnée fondamentale de la vie politique irakienne.

Dès son avènement, le second régime baassiste s'employa à priver les ulémas des sources de revenus traditionnelles qui leur permettaient de développer leurs réseaux d'influence, au moment même où la hiérarchie religieuse s'efforçait de retrouver une place prédominante au sein de la société après avoir travaillé à sa réislamisation sous le patronage de Muhsin al-Hakîm. Celui-ci, on s'en souvient, passait pour être hostile à l'implication des ulémas en politique. Ses rapports avec le nouveau gouvernement se tendirent lorsque ce dernier tenta de faire barrage à sa volonté de développer les écoles et autres institutions islamiques. En avril 1969, le président Ahmad Hasan al-Bakr lui rendit visite à Najaf et exigea de lui qu'il condamne publiquement le gouvernement iranien – la tension entre Bagdad et l'Iran du chah était alors à son comble, avec le statut frontalier du Shatt al-Arab comme principale pomme de discorde. L'ayatollah al-Hakîm refusa, invitant au contraire les pèlerins iraniens à aller encore plus nombreux dans les villes saintes chiites. La répression qui s'ensuivit fut le premier d'une série d'affrontements qui allaient dégénérer en quasi-guerre civile à la fin des années 1970. Le gouvernement irakien arrêta de nombreux ulémas dans les villes saintes et confisqua les fonds des écoles religieuses et des *waqf* à Koufa. La haine confessionnelle ne tarda pas à s'exprimer.

Les conceptions discriminatoires propres à la nationalité ira-kienne avaient survécu à tous les régimes, à toutes les révolutions, à tous les coups d'État. Elles ressurgirent dès le début du second régime baassiste, entraînant une première vague de déportations vers l'Iran de chiites d'origine iranienne et d'Irakiens de « ratta-chement iranien ». Jusqu'à sa chute, le régime de Saddam Hussein a entretenu l'idée selon laquelle les chiites ne sont ni de vrais Ira-kiens ni de vrais Arabes. Les premières déportations visèrent ceux qu'on appelle les Kurdes Fayli, qui cumulaient le double handi-cap d'être à la fois kurdes et chiites. Ils furent expulsés vers l'Iran par milliers à partir de 1969. Deux ans plus tard, une nouvelle campagne de déportation s'abattit sur les étudiants de la *hawza* de Najaf, ainsi que sur les chiites des autres villes saintes et de Bagdad. Cette politique suscita de nombreuses protestations, dont l'un des leaders fut Muhsin al-Hakîm en personne. Le gouverne-ment riposta en arrêtant l'un de ses fils, Mahdi al-Hakîm, qu'il accusa d'être un espion israélien. Il confisqua tous les biens des ulémas et interdit les processions religieuses chiites. Condamné à mort, Mahdi al-Hakîm parvint à s'enfuir et se réfugia au Pakistan, avant de s'installer à Dubaï, d'où il poursuivit ses activités mili-tantes islamiques.

L'ayatollah Muhsin al-Hakîm mourut en 1970. Des centaines de milliers de chiites accompagnèrent sa dépouille de Bagdad à Najaf. Pour la première fois, la foule reprit des mots d'ordre antibaassistes comme : « Saddam, bas les pattes, ce peuple ne te veut pas! », qui alternait avec : « *Allâhu akbar!* » La succession d'al-Hakîm, qui se joua entre deux religieux, l'ayatollah Khû'i et Muhammad Bâqir al-Sadr, provoqua un nouveau durcissement.

En décembre 1974, cinq ulémas furent exécutés par le régime de Bagdad. Ils furent les premiers d'une liste de « martyrs » du mouvement islamique qui allait s'allonger brusquement à la fin des années 1970. Parallèlement aux activités de Khomeyni, surtout occupé par la situation en Iran, les affrontements armés s'aggravèrent entre le pouvoir et un mouvement religieux qui mobilisait désormais bien au-delà de la sphère d'influence des ulémas. Les heurts les plus sanglants eurent lieu en février 1977, lorsqu'une marche rassemblant des dizaines de milliers de chiites entre Najaf et Karbala fut massacrée par l'armée. Puis, en juin 1979, des émeutes éclatèrent à Najaf pour protester contre l'arrestation de l'ayatollah Muhammad Bâqir al-Sadr en personne. Des actions de guérilla firent leur apparition. L'Organisation de l'action islamique se manifesta en 1979 par des violences perpétrées à Bagdad, prélude à bien d'autres...

X

La *velâyat-e faqîh*, stade suprême de l'usûlisme[1]

La révolution islamique de 1978-1979 en Iran prend place aux côtés des révolutions bolchevique en Russie et kémaliste en Turquie en tant qu'événement majeur de l'histoire moderne et contemporaine. À la fois politique, sociale et culturelle, elle a engagé toutes les couches de la société iranienne dans un projet révolutionnaire global. En ce sens, elle est radicalement différente des révolutions de palais et des coups d'État que les pays du Proche et du Moyen-Orient ont pu connaître depuis un siècle.

Le triomphe de la révolution islamique en Iran

Dans les années 1970, la mégalomanie de Mohammed-Reza Shâh semblait ne plus connaître de limites : proclamation de l'Empire après les fêtes de Persépolis en octobre 1971, durcissement du régime avec instauration d'un parti unique, le Rastakhîz (« Le Renouveau! »), adoption du calendrier impérial remontant à la fondation de l'Empire perse par l'Achéménide Cyrus le

---

1. Voir Yann Richard, *L'Iran de 1800 à nos jours, op. cit.*

Grand… En novembre 1977, alors que le chah était en visite à Washington, des manifestations éclatèrent aux quatre coins du pays, mais également dans la capitale américaine même pour protester contre sa venue. Dans les prisons, la torture des opposants était devenue quasi systématique.

La parution dans le quotidien *Ettelâ'ât* du 7 janvier 1978 d'un article insultant pour Khomeyni entraîna un nouveau cycle de manifestations et de répression. Après Qom, Tabriz, Yazd, Ispahan et Abadan s'embrasèrent. Le 11 août, la loi martiale fut proclamée à Téhéran, ce qui n'empêcha pas des manifestations quotidiennes durant le mois de ramadan. Le 8 septembre, ce fut le « vendredi noir » : l'armée tira sur la foule rassemblée place Jâle, tuant des dizaines de personnes, des étudiants pour la plupart. Le 6 novembre, les émeutes s'étendirent à toute la capitale. Une grève générale paralysa le pays, tandis que d'énormes manifestations se déroulaient dans l'ensemble des villes iraniennes. Malgré la loi martiale, celles-ci déferlèrent sur Téhéran les jours de *Tâsû'a* et de *'Ashûra* (les 9e et 10e jours du mois de deuil chiite de *muharram*, correspondant au 10 novembre 1978). Le 31 décembre 1978, Chapour Bakhtiar devint le nouveau Premier ministre. Le 16 janvier 1979, le chah et sa famille quittèrent l'Iran pour la Jordanie, puis l'Égypte. Ils ne devaient jamais revoir leur pays. C'était la fin de la dynastie pehlevie. Le chah mourut en exil en juillet 1980.

Le 31 janvier 1979, Khomeyni fit un retour triomphal à Téhéran par un vol Air France en provenance de Paris. L'« ingénieur musulman » Mehdi Bâzârgân, fondateur du Mouvement pour la liberté de l'Iran (tendance religieuse du mouvement mosaddeghiste), fut nommé Premier ministre avant même la victoire finale de la révolution. Le 11 février 1979 (22 *bahman*), la chute de l'ancien régime fut proclamée. La révolution islamique avait triomphé. Le 1er avril 1979, l'instauration de la République islamique d'Iran fut approuvée par référendum. Les tribunaux révolutionnaires commencèrent à se livrer aux premières exécutions.

Pour comprendre comment a pu se produire ce tremblement de terre qui modifiait si radicalement la configuration de l'Iran, de la région, et qui secoua même le monde, il faut revenir au parcours singulier de Khomeyni. Le 4 septembre 1978, la maison de l'ayatollah à Najaf fut encerclée par l'armée irakienne et il fut informé qu'il devait renoncer sur-le-champ à toute activité politique s'il voulait pouvoir demeurer en Irak, ce à quoi il se refusa aussitôt. Le 3 octobre suivant, il tenta de gagner le Koweït, mais fut refoulé à la frontière. Après avoir hésité entre l'Algérie, le Liban et la Syrie, l'ayatollah Khomeyni embarqua finalement pour Paris et s'installa dans un village des Yvelines qu'il rendit célèbre : Neauphle-le-Château. Sa maison, louée pour lui par des Iraniens exilés en France, devint le lieu de rendez-vous de journalistes du monde entier en quête des paroles de l'« Imam Khomeyni », comme on allait l'appeler désormais – un titre réservé jusque-là aux douze Imams chiites infaillibles.

Saddam Hussein face à la révolution islamique

Le séjour de Khomeyni en Irak prit fin en 1978. Cette même année, Saddam Hussein mit son parent Ahmad Hasan al-Bakr à la retraite forcée et s'empara de tous les leviers du pouvoir. La confrontation avec le mouvement religieux chiite renaissant prit les allures d'une guerre civile larvée. À partir de 1980, les déportations de Kurdes Fayli vers l'Iran reprirent, tandis que les affrontements entre le gouvernement et les militants islamistes chiites redoublèrent de violence. Aux attentats répondirent des exécutions en série. La résolution 641 du Conseil de commandement de la révolution, en date du 31 mars 1980, punit de mort la simple appartenance au parti Da'wa, le principal parti islamiste de l'époque, auquel était imputé l'attentat raté contre Tarek Aziz, alors vice-Premier ministre, à Bagdad.

Saddam Hussein considérait avec la plus vive inquiétude la montée en puissance d'un clergé radical mené par l'ayatollah Muhammad Bâqir al-Sadr. Nommé représentant personnel de Khomeyni en Irak, ce dernier fut sollicité par plusieurs ulémas libanais pour rédiger un projet de Constitution en vue de l'instauration d'une république islamique. Sa réponse fut sa *Note préliminaire* du 4 février 1979, dont la Constitution de la nouvelle République islamique, proclamée le 31 mars 1979 en Iran, s'inspira en grande partie. Rendue publique à Téhéran le 4 novembre 1979, cette Constitution fut approuvée par référendum le 4 décembre suivant. « Dieu » et le « peuple » : cette double source de légitimité du système politique islamique iranien, également fondé sur la séparation des pouvoirs, doit beaucoup à l'ayatollah irakien. En 1979, ce jeune *mujtahid* promulgua aussi une fatwa interdisant aux musulmans d'adhérer au parti Baas sous peine d'anathème. La victoire de la révolution islamique en Iran et le retour triomphal de Khomeyni à Téhéran galvanisaient le clergé chiite irakien. Pour beaucoup d'ulémas, l'heure de la revanche avait sonné.

Arrêté à plusieurs reprises, l'ayatollah Muhammad Bâqir al-Sadr fut exécuté le 8 avril 1980 avec sa sœur, Bint al-Huda. Pour la première fois, un gouvernement irakien avait osé porter atteinte à la personne d'un *marja'*, considérée comme sacrée par les chiites. La guerre était déclarée entre le gouvernement baassiste et le mouvement religieux chiite. Elle allait se propager au-delà des frontières et se transformer en un conflit armé meurtrier de huit années contre l'Iran.

Le 17 septembre 1980, Saddam Hussein abrogea unilatéralement l'accord d'Alger, signé en 1975 avec l'Iran, et proclama la souveraineté de Bagdad sur le Shatt al-Arab. Cinq jours plus tard, l'Irak envahit l'Iran, avec les encouragements des grandes puissances. Commença alors une guerre terrible qui allait coûter aux deux belligérants près d'un million de morts. Aux yeux des pays occidentaux, États-Unis en tête, la révolution islamique représentait un danger majeur pour leurs intérêts et devait impérativement être contenue. Les pétromonarchies arabes et sunnites du Golfe, alliées de l'Occident, étaient favorables à la guerre, qu'elles contribuèrent amplement à financer. Dès lors, une alliance stratégique se noua, notamment sur le plan militaire, entre les puissances occidentales et le régime de Saddam Hussein. Les troupes irakiennes devinrent en quelque sorte le bras armé des premières face à la jeune République islamique. Malgré l'utilisation de l'arme chimique par Bagdad dès 1980 contre les soldats et volontaires iraniens, cette alliance demeura inchangée jusqu'au cessez-le-feu de 1988. Le 18 avril de cette année-là, trois mois avant l'acceptation du cessez-le-feu par Khomeyni, les États-Unis détruisirent la majeure partie de la flotte iranienne.

Le conflit fut, de part et d'autre, un test de solidarité. La « guerre imposée », selon l'expression utilisée par la République islamique pour souligner qu'elle était victime et non agresseur, déclencha un réflexe d'union nationale sans précédent en Iran. Les Moudjahidin du peuple, chassés d'Iran, où ils étaient soumis à une sévère répression, en firent l'amère expérience : s'étant rangés du côté de Bagdad contre leur propre pays, ils furent considérés comme des traîtres bien au-delà des partisans du régime islamique. La société iranienne connut un élan unificateur comparable à celui qu'avait connu la France en 1914-1918. Les combats mirent en contact des jeunes gens venus des contrées les plus reculées du pays, prêts à se sacrifier pour la défense de l'islam… et de l'Iran. Rarement l'osmose entre chiisme et nationalisme iranien fut aussi forte. Aujourd'hui, les régions proches de la frontière avec l'Irak sont jalonnées de sanctuaires à la mémoire des victimes du conflit. Ces lieux sont devenus des destinations de pèlerinage très fréquentées. Honorant la mémoire de centaines de milliers de « martyrs », ils sont à la fois source de bénédiction et symbole d'unité nationale, à l'image de nos monuments aux morts de la Grande Guerre.

Côté irakien, une opinion répandue veut que les chiites aient manifesté leur loyauté envers le régime de Saddam Hussein et leur pays. Il suffit de se rendre dans l'immense cimetière de Behesht Zahra, à Téhéran, qui renferme de nombreuses tombes de chiites irakiens venus combattre du côté de la République islamique, pour constater que le discours révolutionnaire de Khomeyni, qui s'adressait à tous les musulmans, a eu un important écho en Irak. Saddam Hussein, pour sa part, avait repris un discours très nettement antichiite, présentant sa guerre comme la « Qâdisiyya de Saddam », en référence à la victoire des armées musulmanes sur la Perse polythéiste en 636. À l'intérieur du pays, le clergé chiite fut littéralement décimé : les familles religieuses al-Hakîm, al-Sadr, Khû'i, Bahr al-Ulûm, Khulkhâli et Mîlâni payèrent au prix fort leur volonté de maintenir la *marja'iyya* à Najaf.

L'Iran résista. Après des combats acharnés, les troupes iraniennes reprirent les territoires occupés par l'Irak et entrèrent dans ce pays en juillet 1982, s'emparant du port méridional irakien de Fao. L'Imam Khomeyni, porté par l'enthousiasme révolutionnaire, entendait étendre la révolution islamique aux pays voisins, en premier lieu en Irak, berceau du chiisme. « Le chemin de Jérusalem passe par Karbala! » : le slogan des Gardiens de la révolution iraniens montrait bien le lien que Téhéran avait décidé d'établir entre la lutte contre l'« ennemi sioniste » et celle contre les régimes arabes impies. Saddam Hussein avait été rebaptisé « Saddam Yazîd l'infidèle », ce qui le situait du côté du calife omeyyade tyrannique et illégitime Yazîd, et non du côté de l'Imam Husayn, mort en martyr à Karbala face aux armées omeyyades. Le 18 juillet 1988, Khomeyni accepta à contrecœur le cessez-le-feu, qu'il compara à un poison. Le 8 août suivant, il valida le plan de cessez-le-feu préparé par l'ONU.

Révolution islamique mondiale ou révolution iranienne? Portés par la vague révolutionnaire, les dirigeants de la République islamique s'adressaient à tous les musulmans au nom d'un universalisme islamique censé transcender les divergences confessionnelles. Ils les incitaient à se révolter contre l'« arrogance mondiale » (*estekbâr-e jahâni*, équivalent islamique d'« impérialisme »). Le 4 novembre 1979, l'ambassade américaine fut attaquée et le personnel pris en otage par les « étudiants dans la ligne de l'Imam ». Ceux-ci étaient menés par l'ayatollah Khoeiniha (né en 1945), secrétaire général de l'Association du clergé combattant, un groupe d'ulémas radicaux partisans de l'exportation de la révolution islamique. L'occupation dura 444 jours. En signe de désapprobation, Mehdi Bâzârgân démissionna.

Le pèlerinage à La Mecque devint aussi l'occasion de mettre en accusation les États-Unis et la dynastie des Al Sa'ûd. Le 31 juillet 1987, des manifestations de pèlerins iraniens y aboutirent au massacre de 402 personnes, dont 275 Iraniens. Enfin, le 14 février 1989, une fatwa de Khomeyni appela à l'exécution de Salman Rushdie, auteur des *Versets sataniques*. Toutefois, le rayonnement international de la révolution se fit surtout sentir parmi les communautés chiites. Le Hezbollah fut fondé au Liban en 1982 et, cette même année, l'Assemblée suprême de la révolution islamique, dirigée par les fils de l'ayatollah Muhsin al-Hakîm, vit le jour en Irak.

La mise en application de la velâyat-e faqîh

La révolution qui renversa le régime du chah illustrait l'alliance du clergé militant avec le Bâzâr, les nationalistes et les libéraux. Instruit par l'expérience malheureuse de la révolution constitutionnelle de 1906-1909, Khomeyni choisit un système politique qui mettait le clergé à l'abri des retours de bâton qu'il avait essuyés en 1909. Dans le débat entre les constitutionnalistes religieux et Fazlollâh Nûri, Khomeyni donnait raison à Nûri. Pour éviter de rééditer les erreurs passées, la République, la séparation des pouvoirs, l'élection du président de la République au suffrage universel direct devaient être sous le contrôle du *faqîh*, érigé en Guide suprême. Le Parti de la République islamique, créé dès le lendemain de la révolution, imposa rapidement son emprise inexorable, accentuant l'opposition entre les islamistes et les autres mouvements politiques, qu'ils fussent libéraux (le Front national et de nombreuses autres organisations) ou d'extrême gauche. Ce parti, au sein duquel on trouvait notamment l'ayatollah Mohammed Beheshti (mort dans un attentat en 1981), était présidé par Ali Khamenei (né en 1939) et laissait peu de place aux autres courants islamiques.

Fondé avec l'objectif de restaurer le règne de la *sharî'a* sur la société, l'État islamique dut pourtant emprunter massivement à des systèmes de droit étrangers à l'islam pour pouvoir voir le jour. La Constitution islamique puisa parmi de nombreuses notions forgées en Europe. La dualité des sources d'autorité (souveraineté divine et souveraineté du peuple) semblait rendre ambiguë la séparation des pouvoirs. C'est que l'originalité de la Constitution iranienne de 1979 résidait dans le rôle du Guide, qui supervisait les trois branches du gouvernement : exécutif, législatif et judiciaire. Le Conseil des gardiens, dont une partie était nommée par le Guide, examinait la conformité avec l'islam de chaque loi votée par le Parlement.

L'application de la *velâyat-e faqîh* marqua une véritable révolution dans l'institution et l'autorité religieuses. Jusqu'alors, la *marja'iyya* pouvait être considérée comme une constellation d'autorités indépendantes. Avant la révolution islamique, les *marja'* n'étaient pas subordonnés les uns aux autres. Même lorsqu'un *marja' a'la* émergeait, d'autres conservaient leurs fidèles et leurs réseaux indépendants. Khomeyni lui-même avait bénéficié de cette indépendance : pendant ses années d'exil, l'ayatollah Motahhari (1920-1979) était devenu son représentant en Iran et, à ce titre, collectait les taxes religieuses que ses fidèles lui versaient.

La subordination des *faqîh* à un *faqîh* suprême érigé en chef de l'État portait une sérieuse atteinte au fonctionnement de la *marja'iyya*. Alors que celle-ci était restée jusqu'alors indépendante du pouvoir temporel, l'un de ses représentants devenait désormais souverain. De ce fait, l'autonomie de la fonction religieuse était menacée. La *marja'iyya* allait-elle perdre toute autonomie, voire être purement et simplement intégrée dans la *velâyat-e faqîh* ?

À partir de 1979, la *hawza* de Qom se divisa entre partisans et adversaires de la *velâyat-e faqîh*. L'État iranien soutenait les *mujtahid* qui lui étaient favorables, comme Golpâyegâni (mort en 2010) et Mara'shi Najafi, et fit tout pour affaiblir ceux qui lui étaient hostiles, comme Sharî'atmadâri (1905-1986). Khomeyni eut recours à ses prérogatives politiques et étatiques pour « rétrograder » ce dernier, qui fut privé de son titre de grand ayatollah en 1982 sous prétexte qu'il était impliqué dans un complot visant à renverser le régime. La rétrogradation d'un ayatollah par un autre : une telle mesure n'avait pas de précédent dans l'histoire ! En s'arrogeant le pouvoir de désigner le *marja'*, la République islamique privait les fidèles de leur droit à un libre choix.

L'ayatollah Sharî'atmadâri, probablement l'un des plus grands *marja'* présents en Iran, avait été un personnage clé de la révolution et avait félicité Khomeyni lors de son retour triomphal en Iran. Cependant, il voyait dans la *velâyat-e faqîh* une théorie incompatible avec l'islam et était partisan d'une monarchie constitutionnelle. Il avait par ailleurs condamné l'occupation de l'ambassade américaine par les étudiants islamiques. Son opposition à Khomeyni lui valut d'être placé en résidence surveillée, tandis que ses partisans étaient arrêtés et, souvent, exécutés. Le mouvement de protestation contre la répression qui embrasa Tabriz en 1980 faillit faire basculer l'Iran dans la guerre civile. Se refusant à voir verser le sang, l'ayatollah Sharî'atmadâri décida de se retirer – une retraite qui dura jusqu'à sa mort. Il n'avait pas été payé de retour pour avoir sauvé Khomeyni de la prison en le faisant coopter grand ayatollah en 1964 !

L'institutionnalisation de la *marja'iyya* fit apparaître au sein du clergé des « grades » quasi administratifs. Ainsi, l'usage du mot *hujjatulislâm* devint réservé aux ulémas qui n'étaient pas encore ayatollahs. S'adresser à un *marja'* en utilisant ce terme était désormais une façon de le rabaisser et de remettre en question son rang.

Avec l'instauration du régime clérical, les clercs étaient de moins en moins dépendants de leurs fidèles. Alors que ceux-ci avaient toujours été libres de verser les taxes religieuses au *marja'* de leur choix, Khomeyni annonça, au début des années 1980, que la *zakât* et le *khums* seraient versés à l'*imâm jom'eh* (l'imam de la prière du vendredi) de chaque ville, désigné par lui. Car, outre la création d'une administration religieuse centralisée, l'étatisation du clergé iranien s'opéra par le changement de son mode de financement : subordonné au pouvoir, il recevait dorénavant un salaire de l'État ! Méfiant à l'égard du clergé « traditionnel », Khomeyni nomma des *imâm jom'eh* dans toutes les grandes mosquées du pays. C'est à l'ayatollah Montazeri qu'échut la mission de désigner ces représentants.

Le clergé khomeyniste occupa plusieurs postes politiques importants. Ainsi, le *hujjatulislâm* Ali Akbar Hâshemi Rafsandjâni se distingue comme le type même du politicien sous le régime de la République islamique. C'est à Bahraman, près de Kermân, qu'est né en 1934 le futur fondateur du Parti de la République islamique. Parmi les neuf enfants d'Ali, un agriculteur relativement aisé et très religieux, il fut celui dont l'ambition le poussa, de façon paradoxale, vers les cours de théologie. C'est à Qom qu'il alla apprendre les commentaires du Coran et les bases du *fiqh* pendant une douzaine d'années, dont six sous l'enseignement de Khomeyni lui-même, dont il devint un fidèle second. Peu intéressé par les études religieuses, il s'engagea parallèlement dans les affaires et dans une carrière d'agitateur politique. Rafsandjâni passe par ailleurs pour produire les meilleures pistaches du monde, l'économie rurale kermânie étant largement basée sur cet arbuste. Toutefois, son aisance financière est moins due aux pistaches qu'aux affaires, notamment immobilières, qu'il a réussies sous le régime du chah, entre 1960 et 1976, par exemple à Safâyeh, près de Qom. Ces gains lui permirent de contribuer au financement de l'opposition au chah. À cause de ses activités politiques, il fut emprisonné à quatre reprises dans les années 1960 et 1970. Après avoir fondé le Parti de la République islamique en 1979, il devint président du Parlement (1980-1989), chef des armées (1988), puis fut élu président de la République islamique (1989-1997) après avoir supervisé les opérations de la guerre contre l'Irak pendant plusieurs années, au plus fort du conflit. Il est aujourd'hui considéré comme l'homme le plus riche du pays, avec une fortune personnelle estimée à plusieurs milliards de dollars.

Un autre représentant du clergé khomeyniste réussit une ascension politique impressionnante. Fondateur, avec Rafsandjâni, du Parti de la République islamique, Ali Khamenci devint, le 2 octobre 1981, le troisième président de la République islamique. Il fut réélu à cette fonction en 1985, avant de devenir le nouveau Guide à la mort de Khomeyni. Souvent moqué par ses adversaires en raison de ses connaissances religieuses plutôt limitées, il échappa, en juin 1981, à un attentat revendiqué par les Moudjahidin du peuple. Gravement blessé, il perdit l'usage de sa main et de son bras droits. Dès lors, on le vit se déplacer avec une canne, tandis qu'il gagna une réputation de miraculé parmi ses fidèles, pour qui il devint un « martyr vivant ». « Dieu m'a épargné pour des responsabilités plus lourdes », a-t-il déclaré un jour devant un parterre de ses partisans.

Dans la République islamique, le véritable chef de l'État est donc le Guide de la révolution islamique. Sa désignation incombe au Conseil des experts (*Majles-e khobregân*), composé de quatre-vingt-six membres religieux élus pour huit ans au suffrage universel direct – les dernières élections ont eu lieu le 15 décembre 2006. Cette assemblée détient aussi théoriquement le pouvoir de le démettre de ses fonctions, mais elle n'a jamais exercé cette prérogative puisque le chef de l'État iranien, qui est précisément le Guide, dispose d'un mandat à vie. Le Conseil tient deux sessions ordinaires chaque année. Bien qu'officiellement établi dans la ville sainte de Qom, il se réunit à Téhéran et à Mashhad. Seuls les religieux sont autorisés à y postuler. Les candidatures sont examinées par le Conseil des gardiens. Depuis sa première élection le 3 août 1979, tous les scrutins ont été boycottés par l'opposition, qui les qualifie de « farce électorale ».

Le Conseil des gardiens de la Constitution, lui, est composé de douze membres désignés pour six ans : six religieux nommés par le Guide de la révolution et six juristes (généralement aussi des religieux) élus par le Parlement sur proposition du pouvoir judiciaire (dépendant du Guide). Sa principale fonction est de veiller à la compatibilité des lois avec la Constitution et avec l'islam, et bien évidemment de valider les candidatures au Conseil des experts, seul habilité à révoquer un Guide désigné à vie... Le système est donc on ne peut mieux verrouillé, même s'il laisse place à quelques aléas, notamment au niveau de l'élection du président de la République ou des velléités d'indépendance du président du Parlement.

Le successeur de Khomeyni devait être désigné par le Conseil des experts si aucun consensus ne se dégageait. Aux termes de la Constitution de 1979, être un *marja'* était une condition de qualification pour être Guide de la révolution. L'ayatollah Montazeri fut ainsi désigné successeur de Khomeyni en 1985.

Si la République islamique s'efforça de centraliser et d'institutionnaliser la *marja'iyya*, elle ne parvint cependant pas à l'abolir. En réalité, la révolution islamique provoqua un dédoublement de l'institution religieuse[1]. Le clergé *usûli*, au terme de son irrésistible ascension vers le pouvoir, se trouvait désormais confronté à des dilemmes impossibles à résoudre.

---

1. Voir Constance Arminjon Hachem, *Chiisme et État. Les clercs à l'épreuve de la modernité*, Paris, CNRS Éditions, 2013.

XI

La reconnaissance d'un échec

La révision de la Constitution en 1989 fut l'aveu d'un échec. Elle intervint quelques mois après la mort de l'Imam Khomeyni, le 3 juin 1989, et fut motivée par le dilemme inhérent à sa succession. L'ayatollah Montazeri avait été démis de ses fonctions de successeur désigné le 28 mars 1989. Aucun *marja'* ne remplissait les conditions pour être le Guide de la révolution après Khomeyni. La plupart des grands ayatollahs étaient hostiles à la théorie de la *velâyat-e faqîh*. Même ceux qui avaient été favorisés par le régime s'avouaient incapables de se porter candidats[1].

Thermidor iranien

Le contexte général indiquait clairement que la période révolutionnaire avait pris fin. Le cessez-le-feu accepté le 18 juillet 1988 par Khomeyni dans la guerre contre l'Irak signifiait que la République islamique renonçait à exporter sa révolution. Le Guide le comprit fort bien, qui compara cette acceptation

---

1. Voir Constance Arminjon Hachem, *Chiisme et État. Les clercs à l'épreuve de la modernité, op. cit.*

à un poison annonçant peut-être aussi sa propre mort. À vrai dire, l'ardeur et l'enthousiasme révolutionnaires qui avaient présidé aux premières années du conflit, lorsque des milliers de *basîdji* partaient à l'assaut des positions irakiennes, étaient bien révolus. Fondée par Khomeyni en novembre 1979, cette force paramilitaire composée de jeunes volontaires qui s'étaient illustrés par leur esprit de sacrifice dans la guerre Iran-Irak avait été intégrée aux Gardiens de la révolution, les Pasdaran. La guerre se terminait sans vainqueur ni vaincu, et le pays était en ruine.

Le maître mot de cette « IIe République islamique », comme on l'a qualifiée, fut la reconstruction. Deux religieux en furent les promoteurs : Ali Khamenei et Ali Akbar Hâshemi Rafsandjâni, le premier en tant que successeur de Khomeyni à la fonction de Guide, le second comme président élu de la République. Le 28 juillet 1989, Rafsandjâni, nouveau président, organisa un référendum pour réviser la Constitution. Le 9 août suivant, Ali Khamenei fut élu nouveau Guide par le Conseil des experts. Son titre avait quelque peu changé : il n'était plus Guide de la révolution, comme l'avait été Khomeyni, mais simplement Guide de la République islamique. Une nuance importante qui tenait autant à sa personnalité qu'à un contexte politique et social nouveau. Khamenei devint le Guide, alors que Rafsandjâni, le nouvel homme fort, s'imposa à la présidence.

S'il y eut une libéralisation relative et une atténuation de la répression, la légalisation des associations politiques, annoncée depuis 1988, fut un échec. Au lieu de proposer des réformes, le gouvernement, soucieux de marginaliser les radicaux khomeynistes, et le Parlement, préoccupé de morale islamique et de développement du commerce, se neutralisèrent mutuellement. L'Iran révolutionnaire avait vécu, et le Thermidor auquel il laissa place apparut rapidement comme une reconnaissance implicite de l'échec du système politique instauré en 1979.

La révision de la Constitution

Selon l'article 109 de la Constitution de 1979, le candidat à la fonction de Guide devait réunir trois conditions : être *marja'*; être clairvoyant en matière politique et sociale; avoir la capacité d'être Guide. Or les clercs qui remplissaient ces trois conditions, les grands ayatollahs Tabâtabâ'i Qommi et Golpâyegâni, n'approuvaient pas la conception de la *velayât-e faqîh* de Khomeyni. D'autre part, l'ayatollah Montazeri avait finalement été écarté par Khomeyni lui-même. Lui qui avait été à l'avant-garde de l'institutionnalisation de la *velâyat-e faqîh* avait commencé à adopter une attitude critique vis-à-vis du régime au cours des deux dernières années de pouvoir de Khomeyni. À la fin de la guerre contre l'Irak, Montazeri avait dénoncé ouvertement les forces de sécurité et les services de renseignement pour les mauvais traitements qu'ils infligeaient à la population, en particulier aux prisonniers politiques. C'est à l'automne 1988 que survint la rupture avec le gouvernement supervisé par Khomeyni. Des milliers de prisonniers politiques furent alors exécutés – c'était sous la présidence d'Ali Khamenei. Montazeri se tourna vers Khomeyni, gravement malade, pour protester contre la barbarie du gouvernement, mais celui-ci, affaibli, se laissa influencer par son entourage : le 28 mars 1989, le Conseil des experts destitua Montazeri de son rôle de successeur du Guide. Khomeyni lui enjoignit de cesser toute activité politique et de se consacrer à la théologie. Selon des rumeurs récurrentes, Rafsandjâni aurait joué un rôle clé dans cette mise à l'écart de Montazeri.

Il n'y avait donc plus aucun *marja'* susceptible d'être désigné comme nouveau Guide selon les critères de la Constitution.

L'éviction de Montazeri rendait urgente une modification des règles d'accès à la fonction. Le 24 avril 1989, Khomeyni constitua par décret une assemblée dont il désigna lui-même les membres, chargée de réviser la Constitution. Dans son testament politique, il justifia ainsi cette volte-face : après avoir lutté pour transformer la *marja'iyya* en instance étatique, il œuvrait, au crépuscule de sa vie, à la dissociation de l'une et de l'autre.

Cependant, Khomeyni n'eut pas le temps de mener à bien cette évolution majeure des fondements de la République islamique. Il mourut le 3 juin 1989, avant la ratification de la révision constitutionnelle et sans avoir désigné de successeur. Le même jour, le Conseil des experts désigna Khamenei pour lui succéder. Investi de la fonction de Guide suprême et élevé au rang d'ayatollah – il n'était jusqu'alors que *hujjatulislâm*, selon la hiérarchie introduite au sein du clergé par la République islamique –, Khamenei ne pouvait pour autant prétendre être un *marja'*. Sa nomination entrait donc en contradiction flagrante avec les règles fondamentales de la Constitution. C'est dans l'urgence que l'amendement constitutionnel sanctionna le changement du statut religieux du Guide.

Ratifiée par référendum en juillet 1989, la Constitution révisée de la République islamique comportait des nouveautés cruciales. Il n'était plus nécessaire d'être un *marja'* pour accéder à la fonction de Guide. Il n'était plus nécessaire que le Guide jouisse du soutien de la majorité du peuple. L'autorité religieuse du Guide s'en trouvait sérieusement ébranlée. Même si l'État continuait d'affirmer que son fondement était la *velâyat-e faqîh*, l'amendement constitutionnel consacrait son échec et institutionnalisait une différenciation entre le Guide, dépourvu d'autorité religieuse, et les *marja'*. Alors que les conditions d'accession à la fonction étaient revues à la baisse, les pouvoirs du Guide, en revanche, furent étendus. Sans le reconnaître explicitement, la Constitution de 1989 postulait une dualité d'instances, source de conflits potentiels. Les trois pouvoirs étaient encore davantage concentrés entre les mains du Guide, et le président de la République jouissait lui aussi de pouvoirs accrus. Élu par le peuple, il devait cependant être confirmé dans sa fonction par l'autorité religieuse suprême.

La réforme de la Constitution créait en fait un véritable régime présidentiel et adaptait la fonction de Guide aux circonstances du moment. Le nouveau titulaire de cette charge n'étant pas un grand ayatollah, il ne pouvait prétendre exercer un magistère sur l'ensemble du monde chiite. La plupart des grands *mujtahid* qui avaient accepté la *velâyat-e faqîh* bon gré mal gré dénoncèrent en privé le manque de qualification théologique des hauts personnages de l'État, à commencer par le Guide lui-même. La nouvelle Constitution stipulant que le Guide de la République islamique assurait une fonction politique au premier chef, cela permit au Conseil des experts de confirmer Khamenei dans ses fonctions. Avec la suppression du poste de Premier ministre, la République islamique se dotait d'un exécutif fort, aux dépens du Parlement. La révolution était bel et bien terminée, le Thermidor iranien accouchait d'un nouveau régime.

Dès lors, la dualité du pouvoir entre le Guide et le président se posa en termes de suprématie non plus religieuse, mais politique. La perte d'autorité du Guide semblait provoquer une sorte de laïcisation du régime, mais celle-ci se révélait en réalité impossible, puisque le clergé contrôlait toujours les fonctions essentielles de l'État. Qom confirma sa position, jusqu'alors discrète, de capitale de l'opposition et des partisans d'un retour à la « tradition » chiite, avec un clergé indépendant du gouvernement, financé par les seuls fidèles. En créant un clergé rémunéré par l'État et assumant des tâches de direction politique et sociale, la République islamique, selon certains ulémas, avait dénaturé et mis en danger l'islam chiite. À leurs yeux, la volonté des deux Guides successifs de contrôler le clergé et les écoles théologiques de Qom semblait même empêcher toute émergence d'un nouvel ayatollah et contribuait à affaiblir le chiisme.

À partir des années 1990, les *mujtahid* de Qom et de Mashhad cherchèrent à recouvrer leur autonomie perdue, leur autorité religieuse, et à restaurer leurs relations avec les fidèles en recommençant à développer leurs écoles de théologie. Mais sa dépendance à l'égard d'un argent venu indirectement de l'État limita sérieusement les perspectives de ce clergé « réfractaire ». Ces divisions internes au clergé étaient certes aussi anciennes qu'est solide l'esprit de corps qui fait son unité, grâce notamment à un réseau efficace et serré de relations familiales. Mais la nouvelle situation, qui est celle prévalant encore actuellement, ne marquait pas un retour à la période antérieure à la révolution islamique. Aujourd'hui encore, le Parlement est divisé en deux forces égales sur la question de la place de la *marja'iyya*. La République islamique est confrontée à un blocage idéologique majeur remettant en cause le fondement même d'un système qui confie au clergé chiite le contrôle de l'État.

En octobre 1995, l'ayatollah Mahdavi-Kani, président très respecté de l'Association du clergé combattant, démissionna pour faire connaître son souhait que le prochain président de la République, à élire en 1997, soit un laïc et que les religieux accordent à nouveau la priorité à l'enseignement, aux prêches et aux fidèles. Le président suivant, Mohammed Khâtami (1997-2005), était un clerc partisan des réformes, comme son prédécesseur Rafsandjâni l'avait été dans un autre domaine. Ils gouvernèrent en réalité comme s'ils étaient des laïcs. Ce n'est qu'en 2005 que la présidence revint à un non-clerc : Mahmûd Ahmadinejâd.

La Constitution de 1979 reposait sur le constat que Khomeyni était irremplaçable. Le charisme exceptionnel de ce dernier, qui l'avait fait assimiler au seul et unique représentant de l'Imam caché, quand une ambiguïté savamment entretenue ne laissait pas entendre qu'il l'incarnait purement et simplement – ne l'appelait-on pas Imam? –, expliquait ces dispositions irréalistes. En rabaissant le rang théologique requis pour être Guide, on démarquait nettement les institutions politiques de l'institution religieuse et on prenait acte de la sourde hostilité d'une grande partie des *marja'* à la politisation excessive de la religion. La fonction de Guide se trouvait désacralisée, permettant au pouvoir de se séculariser insensiblement.

Le Guide et la marja'iyya

Le décès du grand ayatollah Khû'i le 8 août 1992 à Najaf, puis celui du grand ayatollah Golpâyegâni à Qom le 4 décembre 1993 privèrent subitement les chiites de tout *marja'* incontesté et rouvrirent le débat sur l'organisation du clergé. Khamenei tenta de réaffirmer ses prétentions à devenir, en tant que Guide de la République islamique, l'unique *marja'* des chiites. La création à Qom d'un conseil de fatwa pour répondre aux interrogations des fidèles régla provisoirement le problème. Les chiites d'Irak et du Liban firent savoir que ce qu'ils avaient reconnu à Khomeyni dans des circonstances exceptionnelles ne pouvait devenir la règle. Cette question de la *marja'iyya* et de la place du clergé dans la société continua de dominer le débat politique au milieu des années 1980, sous l'impulsion notamment d'Abdo'l-Karîm Sorûsh (né en 1945), un des intellectuels officiels du régime islamique naissant, dont les discours – désormais interdits – connurent un grand retentissement. Les échanges furent particulièrement vifs parmi les islamistes et les étudiants en théologie.

Après la mort de Khomeyni, la dissociation entre Guide et *marja'iyya* ne fit que s'accentuer. Bien qu'il eût aspiré à devenir *marja'*, le nouveau Guide Khamenei ne parvint pas à asseoir son autorité religieuse. Les *marja'* Khû'i à Najaf, Mara'shi Najafi (mort en 1991) et Golpâyegâni à Qom étaient tous opposés à la vision khomeyniste de la *velâyat-e faqîh*. Après eux, plusieurs *marja'* insistèrent pour que l'autorité religieuse soit dissociée de celle du Guide. Dans le but évident de calmer les appréhensions des grands théologiens de Qom et de Mashhad, Khamenei annonça qu'il ne briguait le statut de *marja'* que hors d'Iran. Cependant, en Irak comme au Liban, il se heurta à des *marja'* importants ou locaux dont certains, comme l'ayatollah Sîstâni à Najaf, pouvaient se prévaloir d'un statut de *marja'* « complet », par opposition à la *marja'iyya* uniquement « politique » de Khamenei. Les tentatives de Khamenei pour se faire reconnaître comme *marja'* et pour contrôler la *marja'iyya* en Iran échouèrent, et le centre de gravité de l'autorité religieuse se déplaça de la *velâyat-e faqîh* à la *hawza* et aux *marja'* indépendants de l'État.

L'immense majorité des fidèles et des membres du clergé étaient foncièrement rétifs à l'ingérence de l'État dans la *marja'iyya*. Le charisme de Khomeyni avait permis, de son vivant, de faire prospérer l'illusion d'une fusion entre *velâyat-e faqîh* et *marja'iyya*. Certains fidèles dissociaient parfois une *marja'iyya* « politique » d'une *marja'iyya* concernée par les *'ibâdât* (le domaine de la morale et du culte). On put ainsi voir des islamistes imiter, d'un côté, Khomeyni dans le domaine de la politique et, de l'autre, les ayatollahs Khû'i ou Golpâyegâni pour ce qui était du culte et du statut personnel. Mais cette situation bancale n'était pas tenable à la longue. Même si l'avènement de l'État islamique iranien avait suscité un enthousiasme largement partagé au sein des communautés chiites, il s'en fallait de beaucoup que la *marja'iyya* de Khomeyni eût rallié tous les fidèles.

Khomeyni avait-il caressé l'espoir d'une intégration de la *marja'iyya* à la *velâyat-e faqîh* ? Connaissant mieux que personne le mode de fonctionnement informel de l'institution religieuse, il ne pouvait se bercer d'illusions. Seul son caractère quasi prophétique explique qu'il ait pu incarner une domination charismatique à laquelle lui-même a souscrit.

Paradoxalement peut-être, la tentative du régime iranien pour placer la *marja'iyya* sous tutelle de l'État a affaibli l'institution en Iran tout en la renforçant dans le reste du monde chiite. Avec un pluralisme demeuré vivace, le centre de gravité de la *marja'iyya* s'est déplacé vers le monde arabe, notamment en Irak, délivré du joug de Saddam Hussein en 2003. Peu après la mort de Khû'i en 1992, l'ayatollah Ali Sîstâni est devenu la source d'imitation la plus suivie. Après la mort des ayatollahs Golpâyegâni et Arâki, la *marja'iyya* en Iran a eu tendance à se fractionner, avec Mohammed Rôhâni (mort en 1997), Mohammed Shîrâzi (mort en 2001), Tabâtabâ'i Qommi, Makârem Shîrâzi, Kâzem Hâ'iri et nombre d'autres *marja'* – une illustration de la fragmentation du champ religieux encouragée en sous-main par Khamenei.

L'opposition cléricale à l'hégémonie de la *velâyat-e faqîh* était elle-même divisée en plusieurs courants. Certains *marja'* plaidaient pour un retrait total du champ politique – c'était le cas de Tabâtabâ'i Qommi (Mashhad), Sâdeq Rôhâni (Qom) et Sîstâni (Najaf). D'autres, proches de Montazeri, pensaient qu'il était possible de réformer la *velâyat-e faqîh*. Contraint par Khomeyni en 1989 de renoncer à toute activité politique, l'ayatollah Montazeri, jusqu'à sa mort en 2009, conserva néanmoins une attitude très critique envers l'évolution du régime iranien, contestant les prétentions de Khamenei à la *marja'iyya*.

Installé à Najaf, en Irak, l'ayatollah Sîstâni est désormais le *marja'* dont le rayonnement est le plus étendu, y compris chez son voisin iranien, tandis que Khamenei a échoué à asseoir son autorité religieuse non seulement hors d'Iran, mais dans son pays même.

La sécularisation à l'œuvre

La mise en application de la *velâyat-e faqîh* a conduit ses promoteurs à reconnaître la nécessité de dissocier les sources d'autorité religieuse, alors même qu'ils poursuivaient l'objectif inverse. En ce sens, l'expérience a eu pour effet d'accélérer le processus de sécularisation, comme le régime du chah n'avait su le faire. Bien sûr, cette conséquence involontaire est à relativiser : la sécularisation peut aussi être un résultat des décennies de politiques laïcisantes de la dynastie pehlevie. Un autre effet secondaire du régime islamique est l'unification de l'immense territoire iranien, palpable à travers le culte des martyrs qui rassemble dans le deuil des provinces éloignées et sans liens notables entre elles. L'urbanisation rapide de la société a joué un rôle déterminant dans ce domaine. Enfin, la scolarisation féminine a permis de faire émerger la femme sur la scène politique et publique, où elle est devenue un acteur incontournable. Sous le régime du chah, le voile islamique était interdit à l'université, privant d'accès à l'éducation supérieure des millions de candidates au savoir. L'accès massif des femmes à l'éducation (elles représentent aujourd'hui 60 % des étudiants d'université) est un acquis de la République islamique. Le chah en avait rêvé, la République islamique l'a fait...

Depuis l'élection, en 1997, du président réformateur Mohammed Khâtami, les débats sur la nécessité du renforcement de la société civile et de l'institutionnalisation de l'état de droit se sont ravivés. Une certaine ouverture du champ politique a entraîné la création de plusieurs milliers d'associations professionnelles et sportives, d'ONG de femmes, de défenseurs de l'environnement, voire de partis politiques. La plupart émanent des classes moyennes instruites, qui tentent de défendre les droits de catégories spécifiques et d'influencer les législateurs en ce sens. Mais beaucoup d'autres associations informelles, réseaux et groupes d'entraide ont fleuri au sein des couches populaires, dont les membres entendent promouvoir la réciprocité, la tolérance et les valeurs civiques.

Le sociologue Farhad Khosrokhavar, dans son *Anthropologie de la révolution iranienne*[1], montre que la ville, berceau de la révolution, est devenue son tombeau : l'individualisme, la hausse du niveau d'instruction, l'hédonisme de la société urbaine, notamment de la jeunesse, opposé au puritanisme du régime, la désaffection vis-à-vis de l'idéologie officielle dans une société qui la tourne en dérision tout en reconstituant en sous-main, dans l'espace privé, son autonomie, tout cela témoigne d'un changement radical du contexte social de la République islamique. L'utopie révolutionnaire, littéralement sapée, libère un espace critique et de subversion.

Après avoir renoncé à se présenter à l'élection présidentielle de 2009 pour ne pas disséminer les voix de l'électorat « réformateur », Khâtami, considéré comme le chef de file de ce courant en Iran, a soutenu la candidature de Mîr-Hosayn Mûsavi, puis le soulèvement qui a suivi la réélection annoncée de Mahmûd Ahmadinejâd. Ce mouvement sans précédent a débuté le 13 juin 2009, dès l'annonce des résultats du scrutin. Le pouvoir a été accusé d'avoir eu recours à la fraude électorale pour assurer la reconduction du candidat conservateur. Les manifestations se sont succédé, à Téhéran et dans d'autres grandes villes, en soutien au candidat de l'opposition Mîr-Hosayn Mûsavi. Même Rafsandjâni a critiqué le déroulement des élections. Le mouvement « Vert », comme on l'a appelé, a traduit l'émergence massive d'une société civile organisée.

L'élection, en 2013, de Hasan Rôhâni a ramené un clerc à la présidence de la République – après un cursus religieux, il avait poursuivi des études de droit constitutionnel en Écosse. Paradoxalement, si l'on excepte Khamenei, les clercs qui ont occupé cette

---

1. Farhad Khosrokhavar, *Anthropologie de la révolution iranienne. Le rêve impossible*, Paris, L'Harmattan, 1997.

fonction ont toujours été, moyennant des nuances importantes, des réformateurs (Rafsandjâni, Khâtami, Rôhâni), tandis que le seul « laïc » s'est révélé représenter la ligne dure. Rafsandjâni était surtout préoccupé par la relance économique et la reconstruction après les huit années de guerre dévastatrice contre l'Irak. Au cours de ses deux mandats, Khâtami a noué des relations diplomatiques avec de nombreux États, y compris dans l'Union européenne et en Asie. À l'intérieur, il a prôné la liberté d'expression et la tolérance, mais n'est pas parvenu à changer les institutions, en raison de l'opposition conservatrice au Parlement, ni à relancer l'économie. Quant au nouveau président, Hasan Rôhâni, il a publiquement fait part, après son élection, de sa plus grande disposition à trouver un accord sur le nucléaire, alors que les sanctions infligées par les pays occidentaux depuis plusieurs années ont plongé l'économie iranienne dans le marasme.

« Sauver la religion de la politique »

Un autre paradoxe de la mise en application de la *velâyat-e faqîh* est que de nombreux croyants, dont de jeunes clercs, cherchent précisément à redéfinir un espace de religiosité débarrassé de l'hypothèque politique et idéologique pour sauver la religion du discrédit. Ce faisant, ils contribuent à la séparation du religieux et du politique.

L'un des représentants les plus médiatisés de ce courant, Mohsen Kadivar (né en 1959), est à la fois clerc, philosophe – il donne des conférences dans les universités – et militant[1]. Dissident de la première heure, il s'est publiquement opposé à la conception de la *velâyat-e faqîh* de Khomeyni et s'est fait l'avocat de réformes

---

1. Voir Sabrina Mervin, *Les Mondes chiites et l'Iran, op. cit.*

démocratiques et libérales en Iran. Ses prises de position lui ont valu d'être emprisonné à plusieurs reprises. Après une éducation dans des écoles publiques modernes à Chiraz, il s'est tourné, en 1980, vers la formation religieuse et les séminaires des *mujtahid* de sa ville. Il est ensuite allé poursuivre ses études religieuses à Qom. Là, il a suivi les cours de *fiqh* et de philosophie des plus grands *marja'*, parmi lesquels l'ayatollah Montazeri. Il a obtenu sa licence d'*ijtihâd* en 1997 et est ainsi devenu à son tour un *mujtahid*. Désireux de continuer ses études, il a présenté en 1999, avec succès, un Ph. D. en philosophie et droit islamiques à l'université Tarbiat Modares, la grande école de formation des professeurs de Téhéran.

Kadivar a entamé sa carrière d'enseignant de *fiqh* et de philosophie islamiques au séminaire de Qom, puis l'a poursuivie dans plusieurs universités de Téhéran. Il a notamment enseigné pendant une dizaine d'années à l'université Tarbiat Modares, poste que des pressions politiques l'ont contraint de quitter en 2007. C'est alors qu'il est devenu à la fois conférencier et professeur invité dans diverses universités américaines, dont l'université de Virginie et l'université Duke (Caroline du Nord).

Farouche opposant au régime de la République islamique, Kadivar a rédigé une critique détaillée et argumentée de la *velâyat-e faqîh* dans laquelle il met en lumière la contradiction entre l'objectif de la révolution d'être au service du peuple et l'incroyable concentration des pouvoirs qui s'est finalement mise en place. Emprisonné pendant dix-huit mois en 1999, le philosophe, loin de se repentir, a milité dans différents mouvements en faveur d'une réforme en Iran.

Alors que la République islamique devient un régime de moins en moins religieux et de plus en plus militaire, avec notamment l'ascension des Gardiens de la révolution, la viabilité du système est plus que jamais au cœur des interrogations. Certes, lorsque Khomeyni a admis implicitement la permanence de deux instances et présidé à leur disjonction, il n'a pas établi pour autant de façon explicite une division entre le rôle du *marja'* et celui du Guide. Mais on ne voit pas comment la contradiction aurait pu être levée un jour. Néanmoins, l'échec de la *velâyat-e faqîh* n'épuise pas l'islam politique en Iran ni dans le monde chiite.

C'est un reflux de l'utopie *usûli* auquel on assiste. Après son apogée, la première école chiite bute sur une réalité qui n'est pas religieuse et sur une autre qui l'est. Est-ce à dire que les écoles *akhbâri* ou cheikhie en profiteront pour faire retour sous une forme nouvelle? C'est peu probable, car deux siècles de domination *usûli* ont imposé une culture cléricale indélébile. Les *mujtahid* ne sont pas prêts à renoncer à une autorité acquise de haute lutte. Malgré l'échec de la *velâyat-e faqîh*, stade ultime de l'usûlisme, un retour à la situation d'avant la révolution paraît impossible. Plus de trente années de République islamique ont par ailleurs profondément modifié, volontairement ou non, la société et l'autorité religieuse. Beaucoup plus dangereux que le Grand Satan (les États-Unis), que le régime impie de Saddam « Yazîd » Hussein, que les hypocrites (les Moudjahidin du peuple) ou qu'Israël, un nouvel ennemi, intérieur celui-là, se fait jour : la sécularisation. Un ennemi face auquel les clergés constitués sont souvent dépourvus d'armes…

Les transformations de la religiosité en Iran, avec l'apparition de nouveaux mouvements et acteurs religieux, vont de pair avec le retour de conceptions hostiles à la confusion de la religion avec la politique. L'association Hojjatiya, fondée dans les années 1950 pour lutter contre le bahaïsme, connaît ainsi une popularité nouvelle. Le Maktab-e Tafkîk (école de jurisprudence de la séparation) prône la séparation du savoir religieux et des connaissances d'essence humaine comme la philosophie et le mysticisme.

XII

Le clergé chiite au Liban au service de l'émancipation communautaire[1]

Troisième « région » du chiisme, le Liban héberge lui aussi un clergé chiite qui a laissé une empreinte durable sur son paysage politique, même si son rôle n'est en rien comparable à celui joué par les *mujtahid* en Iran et en Irak. À la différence de ces deux pays, le Liban n'abrite pas de villes saintes chiites ; malgré la proximité de Sayyida Zaynab, près de Damas, le cursus habituel des religieux les mène à Najaf ou, plus rarement, à Qom. D'autre part, le clergé chiite libanais est lié à l'Irak et à l'Iran par des liens familiaux.

Longtemps, la communauté chiite libanaise s'est distinguée des autres communautés du pays par sa pauvreté, son bas niveau d'éducation et des structures quasi féodales qui ont perduré plus longtemps que chez les autres. À la fin du XIXᵉ siècle, alors que les maronites avaient achevé leur « révolution » politique et sociale dans le Mont-Liban et que les sunnites des grandes villes vibraient aux appels de l'arabisme et du réformisme, les chiites vivaient encore repliés dans leurs régions, soumis à un ordre appa-

---

1. Voir Laurence Louër, *Chiisme et politique au Moyen-Orient. Iran, Irak, Liban, monarchies du Golfe*, Paris, Perrin, coll. « Tempus », 2009 ; et Sabrina Mervin (dir.), *Le Hezbollah. État des lieux*, Paris, Sindbad, 2008.

231

remment immuable. L'irruption du facteur chiite dans le système libanais a pris de court la plupart des analystes, beaucoup s'étant toujours focalisés sur le rôle des deux communautés qui dominaient jusqu'alors la scène politique du pays du Cèdre.

Une communauté oubliée de l'Histoire

Historiquement, les chiites du Liban se répartissent entre deux régions : le Jabal Amil, au sud ; la Bekaa et le Hermel, au nord. Le Jabal Amil a été dominé jusque dans les années 1970 par une poignée de propriétaires terriens qui exerçaient un fort pouvoir féodal sur leurs paysans. Le seul contrepoids relatif à cette domination résidait dans l'action de certains membres du clergé chiite, qui occupèrent une grande place dans l'histoire du chiisme. Ils maintinrent en effet un lien entre cette société repliée sur elle-même et l'Irak, sans parler de l'Iran, converti au chiisme au XVIe siècle par des ulémas issus de cette région. De nombreux ulémas chiites célèbres sont originaires du Jabal Amil. Dans la Bekaa et le Hermel, les conditions étaient différentes : la sécheresse imposait un semi-nomadisme qui a perduré jusqu'au XXe siècle, et le code d'honneur bédouin, en vigueur dans les déserts syriens situés plus à l'est, régnait sur une société divisée en clans.

Les deux groupes de chiites libanais ont joué un rôle plus qu'effacé dans l'instauration d'un nouveau système interconfessionnel au Mont-Liban en 1840-1860. L'Empire ottoman, porte-drapeau du sunnisme, accorda un statut spécial aux maronites et aux druzes qui dominaient démographiquement la montagne libanaise, mais non aux chiites duodécimains, qui continuèrent d'être simplement considérés comme « musulmans ». Alors qu'en Irak l'immense majorité des chiites vivaient dans des zones rurales et tribales hors d'atteinte du gouvernement, ne reconnaissant que l'autorité supérieure des *mujtahid* des villes saintes, les chiites du Liban, eux, ne pouvaient échapper au contrôle de la Porte. Ainsi, ceux qui vivaient dans les villes préféraient dissimuler leur identité religieuse et se conformer au sunnisme dominant.

À la fin de l'ère ottomane, les chiites ne constituaient que 5 % de la population du régime interconfessionnel mis en place dans le Mont-Liban central. Lorsque les Français incorporèrent, en 1920, le Jabal Amil et la Bekaa au Mont-Liban et aux villes sunnites de la côte au sein du Grand Liban, la proportion de chiites à l'intérieur des frontières du nouvel État grimpa à 17 %. Le Grand Liban était conçu pour sauvegarder la prédominance des maronites. Les sunnites, eux, regardaient vers Damas et continuaient de parler au nom de tous les « musulmans » (sunnites, chiites, druzes). Finalement, c'est grâce aux efforts des maronites que la communauté apolitique et oubliée des chiites se trouva enfin officiellement reconnue en tant que telle. En 1926, elle put se constituer en une communauté séparée des sunnites, avec ses propres muftis. À travers leurs grandes familles et certains de leurs ulémas, les chiites apportèrent alors leur soutien au nouveau Liban. Les Français et leurs alliés maronites purent aisément coopter une poignée de familles de propriétaires terriens du Jabal Amil et de clans importants de la Bekaa, et les dotèrent de positions honorifiques. En échange, ces familles et ces clans firent régner l'ordre dans leurs villages. Toutefois, après 1932, pour éviter de faire apparaître au grand jour que la proportion de chiites augmentait et que les chrétiens étaient minoritaires au Liban, les maronites bloquèrent tout nouveau recensement.

Sous le régime du mandat que leur avait confié la SDN, les Français contrôlèrent le Grand Liban jusqu'en 1943. C'est alors que fut conclu le Pacte national, aux termes duquel toutes les institutions libanaises, à commencer par l'État, devaient refléter le poids démographique présumé de chaque communauté. Les maronites, qui étaient le groupe le plus puissant à l'époque du

Grand Liban mandataire, demeurèrent en position de force au sein de l'État indépendant. La menace la plus grande pour le système post-mandataire installé par les Français venait des sunnites de la côte, qui continuaient de regarder vers leurs coreligionnaires par-delà la frontière syrienne. Les chiites, eux, n'étaient pas considérés comme une force politique constituée.

Muhsin al-Amîn, Abd al-Husayn Sharaf al-Dîn et le réformisme musulman

C'est dans ce contexte qu'apparurent quelques grands ulémas chiites au Liban. Parmi eux, Muhsin al-Amîn (1867-1952) et Abd al-Husayn Sharaf al-Dîn (1872-1957), qui, tout en étant concurrents pour la *marja'iyya* au Jabal Amil, professaient des vues réformistes, quoique à des degrés divers.

Muhsin al-Amîn doit occuper ici une place particulière[1]. Il fut pendant un demi-siècle l'un des chefs spirituels des Metwali, ainsi qu'on appelait la communauté chiite du *Bilâd al-Shâm* (Syrie, Liban). Né à Shaqara, un village du Jabal Amil, il partit pour Najaf à l'âge de vingt-quatre ans, en 1891. Il y suivit l'enseignement de plusieurs maîtres venus d'Iran, parmi lesquels les ayatollahs constitutionnalistes Khurâsâni et Mâzanderâni, mais aussi sayyid al-Yazdî. En 1901, au lieu de rentrer dans son village, il s'installa à Damas, où il s'imposa comme le chef spirituel de la communauté chiite, fondant notamment plusieurs écoles modernes. Muhsin al-Amîn se manifesta alors comme un *marja'* réformiste : l'éducation de la société, le recours à la pédagogie, la lutte contre les innovations blâmables devinrent ses thèmes de prédilection, de même que l'unité entre sunnites et chiites. L'influence des réfor-

---

1. Voir Sabrina Mervin, *Muhsin al-Amîn (1867-1952). Autobiographie d'un clerc chiite du Jabal ʿÂmil*, Damas, IFEAD, 1998.

mistes sunnites, en particulier de Muhammad Abduh, était chez lui palpable. En 1933, il passa onze mois à visiter les lieux saints d'Irak et d'Iran, dont il dit avoir conservé un excellent souvenir.

Toutefois, Muhsin al-Amîn ne joua pas un rôle politique comparable à celui des *mujtahid* d'Irak et d'Iran. Quand le mandat français fut instauré sur la Syrie et le Liban en 1920, il garda le silence, bien qu'étant partisan de Faysal à Damas. Même s'il condamna la « loi des communautés » de 1936 préfigurant le Pacte national et refusa le poste de « chef des ulémas chiites » libanais que lui proposaient les Français, ses positions réformistes connurent peu de traductions politiques.

Le confessionnalisme politique

Depuis l'indépendance du pays, en 1943, la vie politique libanaise repose sur le Pacte national, compromis non écrit entre les trois communautés majoritaires : maronite, sunnite et chiite. Ce pacte était avant tout un compromis entre les deux groupes dominants, les maronites et les sunnites : les premiers reconnaissaient le caractère arabe du pays et ne sollicitaient plus l'aide des pays occidentaux ; les seconds acceptaient l'indépendance du Liban et ne cherchaient pas l'unification avec la Syrie. Le confessionnalisme politique était institutionnalisé sur la base d'un recensement ancien, celui de 1932, qui fut vite remis en question.

En vertu du Pacte, les plus hautes fonctions de l'État sont réparties entre les communautés : les maronites obtiennent la présidence de la République et, de ce fait, le commandement de l'armée ; les sunnites, le poste de Premier ministre ; les chiites, celui de président de l'Assemblée nationale.

Quand le Liban devient indépendant, les chiites sont donc reconnus – sur la base du recensement de 1932 – comme la troisième communauté en importance de la nouvelle République. En leur accordant la présidence de l'Assemblée, les maronites et les sunnites témoignent davantage du peu d'estime qu'ils portent à cette institution que d'une reconnaissance de la communauté chiite dans son ensemble. Il s'agit bien plus d'une reconnaissance des réseaux clientélistes installés dans les villes et dominés par quelques familles de riches marchands chiites, comme les Usayrân de Saïda, les Khalîl de Tyr ou les Zayn de Nabatiyya. D'autres les rejoignent par la suite, tels les As'ad ou les Hamâda de Baalbek. Après l'indépendance, ces chefs politiques traditionnels gagnent régulièrement les élections locales, remportent des sièges dans leurs circonscriptions, décrochent des portefeuilles ministériels. C'est ainsi aux chiites qu'échoit souvent le ministère de l'Agriculture. Dans les campagnes, les *za'îm* dispensent leurs faveurs en fonction de la loyauté de leurs sujets. Même quand les paysans chiites viennent s'installer dans la banlieue sud de Beyrouth, les liens demeurent étroits avec le *za'îm* de leur région d'origine. Rien ne semble pouvoir changer cet ordre des choses.

Le début de la longue marche vers l'émancipation,
Mûsa al-Sadr et le Mouvement des déshérités

Mûsa al-Sadr (1928-1978) fut le premier clerc chiite à parler de l'émancipation de sa communauté au Liban. Cela signifiait d'abord la nécessité d'une reconnaissance de son importance au sein du confessionnalisme politique en vigueur, compte tenu d'une croissance démographique rapide qui allait bientôt la propulser au rang de première communauté musulmane du Liban, devant les sunnites. Il s'agissait ensuite d'entamer au sein de cette communauté un processus de « révolution » socio-politique en s'adressant d'abord aux déshérités.

Qui était exactement Mûsa al-Sadr ? Issu de la célèbre famille Sadr, originaire du Jabal Amil libanais et présente également en Iran et en Irak, Mûsa al-Sadr était un cousin éloigné de Muhammad Bâqir al-Sadr, l'inspirateur du mouvement de renaissance islamique en Irak. Né à Qom, en Iran, il commença, bien que fils d'un clerc, à fréquenter une école primaire publique où il reçut une éducation séculière. Sa curiosité naturelle l'invita à poursuivre dans cette voie : à la faculté de droit de l'université de Téhéran, il put acquérir une ouverture qui, pensait-il, lui aurait fait défaut dans un cursus d'études religieuses classiques. Entre Qom et Téhéran, il put obtenir un diplôme de *fiqh*, mais aussi d'autres en droit et en économie. Il paracheva sa formation religieuse à Najaf dans la seconde moitié des années 1950. Là, tout en suivant avec assiduité les séminaires des ayatollahs Muhsin al-Hakîm et Abû'l-Qâsim Khû'i, il noua des amitiés avec des étudiants libanais de la *hawza*, en particulier Muhammad Mahdi Shams al-Dîn, ainsi qu'avec son cousin Muhammad Bâqir al-Sadr.

C'est cette aptitude à mêler études religieuses et séculières qui attira sur lui l'attention d'un de ses parents : sayyid Abd al-Husayn Sharaf al-Dîn, qui était alors mufti de Tyr. En 1958, il invita Mûsa al-Sadr à venir lui rendre visite au Liban. Son but était que le jeune homme, dont il avait remarqué le talent et le charisme, et en qui il voyait un possible successeur, s'intéresse au Liban. Les liens familiaux des Sadr d'Iran avec les Sharaf al-Dîn du Liban lui ouvrirent grand les portes d'un pays où il aurait pu se sentir étranger et dont il parlait à peine la langue, l'arabe. Il obtint la nationalité libanaise en 1963. Son action au Liban allait se révéler décisive pour les chiites du pays : animé d'un désir tenace de justice sociale, il réussit à bouleverser les équilibres au sein de la communauté chiite libanaise en dénonçant le pouvoir des notables, en grande majorité des propriétaires terriens qui monopolisaient la représentation chiite au Parlement. Dans un contexte marqué par la domination des idéologies séculières, il parvint également à rendre au clergé sa place d'acteur incontournable sur la scène politique.

Sans relâche, il travailla à améliorer le sort de sa communauté, favorisant l'émergence de milieux sociaux jusqu'alors marginalisés. Le 19 décembre 1969, Mûsa al-Sadr fonda le Conseil supérieur chiite afin d'accorder à sa communauté un poids politique dont elle était encore privée. Cette institution devint la représentation officielle des chiites auprès de l'État libanais. Elle était aussi chargée de gérer ses affaires internes. Mûsa al-Sadr en devint le premier président. Très vite, il s'imposa comme le défenseur des plus déshérités au sein de sa communauté, notamment les habitants du Sud, région particulièrement touchée par la pauvreté et souffrant déjà de l'importation du conflit israélo-palestinien. Les représailles israéliennes aux attaques menées par les Palestiniens depuis le territoire libanais étaient à l'origine de vagues successives de réfugiés fuyant les combats et les bombardements. Mûsa al-Sadr fonda au Sud-Liban plusieurs écoles, mais aussi des cliniques et des hôpitaux, dont beaucoup sont encore en service aujourd'hui.

En créant, en 1973, le Mouvement des déshérités (Harakat al-mahrûmîn), il entendait militer pour des droits civiques plus étendus et l'amélioration des conditions de vie des chiites les plus pauvres.

En 1975, trois mois avant le déclenchement de la guerre civile dans le pays, Mûsa al-Sadr lança un avertissement contre ce qu'il appelait les « fossoyeurs de la patrie » : « Si l'État ne veut pas défendre la patrie, nous la défendrons ; si la classe dirigeante ne veut pas faire son devoir, nous serons les constructeurs de l'avenir. Nous voulons sauver le pays de ceux qui le volent, le ruinent et le mènent à sa perte. » Il fut ainsi l'un des premiers à promouvoir un certain patriotisme libanais, y compris en matière de défense nationale, thème absent des discours des principaux hommes politiques libanais. Cet appel au patriotisme, allié à la mise en accusation du gouvernement pour son incurie face à la misère ambiante, lui attira de nombreuses sympathies.

Face à l'instabilité et à la violence qui s'exacerbaient dans le Sud, l'« Imam » annonça le 20 janvier 1975 que le Mouvement, pour assurer la défense de la communauté chiite, créait sa propre branche armée : la milice Amal (« Espoir »), acronyme de Afwâj al-muqâwama al-lubnâniyya (« Bataillons de la résistance libanaise »). Lorsque la guerre civile éclata, en avril 1975, Mûsa al-Sadr refusa d'engager ses forces dans le conflit. Il tenta au contraire de l'enrayer par tous les moyens en jouant les médiateurs entre les parties opposées. Amal obtint une aide logistique, militaire et économique d'abord du chah d'Iran, puis de la République islamique. Cette milice d'autodéfense fut à l'origine du Hezbollah, né en 1982 à la suite d'une scission. Elle devint l'une des plus importantes milices musulmanes durant la guerre civile, avant de s'intégrer au jeu politique libanais, puis de perdre de son audience face au Hezbollah. Subdivisée en trois zones – le Sud-Liban, la plaine de la Bekaa et Beyrouth –, Amal s'est fortement implantée, de par ses liens avec le nouveau régime islamique d'Iran, parmi les 300 000 réfugiés chiites du Sud-Liban après les bombardements israéliens du début des années 1980. Elle disposait d'un camp d'entraînement à Baalbek et d'un autre à Burj al-Barâjineh, quartier de Beyrouth.

Le 31 août 1978, alors qu'il était en visite officielle en Libye, Mûsa al-Sadr disparut, probablement assassiné par les services secrets de ce pays. Sa légende se répandit alors rapidement. Il était devenu l'« Imam caché ». Après lui, Amal fut récupérée par des politiciens chiites. Nabih Berri en prit la tête en 1979 : s'alliant à la Syrie, il engagea la milice dans la guerre civile, rompant ainsi avec la politique de son fondateur. Dès lors, Amal devint un simple mouvement confessionnel sur l'échiquier communautaire libanais.

Après la disparition de Mûsa al-Sadr, c'est un clerc natif de Najaf, cheikh Muhammad Mahdi Shams al-Dîn (1936-2001), qui assuma *de facto* la présidence du Conseil supérieur chiite. Élu président du Conseil en 1994, il est demeuré à son poste jusqu'à sa mort en 2001. Shams al-Dîn était réputé pour sa modération et sa diplomatie. Il fut un fervent avocat de la coexistence entre chrétiens et musulmans. Tout en appelant de ses vœux une réforme du confessionnalisme politique libanais et en faisant l'apologie d'un État « civil » dans un pays dévasté par les divisions interconfessionnelles depuis la guerre civile de 1975-1990, il incarna, avec Nabih Berri, une direction chiite nettement plus orientée vers des préoccupations confessionnelles. Cheikh Shams al-Dîn se montra un ardent promoteur de la résistance militaire face à l'armée israélienne : après que cette dernière eut envahi le Sud-Liban en juin 1982, il prôna la « résistance civile à Israël » lors de la commémoration de *'Ashûra* en 1983.

Dans le débat sur la *wilâyat al-faqîh*, Shams al-Dîn distinguait le pouvoir du Prophète de celui des Imams chiites infaillibles et plaçait l'État islamique entre l'imamat historique et la parousie de l'Imam caché. Pour lui, deux formes de gouvernement étaient légitimes : l'autorité du *faqîh* et celle que la communauté exerçait sur elle-même à travers le pouvoir limité des *mujtahid*. Il estimait que la *wilâyat al-faqîh* n'était pas adaptée à une société multiconfessionnelle comme le Liban. Amal disposait alors d'un important bloc de députés au Parlement, dont Nabih Berri devint le président quasi inamovible.

C'est l'intégration d'Amal au système politique libanais qui suscita l'émergence d'un nouveau mouvement : le Hezbollah. Issu d'une scission d'Amal en 1982, porté par le discours révolutionnaire de l'Imam Khomeyni à un moment où la République islamique entendait exporter sa révolution, le Hezbollah apparut comme le mouvement le plus apte à parachever l'émancipation des chiites du Liban initiée par Amal. Si les deux mouvements s'affrontèrent brutalement à la fin de 1988 à Beyrouth, Amal se déclara néanmoins solidaire du Hezbollah durant le conflit israélo-libanais de 2006. Pendant cet été-là, l'aura du Hezbollah n'a cessé de grandir, et Amal fait aujourd'hui profil bas face à lui. Les deux partis sont en fait alliés au niveau national, ce qui n'empêche pas une rivalité parfois aiguë sur le plan local, et les affrontements entre jeunes des deux factions (notamment sur le campus de l'Université libanaise) ne sont pas rares.

Le Hezbollah, transposition libanaise des contradictions iraniennes

Le Hezbollah (« Parti de Dieu ») est probablement le plus grand succès de la République islamique d'Iran dans ses efforts pour exporter la révolution islamique. Fondé en juin 1982 en réaction à l'invasion israélienne du Liban, mais révélé au grand jour en février 1985, ce mouvement politique chiite s'est constitué à partir d'un noyau d'origine, sa branche armée, la Résistance islamique (Al-muqâwama al-islâmiyya). Sa filiation avec la République islamique est historique puisqu'il a été créé avec un soutien politique et un financement iraniens. Son idéologie s'inspire du principe de la *wilâyat al-faqîh* tel que Khomeyni l'a mis en application en Iran. Sur ce modèle, il est rapidement devenu la principale organisation capable de s'opposer à l'occupation par Israël du sud du pays. Tout en leur fournissant moyens financiers et armes, la République islamique, dont le Guide intervenait dans les décisions stratégiques, permit aux dirigeants locaux des mouvements chiites d'asseoir leur propre légitimité. Plus directement, l'Iran exerçait un pouvoir sur les services de sécurité et de renseignement du Hezbollah.

C'est en publiant son manifeste fondateur dans le quotidien libanais *As-Safîr* le 16 février 1985 que le Hezbollah a révélé son existence. Ses principes tels qu'il les énonce sont la fidélité à l'ayatollah Khomeyni, l'appel à l'instauration d'un régime islamique, à l'expulsion des États-Unis, de la France et d'Israël du territoire libanais, ainsi qu'à la destruction de l'État hébreu. Le 1er décembre 2009, une nouvelle charte se substituant à celle de février 1985 a été rendue publique par Hasan Nasrallâh. Elle recentre les objectifs et la vision du Hezbollah à long terme : si la résistance face à la menace israélienne reste la priorité, on dénote une volonté d'infléchir l'image d'un parti souvent présenté par ses adversaires comme replié sur lui-même. Ainsi, le Hezbollah appelle désormais l'État libanais à renforcer « le rôle de la femme dans la société, l'indépendance de la justice, la lutte contre la corruption, la décentralisation et la préservation de toutes les libertés publiques ». Il se prononce « contre toute forme de partition du pays et y défend le multicommunautarisme ». Il refuse « toute forme d'implantation ou de naturalisation des réfugiés palestiniens, tout en prônant une extension de leurs droits ». Important glissement sémantique : le Hezbollah passe de la revendication initiale d'un État islamique à un programme politique applicable à un « État moderne », avec des références aux normes du droit international. Il poursuit aussi son immersion dans le cadre libanais en utilisant le mot « nation ». Toutefois, plusieurs des principes que rappelle la charte (non-discrimination des femmes, démocratie) sont peu appliqués dans les faits. Par ailleurs, le texte ne fait plus mention du principe de la *wilâyat al-faqîh*, qui conférait à l'Iran, en particulier au Guide de la révolution, une autorité morale et religieuse sur le Hezbollah. Au sujet d'Israël, la charte stipule que le parti « s'oppose catégoriquement à tout compromis avec [ce pays] comme à reconnaître sa légitimité », soulignant que « cette position est irrévocable, quand même le monde entier reconnaîtrait Israël ». Ainsi, le Hezbollah prend acte à son tour du caractère inapplicable du système politique prôné par Khomeyni, constat d'autant plus vrai dans une société multiconfessionnelle comme la société libanaise, où les chiites ne constituent qu'une majorité relative.

Dans les régions à prédominance chiite, le Hezbollah a progressivement pris la place de sa rivale Amal, accusée de corruption là où lui-même est loué pour sa probité et son assistance aux défavorisés. L'encadrement de la jeunesse par les écoles Al-Mahdi et par le mouvement scout du même nom joue un grand rôle dans l'assise sociale du mouvement. L'Association de scouts Al-Mahdi, fondée en 1985, rassembla rapidement des dizaines de milliers de garçons et filles. Reconnue par la fédération libanaise du scoutisme, mais non par la fédération mondiale, elle met l'accent sur l'éducation religieuse et patriotique tout en niant son caractère de groupe paramilitaire. Les scouts Al-Mahdi sont associés aux manifestations religieuses et politiques – 'Ashûra, ramadan, Jour de la résistance et de la libération (25 mai), entre autres occasions. Les filles portent le voile à partir de neuf ans et les activités mixtes sont interdites, à la différence d'autres groupes de scouts. Al-Mahdi entretient une certaine rivalité avec les scouts Al-Risâla (« Le Message »), liés à l'autre parti chiite, Amal. Le Hezbollah est également actif dans le domaine social à travers hôpitaux, écoles et orphelinats.

À partir d'avril 1988, on l'a dit, le Hezbollah et Amal se sont violemment opposés pour le contrôle du sud de Beyrouth. Après deux semaines de combats qui firent 600 morts, le Hezbollah occupa pratiquement toute la zone disputée. L'armée syrienne s'interposa alors pour faire cesser les affrontements. Cette guerre fratricide se clôtura par une trêve en janvier 1989, puis par un accord de paix en octobre 1990.

Le destin du Hezbollah est intimement lié à la personnalité d'un jeune clerc qui, sans être un *mujtahid*, s'est révélé un homme politique hors du commun. Hasan Nasrallâh, le secrétaire général actuel du Hezbollah, est devenu une célébrité internationale. Au Liban aujourd'hui, lorsqu'on parle du « Sayyid », nul n'est besoin de préciser de quel *sayyid* il s'agit.

Le chef du Hezbollah serait né en 1960 à Beyrouth, dans la banlieue est de la capitale, près du quartier de la Quarantaine où cohabitaient alors chiites, Kurdes et Arméniens. Il a passé son enfance à Nab'a, un quartier habité par des chiites de condition très modeste, à l'image de sa famille. Nasrallâh a fréquenté l'école publique de Sinn al-Fîl, ce qui ne l'empêchait pas d'être assidu dans certaines mosquées. On le voyait souvent notamment à la mosquée de Nab'a, Usrat al-ta'âkhi (« L'École de la fraternité »), dirigée par Muhammad Husayn Fadlallâh. Son immense admiration pour Mûsa al-Sadr fut la cause de son enrôlement dans Amal.

Lorsque la guerre civile éclata au Liban, en 1975, la famille de Hasan Nasrallâh fut contrainte de quitter Beyrouth pour se réfugier à Tyr. C'est là qu'il décida de rejoindre Amal. En 1976, il partit pour Najaf étudier le *fiqh*. Il entra alors en contact avec la pépinière de jeunes ulémas qui animaient le renouveau culturel et politique chiite en Irak. Un étudiant libanais, Abbâs Mûsawi, le présenta à Muhammad Bâqir al-Sadr, qui l'accueillit au sein de la *hawza*. L'intensification de la répression du régime baassiste contre le clergé chiite en Irak l'obligea à un retour précipité au Liban. Abbâs Mûsawi était alors l'un des dirigeants d'Amal. C'est dans son école dans la Bekaa que Hasan Nasrallâh allait enseigner. En 1982, après l'invasion israélienne du Liban, Mûsawi et Nasrallâh quittèrent Amal pour rallier la nouvelle organisation soutenue par l'Iran et acquise aux idées de Khomeyni : le Hezbollah. Entre 1985 et 1986, Nasrallâh serait parti pour l'Iran, à Qom, afin d'y reprendre ses études. Mais il fut contraint de regagner le Liban en 1986, alors que se produisaient les premiers accrochages entre Amal et le Hezbollah. Après la mort d'Abbâs Mûsawi, tué par un missile israélien, Hasan Nasrallâh fut incité par Khamenei et le Conseil de délibération du Hezbollah à prendre la tête du parti, une fonction où il fut ensuite régulièrement réélu. Sa proximité avec le Guide de la République islamique, Ali Khamenei, le fit souvent accuser d'incarner une direction « iranienne ». Ces accusations repartirent de plus belle lorsque, en décembre 1994, Nasrallâh reconnut officiellement Khamenei comme *marja'*. En retour, le Guide de la République islamique en fit son représentant au Liban, l'autorisant à collecter les impôts religieux en son nom.

Les premières actions connues du Hezbollah contre des intérêts occidentaux remontent à 1983. En janvier, une grenade fut lancée contre une patrouille militaire française. En mars, deux patrouilles américaines durent essuyer de semblables attaques. En avril, le Hezbollah fut accusé de l'attentat suicide contre l'ambassade américaine à Beyrouth, qui fit 63 morts. Le 23 octobre 1983, deux attentats suicides simultanés contre la Force multinationale firent 248 morts américains et 58 morts français.

Sous la conduite de Nasrallâh, le Hezbollah a connu un essor sans précédent, au point d'être considéré comme un État dans l'État et comme le plus sérieux adversaire de l'armée israélienne au Sud-Liban. Nasrallâh a fait évoluer la stratégie du parti : auparavant, les combattants du Hezbollah menaient des attaques frontales contre l'armée israélienne, laissant derrière eux des dizaines de morts ; désormais, les attaques sont plus ciblées, plus efficaces. Le Hezbollah s'attribue le mérite du retrait israélien du Sud-Liban (mai 2000), vu comme la conséquence de son action militaire, et Nasrallâh est perçu comme celui qui a su tenir en échec les offensives israéliennes *Règlement de compte* (1993) et *Raisins de la colère* (1996). La libération de la quasi-totalité du Sud-Liban d'une occupation israélienne qui durait depuis 1978 l'a propulsé au rang de héros national et arabe. Cette année-là, le Hezbollah a remporté 12 sièges au Parlement. En 2006, la résistance du Hezbollah à l'offensive israélienne a encore accru son prestige.

Les Gardiens iraniens de la révolution fournissent au Hezbollah missiles et autres armements capables de menacer Israël. Les Pasdaran forment en Iran plusieurs milliers de miliciens du Hezbollah aux techniques de la guérilla, aux tirs de missiles et d'artillerie, à l'utilisation de drones, à la guerre maritime, à des opérations de guerre conventionnelle. Plusieurs dizaines de pilotes sont également entraînés. En 2013, la branche militaire du Hezbollah constitue une véritable armée conventionnelle et confessionnelle disposant de 5 000 à 8 000 combattants, d'une réserve de jeunes chiites entraînés dans ses camps et d'un arsenal important.

Si l'Iran demeure le principal donateur du mouvement, la Syrie participe aussi à son financement, de même que certaines ONG à travers le monde. Il ne faut pas oublier non plus les dons et une partie du *khums* – un cinquième des revenus de la population chiite et de la diaspora libanaises. Peu à peu, le Hezbollah a diversifié ses sources de financement : il est notamment soupçonné par les pays occidentaux de recourir au commerce illicite de diamants, au trafic de drogue, au racket et à la contrebande.

Lors des élections de mai-juin 2005, le Hezbollah a recueilli 11 % des suffrages, et le Bloc de la résistance et du développement, auquel il appartenait, 27,4 %. Il prône désormais l'entente et le dialogue, sans ingérence extérieure. Hasan Nasrallâh se prononce en faveur d'un « gouvernement d'unité nationale ». Fort de ses 14 députés (sur 128), le Hezbollah a fait pour la première fois son entrée au gouvernement le 19 juillet 2005. Il a obtenu officiellement un seul ministère sur vingt-quatre – celui de l'Énergie –, mais en réalité trois officieusement, puisque les ministres des Affaires étrangères et du Travail sont aussi considérés comme pro-Hezbollah.

Le 14 février 2005, Rafic Hariri, Premier ministre sunnite du Liban, est tué dans un attentat à l'explosif perpétré contre son cortège. La crise politique qui s'ensuit fait naître un mouvement de protestation appelé la « révolution du Cèdre ». Les manifestants pointent un doigt accusateur sur Damas, voyant dans les troupes syriennes une armée d'occupation dont ils exigent le retrait du Liban. La position du Hezbollah s'en trouve temporairement affaiblie, mais le conflit de 2006 contre Israël va bientôt lui permettre de se poser de nouveau en champion de la résistance arabe face à Tel-Aviv. En attendant, une enquête internationale est ouverte, les Occidentaux accusant la Syrie et le Hezbollah d'être les instigateurs de l'assassinat de Hariri, ce que les intéressés nient en bloc. En réaction à la « révolution du Cèdre », Nasrallâh appelle les Libanais à manifester le 8 mars 2005 pour remercier l'armée syrienne et rendre hommage à ses soldats qui se sont sacrifiés sur le sol libanais pendant les longues années de la guerre civile. Ainsi naît le « mouvement du 8-Mars », qui rassemble les opposants à la « révolution du Cèdre », également nommée « mouvement du 14-Mars ». En février 2006, après plusieurs mois de négociations avec le Courant patriotique libre, Nasrallâh rencontre le général maronite Michel Aoun et les deux hommes signent un document d'entente. Le camp pro-syrien se range en ordre de bataille face à la majorité parlementaire.

Le 7 mai 2008, après que le gouvernement libanais a annoncé son intention de faire gérer par l'armée les infrastructures du Hezbollah, le chef du « Parti de Dieu » menace de « couper la main » de quiconque « touchera aux armes de la résistance ». Ses partisans prennent possession de Beyrouth-Ouest jusqu'à ce que, le 10 mai, Nasrallâh leur ordonne de laisser place à l'armée libanaise. Les combats se poursuivent un temps dans le Chouf et à Tripoli, mais Nasrallâh accepte finalement la médiation du Qatar pour y mettre un terme.

Le 12 janvier 2011, le gouvernement de Sa'ad Hariri, fils de Rafic Hariri, tombe à la suite de la démission des onze ministres d'opposition de l'Alliance du 8-Mars (dont le Hezbollah fait partie). Les ministres démissionnaires entendent protester contre le refus du Premier ministre de désavouer le Tribunal international, qui menace d'accuser des membres du Hezbollah du meurtre de son père.

De juin 2011 à mars 2013, le Hezbollah participe au gouvernement présidé par Najib Mikati, qui intègre les partis prosyriens. Les retombées de la guerre civile syrienne et les désaccords sur l'organisation des élections législatives provoquent la chute du cabinet. En mai-juin, puis en novembre-décembre 2013, les forces du Hezbollah et du régime syrien se trouvent engagées dans une série de combats à Al-Qusayr, non loin de la frontière libanaise, puis dans la région montagneuse de Qalamûn, carrefour stratégique entre Damas et le centre de la Syrie, mais aussi base opérationnelle d'importants groupes rebelles, dont le Front al-Nosra, qui auraient commis ou tenté de commettre plusieurs attentats contre le Hezbollah au Liban.

Formation légale au Liban, le Hezbollah est diversement perçu par la communauté internationale. Les États-Unis, le Canada, l'Australie, le Royaume-Uni, les Pays-Bas et Bahreïn l'ont intégré à leur liste d'organisations terroristes. Le 22 juillet 2013, l'Union européenne a classé à son tour sa branche militaire sur sa liste d'organisations terroristes. Quant aux six pays arabes du Golfe, dominés par des dynasties sunnites, ils ont placé le Hezbollah sur leur liste noire en ne faisant aucune distinction entre le parti politique et sa branche armée.

En effet, le Hezbollah est tenu pour responsable de nombreuses prises d'otages d'Occidentaux – principalement des diplomates ou des journalistes, mais aussi des soldats israéliens – et d'attentats meurtriers contre la Force multinationale à Beyrouth, dont deux perpétrés en 1983 contre les contingents américain et français. Pourtant, Hasan Nasrallâh a toujours déclaré s'opposer au terrorisme.

Alors que le Hezbollah jouissait d'une réelle popularité dans le monde arabe du fait de ses actions au Sud-Liban contre l'armée israélienne et de ses attaques sur le territoire israélien, son intervention dans la guerre civile en Syrie aux côtés de l'armée syrienne fait qu'il est désormais très contesté dans le monde sunnite.

Sayyid Fadlallâh, « guide spirituel du Hezbollah » ou candidat à la marja'iyya ?

Un *marja'* libanais a longtemps été crédité du statut de « chef » ou, à tout le moins, de « chef spirituel » du Hezbollah : sayyid Muhammad Husayn Fadlallâh (1935-2010). Après avoir fait droit à cette rumeur jusqu'en 1990, l'intéressé, brouillé avec le « Parti de Dieu », a ensuite nié farouchement cette réputation. S'il n'en a pas été effectivement le chef, Fadlallâh a bel et bien été l'idéologue du Hezbollah, au moins aux débuts du parti dans les années 1980.

Fadlallâh est né à Najaf. Libanais, son père était parti pour la ville sainte d'Irak en 1928 pour y poursuivre, comme tant d'autres, ses études de théologie. C'est dans un *kuttâb*, une école coranique, qu'il commença son apprentissage du Coran en même temps que de la lecture et de l'écriture. Il conserva de cette période une aversion pour l'enseignement religieux traditionnel, ce qui explique son détour par une école de journalisme qu'il fréquenta deux années de suite. Son père avait été son premier maître et c'est lui qui l'initia à une passion qui ne le quitta jamais : la littérature, et plus particulièrement la poésie.

Fadlallâh s'est très tôt engagé aux côtés de Muhammad Bâqir al-Sadr et de tous ces jeunes ulémas se voulant en rupture avec l'image traditionnelle du religieux. C'est à Najaf, sous la protection de l'ayatollah Muhsin al-Hakîm, qu'il participa à la fondation du premier parti islamiste en Irak, le parti Da'wa. En 1966, à l'âge de trente et un ans, il avait déjà terminé ses études religieuses sous la supervision des ayatollahs Khû'i et Muhsin al-Hakîm. C'est alors qu'il rentra au Liban et alla s'établir dans le quartier pauvre de Nab'a, à l'est de la capitale libanaise. Là, il devint l'animateur de l'association Usrat al-ta'âkhi, installée dans la mosquée du quartier. Il ouvrit un dispensaire, une *husayniyya* et une *hawza*. Multipliant les conférences sur des sujets d'actualité, il attira par son enseignement de nombreux jeunes, dont certains allaient jouer un rôle décisif dans la création du Hezbollah, comme Abbâs Mûsawi et Hasan Nasrallâh.

Mais, en 1976, Nab'a fut prise par les phalangistes. Fadlallâh se réfugia d'abord à Bint Jbayl, dans le Sud. Puis, suivant le flot des réfugiés qui fuyaient les combats entre Israéliens et Palestiniens, il vint s'installer à Bir al-Abed, dans la banlieue sud de Beyrouth. C'est là, en 1978, qu'il devint le représentant au Liban de l'ayatollah Khû'i. Il fonda l'association Mabarrât, grâce à laquelle il put ouvrir plusieurs bibliothèques publiques, un centre culturel pour les femmes et une clinique. Par ses écrits et son activisme sur la scène sociale et culturelle, il s'affirma rapidement comme une personnalité centrale du clergé chiite au Liban. Après la disparition du charismatique Mûsa al-Sadr en 1978, son seul concurrent était Muhammad Mahdi Shams al-Dîn.

Sayyid Fadlallâh a toujours condamné les ingérences américaine et israélienne dans les affaires intérieures libanaises et dénoncé l'impérialisme et le sionisme. Il a défendu la République islamique d'Iran au moment où son rival, cheikh Shams al-Dîn, président du Conseil supérieur chiite, prenait ses distances avec elle.

Ainsi, Fadlallâh, même s'il n'approuvait pas la *wilâyat al-faqîh* de Khomeyni, est apparu comme le plus grand religieux à soutenir Téhéran. Dans ses prêches, il appelait à la résistance armée face aux forces d'occupation israéliennes, au Liban, en Cisjordanie et dans la bande de Gaza. Il a été la cible de nombreuses tentatives d'assassinat, notamment un attentat à la voiture piégée qui, en 1985, a tué 80 personnes. L'opération aurait selon lui été organisée à l'instigation de la CIA et financée par les services secrets saoudiens avec le soutien des services secrets libanais.

Réputé pour ses opinions novatrices en matière sociétale, Fadlallâh a participé en 1998, à l'Université américaine de Beyrouth, à une conférence sur les droits de la femme. Le 25 novembre 2007, à l'occasion de la Journée mondiale contre les violences faites aux femmes, il a émis un avis juridique qualifiant toutes les formes de violences faites aux femmes de « comportement humain parmi les plus ignobles » et dénonçant la violence comme contraire aux préceptes de l'islam. Fadlallâh a aussi indiqué que « la femme peut répondre à la violence physique de l'homme contre elle par une violence équivalente à titre d'"auto-défense" », rejetant toute notion de supériorité ou de souveraineté masculine sur la femme. Cette fatwa a eu un impact important dans l'ensemble du monde arabe, où elle a fait naître de nombreux débats. Elle a même été interprétée par certains médias arabes comme proclamant « le droit de la femme à frapper son mari et à quitter son lit ». Fadlallâh a également condamné l'excision et autorisé l'hyménoplastie.

Durant les années 1980, Fadlallâh a maintenu des relations cordiales avec le Hezbollah. Son anti-impérialisme, son soutien total à la résistance à l'occupation israélienne et à la cause palestinienne, son allégeance envers Khomeyni : tout semblait le rapprocher du « Parti de Dieu ». Les causes de leur mésentente sont à rechercher dans la difficile succession de Khomeyni, qui a mis au jour les contradictions du système politique iranien, et dans l'aspiration de Fadlallâh à incarner à son tour une haute autorité religieuse.

Contrairement à Hasan Nasrallâh, Fadlallâh a émis, en tant que *mujtahid*, des réserves à propos de la théorie khomeyniste de la *wilâyat al-faqîh*. Après la mort de l'ayatollah en 1989, il ne s'est pas senti tenu de suivre son successeur, Khamenei, sur toutes les questions. Alors que le Hezbollah fomentait ses premiers attentats suicides, en 1983, le *marja'* libanais condamna ces opérations, rappelant que l'islam interdit de se suicider. Il condamna de la même façon les attentats du 11 septembre 2001 aux États-Unis. Ce qui ne l'empêcha pas de publier, en 2003, une fatwa interdisant aux musulmans d'aider les Américains à occuper une terre d'islam, au moment même où ceux-ci fonçaient sur Bagdad. Il ne cessa par ailleurs de fustiger la politique de colonisation juive à Jérusalem-Est et, jusque dans son dernier prêche, de critiquer le soutien apporté par Washington à l'État hébreu.

Fadlallâh était plus intéressé par la *marja'iyya* que par un parcours d'activiste politique. C'est pourquoi il s'est attaché à se camper en *marja'*, s'éloignant des positions strictement partisanes pour mieux asseoir son statut de modèle à imiter. Pour bien souligner son indépendance par rapport à l'Iran, il n'a pas hésité à désacraliser le personnage de Fâtima, dont la tombe à Qom attire des millions de pèlerins iraniens, à contester l'infaillibilité des Imams et à se rapprocher des sunnites – trop, aux yeux de certains. Rien de surprenant à ce qu'une véritable cabale ait été montée contre lui depuis Qom.

Dans les dernières années de sa vie, Fadlallâh a résidé à Beyrouth, où il était le principal leader spirituel de la communauté chiite libanaise et, au-delà, une voix très écoutée dans le monde chiite, de l'Asie centrale au Golfe. Au lendemain de sa mort en juillet 2010, des centaines de milliers de personnes vêtues de noir, hommes et femmes, assistèrent à ses funérailles dans le sud de la capitale.

Lorsqu'on considère la longue marche de la communauté chiite libanaise vers son émancipation, on ne peut qu'être admiratif : méprisée, pauvre et non reconnue il y a un siècle, elle est devenue, grâce notamment à son dynamisme démographique, la première communauté du Liban en termes d'organisation et de mobilisation. Le clergé chiite a joué un rôle essentiel dans ce processus d'émancipation politique et sociale. Émancipation politique, car le premier parti chiite, le Hezbollah, devenu un acteur régional incontournable, est perçu comme un État dans l'État avec lequel aucun autre parti ni aucune milice ne sont à même de rivaliser aujourd'hui au Liban ; émancipation sociale, car les anciennes structures féodales ont été pulvérisées pour laisser se développer une classe moyenne instruite dont sont issus la plupart des cadres du Hezbollah.

Certes, cette course à la puissance a son revers : la domination du Hezbollah sur une communauté traditionnellement plurielle peut inquiéter. Son engagement dans la guerre civile en Syrie, décidé par Nasrallâh, est critiqué par certains chiites, y compris au sein même du parti. La confessionnalisation des conflits au Levant et en Irak ne peut faire oublier que les chiites demeurent minoritaires dans la région. Et l'émancipation communautaire peut tourner à l'enfermement si elle joue contre l'émancipation citoyenne, le rôle du clergé, puis la révolution islamique en Iran, ayant eu pour effet de « confessionnaliser » les chiites du Liban.

XIII

Le clergé chiite dans le Golfe en première ligne des oppositions ou le triomphe des enjeux locaux[1]

Le Golfe ne fait pas partie des « régions » historiques du chiisme. Les chiites du Golfe entretiennent donc avec les capitales du chiisme (Najaf, Qom) un rapport qui est celui d'une périphérie avec le centre. Le clergé chiite dans cette région a suivi des filières transnationales dont les origines sont soit iraniennes, soit irakiennes, soit libanaises. Ici, point ou peu de grands ayatollahs, mais une foule d'ulémas dont certains n'ont pas même le statut de *mujtahid*. Naviguant entre de multiples allégeances locales et internationales, ces dirigeants religieux n'en ont pas moins réussi à prendre la direction des principaux mouvements d'opposition aux régimes en place pour l'obtention de droits civiques.

Tous les chiites du Golfe ont pour point commun d'être dominés politiquement et socialement par des dynasties tribales sunnites. Comme en Irak, c'est dans la hiérarchie propre au monde bédouin qu'il faut chercher l'origine de cette domination. Alors que les aristocrates du désert, les grands chameliers nomades, arboraient fièrement leur sunnisme, teinté pour certains de conceptions fondamentalistes, les tribus de paysans chiites séden-

---

1. Voir Laurence Louër, *Chiisme et politique au Moyen-Orient, op. cit.*

tarisées ou semi-sédentarisées se retrouvaient pour beaucoup soumises à la « protection » des seigneurs du désert. Ici peut-être plus qu'ailleurs encore, droits des chiites et revendications sociales sont intimement liés.

La domination exclusive de familles tribales sunnites remise en cause

Au début du XXe siècle, la communauté chiite de Bahreïn (environ 75 % de la population) se trouvait dans une situation d'extrême oppression. La dynastie des Âl Khalîfa, qui règne actuellement dans cet émirat, était, à l'origine, une tribu sunnite venue du centre de la péninsule Arabique et qui conquit l'archipel au XVIIIe siècle, soumettant les populations paysannes locales – chiites – à un système de quasi-servage. Le fossé séparant la société des seigneurs conquérants de celle des soumis conquis ne s'est jamais véritablement comblé. En l'absence d'intégration, la dynastie régnante a toujours considéré sa population chiite comme un danger contre lequel elle devait se prémunir.

À partir de 1919 cependant, les Britanniques, institués « protecteurs » de Bahreïn par le traité de 1861 et qui s'étaient octroyé en 1904 le pouvoir de contrôler les étrangers présents sur l'île, commencèrent à intervenir dans ses affaires intérieures. Leur première mesure consista dans des réformes administratives, comme la création d'une cour de justice indépendante. Ces réformes furent très bien accueillies par les chiites, mais beaucoup moins par les sunnites, puisque l'autorité de la famille régnante Âl Khalîfa se voyait limitée pour la première fois. En 1923, des affrontements majeurs opposèrent ainsi chiites et sunnites.

En 1932, d'autres abus de la classe dirigeante, comme le travail forcé sur ses terres et un système d'impôts inique, furent enfin abolis, à la satisfaction de la paysannerie chiite. Toutefois, le clivage confessionnel et social subsistait. Au milieu des années 1950, les chiites se soulevèrent pour protester contre les attaques répétées dont ils étaient l'objet de la part des sunnites. Unis à certains nationalistes arabes d'obédience sunnite, ils engagèrent un ample mouvement en faveur de réformes politiques. En novembre 1956, à la suite de la nationalisation du canal de Suez par Nasser, le gouvernement arrêta et exila tous les leaders nationalistes. En 1971, le chah d'Iran renonça à sa revendication de longue date sur Bahreïn, ce qui eut pour effet d'y apaiser les tensions, les chiites étant souvent soupçonnés de sympathies envers l'Iran. (À noter que 10 % des chiites de Bahreïn, bien que présents depuis des générations, sont d'origine iranienne, et qu'il convient d'y ajouter plus de 5 000 migrants iraniens.)

Les chiites installés sur le territoire de ce qui deviendrait à partir de 1932 le royaume d'Arabie Saoudite se trouvaient dans une situation très semblable. Au début du XXe siècle, ils vivaient sous le régime relativement tolérant de l'Empire ottoman. Puis, en 1913, les wahhabites, sous la direction d'Abd al-Azîz ibn Sa'ûd, réoccupèrent la région. Les chiites furent victimes de leur idéologie puritaine et antichiite, les wahhabites étant par ailleurs secondés par les Ikhwân, tribaux fanatiques. En 1925, Ibn Sa'ûd occupa La Mecque et Médine ; les wahhabites saccagèrent les tombes vénérées par les chiites, notamment dans le cimetière Al-Baqî' de Médine. La dureté du pouvoir wahhabite s'atténua notablement quand Ibn Sa'ûd se retourna contre les Ikhwân et les liquida en 1929. Cependant, les manifestations publiques de la foi chiite demeurèrent bannies.

En 1938, la découverte de pétrole dans la province côtière du Hasa, où résidaient la grande majorité des chiites d'Arabie Saoudite, modifia la donne. L'exploitation pétrolière induisant le déferlement de milliers d'étrangers, les chiites profitèrent, dans une certaine mesure, du développement de la région, grâce en particulier, à partir de 1944, à l'Arabian American Oil Company (ARAMCO), qui leur fournit des emplois non qualifiés. La firme constitua pour eux un puissant moteur d'ascension sociale entre les années 1950 et 1970. Toutefois, craignant une subversion chiite menée à partir du poumon économique du royaume, elle décida, au moment de la révolution islamique en Iran, d'éliminer les chiites de la plupart de ses échelons supérieurs. Ces derniers sont désormais minoritaires au sein de l'ARAMCO. Aujourd'hui, les chiites sont estimés dans une fourchette allant de 6 à 20 % de la population saoudienne, mais ils restent majoritaires dans la province pétrolière, en particulier dans les villes d'Al-Qatîf et d'Al-Hufûf. De nombreux Indo-Pakistanais travaillant dans la province sont également chiites.

À Bahreïn et en Arabie, les tribus sunnites régnantes sont perçues comme des allogènes occupant un territoire d'autochtones (les Bahârna à Bahreïn, les gens du Hasa en Arabie). Au Koweït, en revanche, les rapports des chiites avec l'État n'ont jamais été caractérisés par un tel degré de conflictualité. Dans ce pays, les grandes familles marchandes chiites se sont implantées en même temps que la famille régnante des Âl Sabâh, et leurs relations mutuelles ont été scellées par un pacte de paix tacite. Bien que le Koweït soit en large majorité sunnite, des travailleurs saisonniers chiites du sud de l'Irak ou du Hasa s'y rendent régulièrement en grand nombre. On estime que les chiites du Koweït représentent plus du quart de la population.

Les chiites à la pointe des revendications citoyennes

L'accession de Bahreïn à l'indépendance en 1971, conjuguée à la pression exercée sur la famille régnante Âl Khalîfa, inaugura une période de réformes. Une première expérience de démocratisation associant les chiites fut tentée, l'émir cheikh Îsa autorisant l'élection d'une assemblée chargée de rédiger une Constitution. L'assemblée fut élue en 1972. Elle comprenait quatorze chiites et huit sunnites, mais l'émir annula l'avantage des chiites en nommant huit députés de son choix, tous sunnites. La Constitution fut votée en décembre 1973, et une Assemblée nationale élue au suffrage universel masculin le même mois. C'est un chiite qui en devint le président élu. L'opposition d'obédience marxiste et nationaliste arabe y dominait, talonnée par les islamistes chiites liés au parti irakien Da'wa. En 1975, le gouvernement tenta d'édicter des lois sécuritaires sans passer par l'Assemblée, ce qui mit un terme brutal à la courte expérience parlementaire : le Parlement fut dissous, la Constitution suspendue, de nombreux leaders de l'opposition exilés. À compter de cette date, le rétablissement de la Constitution de 1973 et celui du Parlement devinrent des revendications récurrentes de l'opposition.

À Bahreïn comme dans la province saoudienne du Hasa, de même qu'en Irak et au Liban, une fraction importante des chiites militait alors dans des mouvements de la gauche marxiste. Les chiites du Hasa avaient bien des motifs de mécontentement. Leurs commémorations religieuses étaient toujours interdites en public. Les manuels scolaires continuaient de présenter le chiisme comme une perversion de l'islam. Les discriminations à l'emploi étaient nombreuses, et les régions à majorité chiite, pourtant situées au cœur de la zone pétrolière, étaient abandonnées à leur sort. Les chiites se firent entendre à la faveur de la révolution islamique en Iran. En 1979 éclatèrent des manifestations à Al-Qatîf, ville à écrasante majorité chiite. Inquiet de l'agitation régnant dans sa province pétrolière, le gouvernement saoudien décida d'expulser systématiquement tous les Iraniens ou supposés tels.

Les réseaux shîrâzistes contre le parti Da'wa

La plupart des mouvements islamistes chiites actifs dans le Golfe, région périphérique du chiisme, ont été fondés ou sont dirigés par des clercs. Au milieu des années 1960, un jeune religieux du nom de Muhammad Shîrâzi (1928-2001), dont le père dirigeait le plus grand séminaire de Karbala, se déclara *marja'* en Irak et lança une campagne active pour imposer son autorité religieuse. Avant Khomeyni, il formula une doctrine du gouvernement de l'État par le clergé, *shûra al-fuqâha* (le conseil des *faqîh*). À ce titre, il dénonça le parti irakien Da'wa, qu'il considérait comme « occidentalisé ». Son frère, Hasan Shîrâzi (1934-1980), développa particulièrement ce point dans ses écrits, qui inspirèrent directement leur neveu, Muhammad Taqi Mudarrisi (né en 1945). Celui-ci créa en 1979 l'Organisation de l'action islamique en Irak à partir d'un noyau formé en 1961, le Mouvement du Message (Harakat al-Risâla). En raison des liens familiaux exposés ci-dessus, les partisans de cette mouvance sont appelés « shîrâzistes » (*shîrâziyyîn*).

Les shîrâzistes, qui, depuis leur bastion de Karbala, s'étaient posés en adversaires de l'*establishment* de Najaf et en rivaux du parti Da'wa, se constituèrent à leur tour en réseau transnational au cours des années 1970. À l'instar du parti Da'wa, le Mouvement du Message créé en Irak par Mudarrisi franchit les frontières irakiennes. Le premier à prendre le chemin de l'exil fut Hasan Shîrâzi. Après sa libération au terme de plusieurs mois de torture dans les geôles de Saddam Hussein, il choisit de s'installer à Damas, plus précisément à proximité du mausolée Sayyida Zaynab, qui allait jouer un rôle central dans l'organisation du réseau shîrâziste. Son séminaire demeure aujourd'hui la plus grande école chiite de Syrie.

Les pays du Golfe sont l'autre point d'ancrage des shîrâzistes, notamment le Koweït, Bahreïn et l'Arabie Saoudite. Muhammad

Shîrâzi et sa famille, ses deux frères et ses neveux – dont Muhammad Taqi Mudarrisi –, s'installèrent au Koweït en 1971. De là, le réseau s'étendit dans le Golfe. En 1973, Hâdi Mudarrisi, frère cadet de Muhammad Taqi, s'établit à Bahreïn. En Arabie, la figure centrale du clergé chiite est Hasan al-Saffâr (né en 1958 à Al-Qatîf), qui a rejoint le réseau shîrâziste. Le Koweït n'a jamais engendré d'ulémas chiites locaux aussi importants.

Le parti islamiste irakien Da'wa, quant à lui, s'est d'abord implanté à Bahreïn. Au sein de sa filière bahreïnie se trouvait Îsa Qâsim, alors jeune clerc, qui deviendrait la principale figure religieuse chiite de l'émirat. En 1973, plusieurs militants du parti Da'wa furent élus au premier parlement de l'histoire du pays et y constituèrent le deuxième groupe en importance après les progressistes.

Les shîrâzistes vont dominer en Arabie Saoudite et au Koweït, tandis que Bahreïn sera plutôt la terre d'élection des partisans du parti Da'wa. Qu'est-ce qui distingue les deux mouvances ? Fondamentalement, c'est leur rapport à l'institution religieuse de la *marja'iyya*. Tandis que le parti Da'wa est tacitement patronné par les plus grands *marja'* (les fils de l'ayatollah Muhsin al-Hakîm et l'ayatollah Muhammad Bâqir al-Sadr, entre autres), la filière shîrâziste s'est développée, depuis Karbala, à partir des ambitions de son mentor, l'ayatollah Muhammad Shîrâzi, et de sa détestation de l'*establishmen*t religieux. Dans la pratique, les deux courants adoptent presque systématiquement des positions opposées. Contrairement au parti Da'wa, Hâdi Mudarrisi n'a pas été un acteur de la crise qui, à Bahreïn, a abouti à la dissolution du Parlement en 1975. Alors que le parti Da'wa persistait à chercher une issue politique, les shîrâzistes envisageaient des solutions plus radicales : pourquoi pas un coup d'État (1981) ? Le parti Al-Wifâq (« La Concorde ») a tout de même réussi à les réunir pendant quelques années (2001-2006).

La haine entre le parti Da'wa et shîrâzistes a atteint des sommets au Koweït et à Bahreïn, où la *marja'iyya* de Najaf, dirigée par l'ayatollah Abû'l-Qâsim Khû'i à partir des années 1970, est allée jusqu'à diffuser des communiqués dénonçant l'illégitimité de la *marja'iyya* de Muhammad Shîrâzi, personnalité décidément très controversée.

Les réseaux de ce dernier ont été les premiers à se mettre au service de l'exportation de la révolution islamique. C'était pour eux une façon de s'affirmer face à la *marja'iyya* de Najaf et au parti Da'wa, lié au chah à ses débuts. Les shîrâzistes étaient alors proches de Montazeri. Les deux frères Mudarrisi profitèrent de leurs connexions avec le régime de Téhéran pour lancer des mouvements révolutionnaires structurés : l'Organisation pour la révolution islamique dans la péninsule Arabique, dirigée par Hasan al-Saffâr en Arabie Saoudite ; le Front islamique de libération (aujourd'hui dissous), créé par des proches de Hâdi Mudarrisi à Bahreïn.

Quelques mois après la révolution iranienne, Muhammad Shîrâzi établit ses quartiers à Qom et rendit visite à Khomeyni. Mais les relations entre les deux hommes se détériorèrent rapidement, le premier critiquant la traque systématique des opposants mise en œuvre par le second et allant même jusqu'à considérer la *wilayat al-faqîh* comme une forme de dictature contraire à l'islam. Malgré sa brouille avec Khomeyni, Muhammad Shîrâzi put continuer à travailler en Iran jusqu'à la mort de celui-ci. Avec l'arrivée au pouvoir de Khamenei, il commença à être victime de harcèlement de la part des autorités iraniennes, et il mourut dans un climat d'hostilité à son encontre. Sous la houlette de Hâdi Mudarrisi, les militants golfiens des réseaux shîrâzistes quittèrent alors l'Iran pour la Syrie et s'installèrent à la fin des années 1980 à Sayyida Zaynab, où Hasan Shîrâzi avait créé la première *hawza* au cours de la décennie précédente.

Se prémunir contre la contagion de la révolution islamique dans le Golfe

C'est peu de dire que le triomphe de la révolution islamique en Iran a plongé les dirigeants arabes du Golfe dans la panique. L'instauration d'un tel régime n'aurait-elle pas dû plutôt être saluée par les dirigeants saoudiens, qui fondaient eux aussi leur système politique sur une légitimité islamique? Mais les islamismes chiite et sunnite ne se recoupaient aucunement. Il s'est donc engagé entre les deux grandes branches de l'islam un processus de confrontation qui marque encore aujourd'hui le paysage politico-religieux de la région. La révolution islamique en Iran a dégradé les relations entre Téhéran et Riyad, qui sont devenus des ennemis déclarés. Le discours révolutionnaire de Khomeyni, opposant les oppresseurs (*mustakbarîn*) aux opprimés (*mustaz'afîn*), avait tout pour inquiéter des dynasties affrontant une montée des revendications citoyennes. La conception khomeyniste de la sécurité dans le Golfe, sans les Américains, était une autre source de crainte. Dès lors, le chiffon rouge du « complot iranien » fut systématiquement agité par les dirigeants arabes de la péninsule en réponse à des mouvements politiques et sociaux motivés par des enjeux intérieurs qu'ils refusaient de prendre en considération.

Après la révolution islamique iranienne, les tensions entre chiites et sunnites s'avivèrent encore dans toutes les pétromonarchies du Golfe. En juillet 1979, un religieux iranien, l'ayatollah Mohammed Sâdeq Rôhâni, déclara à Téhéran que l'abandon des revendications iraniennes sur Bahreïn avait été le fait d'un souverain illégitime et n'était donc plus d'actualité. Bien qu'il eût été désavoué et limogé par les autorités iraniennes, l'idée avait bel et bien ressurgi. Au mois de septembre suivant, Hâdi Mudarrisi et cheikh Abd al-Razzâq Jawâhiri, représentants de Khomeyni à Bahreïn, furent arrêtés et expulsés vers l'Iran. D'abord chassé d'Irak, Hâdi

Mudarrisi vivait à Bahreïn depuis son exil décrété par le chah. Il fut déchu de la nationalité bahreïnie. Tous les livres en provenance d'Iran furent interdits et les posters de Khomeyni déclarés illégaux. La contestation s'amplifia à Bahreïn quand un leader chiite, Muhammad Ali al-Akri, fut emprisonné. Puis, en 1980, en signe de solidarité avec Muhammad Bâqir al-Sadr, qui devait être exécuté dans l'année par le régime de Saddam Hussein, les manifestations reprirent de plus belle. Le « complot » pro-iranien du supposé Front islamique de libération de Bahreïn fut encore invoqué en décembre 1981, prétexte à l'arrestation de dizaines d'habitants d'un village chiite.

Le gouvernement de Bahreïn était préoccupé au plus haut point par les répercussions de la révolution islamique sur les chiites, qui, dans l'émirat, correspondaient toujours aux couches les moins privilégiées de la population. Les sunnites vivaient alors dans les villes et étaient sur-représentés dans l'armée et au sein du gouvernement. Les chiites composaient la population rurale – paysans travaillant dans les palmeraies et pêcheurs. Au XXᵉ siècle, beaucoup d'entre eux migrèrent vers les villes, où ils occupèrent des emplois aux plus bas échelons de l'administration. En 1996, Îsa Qâsim fut accusé de fomenter un coup d'État avec l'aide du Hezbollah bahreïni. Arrêté, il fut contraint de faire des aveux publics – une extorsion forcée que dénoncèrent les organisations des droits de l'homme.

Le Koweït ne fut pas épargné par l'onde de choc de la révolution islamique, d'autant que Khomeyni gardait une rancune tenace contre ses dirigeants, qui lui avaient interdit de s'installer dans l'émirat lorsqu'il avait dû quitter l'Irak. Au début de 1979, peu après la révolution iranienne, des manifestations éclatèrent dans la capitale koweïtie. Les chiites protestaient contre leur statut de citoyens de seconde zone et leur faible accès à la manne pétrolière. Le 24 septembre 1979, sayyid Abbâs al-Muhri, désigné comme représentant de Khomeyni au Koweït, fut arrêté avec dix-neuf autres ulémas, privé de sa citoyenneté koweïtie et expulsé. Tous les posters de Khomeyni furent déchirés et interdits. Depuis l'Iran, al-Muhri commença à prôner l'extension de la révolution islamique dans le Golfe, mais se retira ensuite de toute activité politique. Dans les années 1980, pendant la guerre Iran-Irak, le Koweït fut victime d'attaques armées organisées conjointement par le Hezbollah libanais et le parti Da'wa irakien. L'émir lui-même échappa de peu au mitraillage de sa voiture en 1985.

En Arabie Saoudite, les villes du Hasa furent le théâtre de manifestations chiites en novembre 1979. À l'occasion de 'Ashûra, des milliers de chiites défilèrent en brandissant des portraits de Khomeyni. En février 1980, d'autres manifestations eurent lieu pour réclamer une redistribution plus équitable des revenus du pétrole. En 1987 enfin, les manifestations de pèlerins iraniens à La Mecque, qui se terminèrent dans un bain de sang, portèrent à son comble la tension entre l'Arabie et l'Iran. Toutefois, au cours des années 1980, il semble que les chiites saoudiens aient pris conscience qu'ils devaient privilégier leur relation avec le pouvoir de leur pays plutôt que l'influence iranienne.

En Arabie et à Bahreïn notamment, la révolution islamique d'Iran fut donc un catalyseur des frustrations d'une communauté privée d'accès au pouvoir et en butte à de nombreuses discriminations. Au Koweït, en revanche, cette révolution ne bénéficia pas d'un mouvement de soutien d'une aussi grande ampleur. Seule une manifestation dirigée par Abbâs al-Muhri en février 1979 témoigna de la sympathie de certains chiites koweïtis pour l'évolution en cours dans le pays voisin. Dans les années 1980, des attentats aboutirent à l'expulsion de chiites vers l'Iran. Imputés par le pouvoir au parti Da'wa, ils visaient à pousser l'émir à retirer son soutien à Saddam Hussein dans sa guerre contre l'Iran.

La deuxième guerre du Golfe, consécutive à l'occupation du Koweït par l'Irak en 1990, permit aux chiites du Koweït de s'autonomiser par rapport à l'Iran et de mettre en avant à la fois leur attachement à l'intégrité territoriale du pays et leur loyauté envers la famille régnante. Tel fut notamment le parti choisi par les shîrâzistes.

Le clergé à la tête des partis islamistes et des mouvements pour les droits civiques

À la suite de la guerre du Koweït (1991), la réconciliation entre les chiites et les régimes en place au Koweït et en Arabie semblait en bonne voie. Prévalaient les enjeux locaux et une redéfinition de la relation à l'Iran. À Bahreïn seul, l'apaisement tardait à venir.

Bahreïn, en effet, se singularisa comme l'épicentre des affrontements confessionnels dans la région. C'est dans ce contexte qu'éclata l'*intifâda* de 1994-1999. Né d'une vague de protestation contre le chômage, le mouvement, dirigé par un jeune clerc chiite, Ali Salmân (né en 1965), était d'abord le résultat d'une exaspération ancienne face à une situation sociale de plus en plus dégradée. On était donc loin d'une tentative pour étendre la révolution islamique au pays. C'est l'arrestation d'Ali Salmân, en 1994, qui suscita une série d'émeutes, sévèrement réprimées. Cette répression provoqua en retour le soulèvement de la population chiite, dont Ali Salmân eut tôt fait d'émerger comme le leader incontesté.

Ali Salmân était un jeune clerc formé à Qom, mais il ne présentait en rien le profil du militant pro-iranien. Son *marja'* n'était pas Khamenei, mais Khû'i, puis Sîstâni. Même s'il était proche d'Îsa Qâsim, l'un des fondateurs du parti Da'wa à Bahreïn, il n'avait jamais formellement milité dans ce parti. Lorsqu'il fut contraint à l'exil, en 1995, il choisit de se rendre non pas en Iran, mais à Londres. Autorisé à rentrer à Bahreïn en 2001 grâce à l'accession au pouvoir d'un nouvel émir décidé à transformer son pays en monarchie constitutionnelle, il fonda le parti Al-Wifâq, qu'il concevait comme une structure destinée à rassembler tous les courants de l'opposition chiite en soldant les vieilles querelles, notamment entre le parti Da'wa et les shîrâzistes. Alors que la génération précédente avait été socialisée politiquement au sein de mouvements venus d'Irak, Ali Salmân était un leader issu des dynamiques socio-politiques locales.

En février 2001 fut promulguée une Charte nationale prévoyant le rétablissement des institutions et du Parlement, et dont les termes, en partie négociés, stipulaient le caractère démocratique du régime, la séparation des pouvoirs et la suprématie de la souveraineté populaire. Le nouvel émir, cheikh Hamad bin Îsa Âl Khalîfa, semblait ainsi tourner la page de vingt-cinq années de plomb marquées par les exils politiques, les tortures et les répressions meurtrières. En 2002, il promulgua même une nouvelle Constitution reconnaissant le droit de vote aux femmes, mais il le fit de façon unilatérale, sans en référer aux élus. Cheikh Hamad s'y proclamait roi et, surtout, imposait par des voies anticonstitutionnelles une Loi fondamentale à sa main, rognant les prérogatives du Parlement, dont il entendait nommer la moitié des quatre-vingts membres. L'opposition jugea que ce texte représentait une régression par rapport à la Constitution de 1973, qui avait été votée par le Parlement.

Ali Salmân scella alors une alliance avec les libéraux, héritiers des mouvements marxistes et nationalistes arabes des années 1970. Leur programme commun comportait notamment le rétablissement de la Constitution de 1973. Devant le refus du régime, les élections législatives de 2002 furent boycottées. En 2006, en revanche, sur l'insistance d'Ali Salmân, qui avait une réputation de « modéré », Al-Wifâq décida de participer aux législatives. Un vif débat interne eut lieu au sein du parti, aboutissant à sa scission et à la naissance d'Al-Haqq (« Le Droit »), opposé à la levée du boycott et rassemblant diverses figures historiques du mouvement. Al-Wifâq et Ali Salmân brandirent une supposée fatwa de l'ayatollah Sîstâni approuvant la participation aux élections : pourquoi ce qui était bon à Bagdad ne le serait-il pas à Manama? Cheikh Ali Salmân fut élu au Parlement, où il siégea de 2006 à 2010.

À la fin de décembre 2005, Muhammad Sanad, un clerc jusqu'alors peu intervenu dans le débat politique, fut arrêté à l'aéroport de Manama. Aux yeux du pouvoir, il était le énième agent envoyé par Téhéran pour déstabiliser Bahreïn. En réalité, Sanad avait juste soutenu une pétition lancée quelques semaines auparavant par le mouvement chiite Al-Haqq et réclamant un référendum sur la Constitution de 2002. L'abrogation de cette Constitution reste aujourd'hui à Bahreïn une revendication récurrente de l'opposition, qui affirme que ce texte interdit toute évolution démocratique du régime. Le régime, lui, continue de systématiquement rejeter la responsabilité des crises politiques sur l'attitude supposée expansionniste de l'Iran. La participation d'Al-Wifâq aux élections de 2006, en tout cas, ne permit pas de rétablir la confiance entre régime et opposition.

Seul parti important de l'opposition « légalement déclarée », Al-Wifâq recueillit un score écrasant de 64 % des suffrages lors des élections d'octobre 2010, malgré les efforts du régime pour enrôler les nouveaux naturalisés et inscrire sur les listes électorales des sunnites saoudiens aux racines bahreïnies miraculeusement exhumées. Mais cette victoire ne se traduisit que par l'obtention de 18 des 40 sièges soumis au scrutin; en effet, en raison d'un découpage dénoncé par Al-Wifâq, il fallait jusqu'à six fois plus de suffrages pour élire un de ses députés que pour élire un représentant des zones sunnites du sud du pays. Moins de quatre mois plus tard, le 14 février 2011, le mouvement démocratique célébra le dixième anniversaire de l'adoption de la Charte nationale en rejoignant le mouvement des révolutions arabes.

Aujourd'hui, les principales figures de l'opposition chiite bahreïnie, dont le mot d'ordre est toujours le rétablissement du Parlement et de la Constitution de 1973, sont directement issues des réseaux du parti Da'wa. C'est le cas de l'ayatollah Îsa Qâsim (né en 1937), de loin le clerc le plus influent sur la scène chiite de l'émirat. Né dans une famille de pêcheurs, il fréquenta d'abord les écoles gouvernementales. En 1962, il choisit d'aller faire des études religieuses à Najaf, où il demeura quatre ans. Là, il rencontra Muhammad Bâqir al-Sadr, dont il suivit assidûment les séminaires. Au début des années 1990, il partit pour Qom, où il obtint en 2001 sa licence d'*ijtihâd*. Dès lors, ses partisans lui décernèrent le titre d'ayatollah.

Îsa Qâsim entama sa carrière politique en 1972 lorsqu'il regagna Bahreïn pour participer aux élections législatives. Il fut élu à une écrasante majorité et eut une grande influence sur la rédaction de la Constitution de 1973. Mais il est surtout connu comme le guide spirituel d'Al-Wifâq, parti avec lequel il entretient le même type de rapport que sayyid Fadlallâh avec le Hezbollah. À Bahreïn, l'échec des shîrâzistes a laissé la voie libre aux anciens du parti Da'wa, qui persiste dans son œuvre de conscientisation pacifique.

À l'inverse, en Arabie Saoudite, la mouvance islamiste chiite est dominée par les shîrâzistes. Avant la guerre du Golfe, Hasan al-Saffâr avait fait des appels du pied au régime saoudien en rebaptisant Mouvement pour la réforme son Organisation pour la révolution islamique dans la péninsule Arabique. En 1993, pour conjurer le spectre d'une alliance entre islamistes chiites et sunnites, le régime saoudien procéda à une large ouverture en vue d'une réconciliation : les principaux dirigeants shîrâzistes, Hasan al-Saffâr en tête, furent autorisés à rentrer dans le pays. Le retour des opposants en exil ne permit cependant pas de modifier la situation des chiites.

Les attentats du 11 septembre 2001 et la chute de Saddam Hussein furent à l'origine d'une ouverture sans précédent des Âl Sa'ûd vis-à-vis de leur population chiite, à la tête de laquelle on trouvait les anciens révolutionnaires regroupés autour de Hasan al-Saffâr. Ce dernier multiplia les déclarations d'allégeance à la famille régnante, alors déstabilisée par l'accession au pouvoir des chiites à Bagdad. Dans un geste historique, le prince régent Abdallâh reçut Hasan al-Saffâr et les autres dirigeants des chiites saoudiens. Pour la première fois, on put voir des ulémas chiites coiffés de leur turban côtoyer des dignitaires sunnites. Ce fut une forme de reconnaissance du pluralisme religieux au sein du royaume.

Les islamistes chiites réalisèrent un bon score aux premières élections municipales de 2005. Certaines revendications chiites furent entendues : les tribunaux religieux chiites furent enfin réformés, et les entraves systématiques mises à la construction de mosquées chiites furent levées. Là encore, le contexte local, saoudien, l'emportait sur le contexte régional. Mais les discriminations à l'emploi, notamment à l'ARAMCO, demeurent. La stratégie nationaliste de Hasan al-Saffâr est critiquée par un nombre croissant de chiites. Par ailleurs, l'irruption des « printemps arabes », avec leur dégénérescence confessionnelle, a fait ressurgir les clivages religieux et mis à l'épreuve le rapprochement entre les chiites et la famille régnante.

Reste le cas du Koweït. Sur le plan politique, les shîrâzistes y sont demeurés discrets. Ce n'est qu'en 1991 qu'ils se sont constitués en groupe politique, avant de se présenter aux élections législatives de 1999. Le Koweït est en effet un sanctuaire pour les shîrâzistes. C'est là que la mutation nationaliste de la *shîrâziyya* apparaît la plus prometteuse, la situation des chiites y ayant toujours été plus favorable. Les shîrâzistes ont semblé en passe d'expulser leurs rivaux chiites, étant parvenus à rassembler tous les chiites au sein d'un même parti, le Rassemblement pour la justice et la paix, qui a remporté de bons scores aux élections.

Il faut rappeler que le Koweït est une monarchie constitutionnelle et parlementaire dotée du système le plus inclusif de la région. Les femmes y ont obtenu le droit de vote et celui d'éligibilité en 2005, et tous les groupes du pays sont représentés aux différents scrutins. Traditionnellement proches du pouvoir, les chiites ont désormais deux listes : l'Alliance nationale islamique, qui adhère à l'idéologie de la République islamique tout en étant légitimiste, et le Rassemblement pour la justice et la paix. Toutefois, là encore, les « printemps arabes » ont mis à mal le système en réexacerbant les conflits confessionnels. Chiites contre islamistes sunnites et salafistes : cette configuration concerne dorénavant aussi le Koweït.

Notons enfin que, si les mouvements chiites des monarchies du Golfe sont tous dirigés par des clercs, leur processus de décision est en voie de sécularisation : les ulémas dirigent ainsi en concertation avec des cadres laïques ou de façon institutionnalisée. C'est notamment le cas d'Al-Wifâq à Bahreïn et de l'Alliance nationale islamique au Koweït. Au sein de cette dernière, Husayn Ma'tûk, formé à Qom et portant le turban, dispose d'un pouvoir moindre que les laïcs de son parti.

Le « printemps arabe » à Bahreïn

Bahreïn a été le seul pays du Golfe touché par le « printemps arabe ». Celui-ci a pris la forme d'un soulèvement en février 2011. La place de la Perle à Manama est devenue l'équivalent bahreïni de la place Tahrir du Caire, avec des rassemblements quotidiens réclamant des réformes en vue d'une démocratisation du régime.

Face à la persistance – jusqu'à ce jour – de ce mouvement de contestation animé par les chiites, le pouvoir a alourdi les peines frappant les auteurs de violences, introduisant la peine de mort ou la prison à perpétuité si celles-ci occasionnaient des morts ou des blessés. Les autorités ont également interdit les manifestations dans Manama. En 2013, selon la Fédération internationale des droits de l'homme (FIDH), 89 personnes avaient été tuées à Bahreïn depuis le début de la contestation.

Tout au long du soulèvement de 2011, Îsa Qâsim a conduit l'opposition au roi Hamad bin Îsa Âl Khalîfa. « Les dirigeants sunnites de Bahreïn ont traité les protestations antigouvernementales des chiites réclamant plus de droits dans le royaume comme si elles émanaient d'ennemis de l'État », a-t-il déclaré dans un sermon prononcé le 16 septembre. Il a ajouté : « La politique de la terreur et le refus des dirigeants sunnites de réformer ont renforcé la détermination de la majorité chiite de Bahreïn. »

Le 14 mars 2011, le Conseil de coopération du Golfe (CCG) a donné son feu vert à un déploiement militaire à Bahreïn. Sous le nom de Force de protection de la péninsule, les troupes envoyées par l'Arabie Saoudite et les Émirats arabes unis ont occupé l'archipel à majorité chiite, officiellement pour y protéger les bâtiments publics. L'opposition a réagi avec vigueur à ce qu'elle considérait comme une occupation. Dénonçant publiquement cette opération, l'ayatollah Îsa Qâsim a assimilé la politique répressive du régime bahreïni à un refus de permettre aux chiites d'être représentés au sein du gouvernement. Le 18 mars, il a précisé que les forces du CCG avaient commis une grossière erreur et qu'il « aurait été fier de les voir plutôt intervenir pour venir en aide à [ses] frères de Gaza ».

L'adéquation presque parfaite entre les clivages sociaux et les clivages confessionnels en Arabie et surtout à Bahreïn explique

que les mouvements chiites, le clergé à leur tête, aient évolué vers des positions de plus en plus favorables à des mesures sociales et à des réformes démocratiques. C'est désormais dans le cadre d'un ample mouvement pour les droits civiques qu'intervient le clergé chiite, avec des revendications qui semblent en partie s'inscrire dans la lignée de celles des années 1960 et 1970, portées par la gauche marxiste et le mouvement nationaliste arabe.

XIV

Irak : le clergé chiite à l'épreuve du confessionnalisme

Peu de pays au monde ont connu une descente aux enfers aussi terrible que celle qu'endure l'Irak depuis plus de trente ans : trois guerres meurtrières – celle entre l'Irak et l'Iran (1980-1988), celle du Koweït (1991), puis celle de 2003 menée par les Américains –, à quoi il faut ajouter une insurrection majeure – celle de 1991, consécutive à la défaite irakienne au Koweït –, une mise sous tutelle internationale longue de douze années (1990-2003) dou-blée d'un embargo sévère, le retour à un régime d'occupation occi-dental, l'effondrement de l'État qui s'est ensuivi en 2003, enfin deux guerres confessionnelles successives – celle de 2005-2008, puis celle qui a débuté en 2011. Face à un tableau aussi apoca-lyptique, comment s'étonner que des tendances messianiques et millénaristes se soient imposées chez nombre de chiites irakiens ? La prépondérance de la mouvance sadriste, qui a pu manifester à un moment donné un certain anticléricalisme, l'illustre bien. C'est comme si l'Irak, berceau du chiisme et terre du sacrifice de l'Imam Husayn à Karbala, devait revivre éternellement les affres du martyre.

Un clergé chiite laminé

La *marja'iyya* fut décimée sous le régime de Saddam Hussein. La répression culmina en 1980 avec un événement majeur dans l'histoire du chiisme en Irak : l'exécution secrète, le 8 avril, d'un *marja'*, l'ayatollah Muhammad Bâqir al-Sadr. En 1985, ce furent dix membres de la famille al-Hakîm qui furent exécutés. Les principales familles religieuses payèrent très cher leur effort pour maintenir la *marja'iyya* à Najaf, puisque l'arme chimique fut utilisée contre elles et que des populations nombreuses furent déportées. On peut considérer que la *marja'iyya* se replia largement à Qom, en Iran, mais le prestige de Najaf demeura grâce à la persévérance d'un religieux, l'ayatollah Abû'l Qâsim Khu'i.

Né en 1901 à Khoï, dans l'Azerbaïdjan iranien, l'ayatollah Khû'i arriva à Najaf à l'âge de treize ans, son père ayant fui le régime constitutionnaliste de Perse à un moment où les nationalistes s'étaient retournés contre leurs anciens alliés religieux. Cela n'empêcha pas qu'il devînt un élève des hérauts du constitutionnalisme religieux en Irak, les ayatollahs Khurâsâni, Nâ'îni et Shaykh al-Sharî'a. Devenu le premier *marja'* du monde chiite à la mort de Muhsin al-Hakîm en 1970, devançant même Khomeyni en popularité, l'ayatollah Khû'i a consacré sa vie au développement des centres d'enseignement de la religion, si bien que la grande majorité des ulémas chiites de par le monde furent ses élèves, notamment de nombreux candidats à la *marja'iyya*. Parmi ses disciples, il faut citer l'ayatollah Fadlallâh, ex-chef spirituel du Hezbollah libanais, Muhammad Mahdi Shams al-Dîn, qui dirigea le Conseil supérieur chiite au Liban, Muhammad Mahdi al-Asefi, ex-dirigeant du parti irakien Da'wa, Mahmûd al-Hâshimi (Shahrûdi), ex-porte-parole de l'Assemblée suprême de la révolution islamique en Irak et ex-président de l'institution judiciaire iranienne, aujourd'hui candidat à la succession de Khamenei. La

Fondation Khû'i, à Londres, peut être considérée comme une extension de la *marja'iyya* de Najaf : elle fut longtemps dirigée par deux des fils du grand *marja'*, Abd al-Majîd et Yûsif.

Le quiétisme de Khû'i se manifestait par son retrait absolu par rapport à tout ce qui était politique. Mais il faut avouer que, sous un régime comme celui de Saddam Hussein, le seul fait de vouloir maintenir la *marja'iyya* à Najaf était déjà héroïque.

D'importants ulémas ont été les promoteurs de la revendication islamiste en milieu chiite. Lorsque Khomeyni apparut comme un nouveau *marja'*, une certaine confusion s'installa : la plupart des islamistes irakiens le suivirent en matière politique, mais imitèrent Khû'i pour ce qui relevait de la vie quotidienne. Toutefois, parmi la *marja'iyya* chiite, une majorité continua de suivre les préceptes quiétistes de Khû'i jusqu'à sa mort, en août 1992.

La guerre contre l'Iran fut une épreuve sans précédent pour les chiites irakiens. Ne les conviait-on pas à combattre le pays considéré comme le protecteur des chiites à travers le monde? Cette guerre était le prolongement hors des frontières d'un conflit interne à l'Irak. Prise en tenaille entre les deux États, soumise à une répression inédite qui décima ses élites, la communauté chiite d'Irak put donner l'impression d'une certaine loyauté envers le régime de Saddam Hussein. Il est vrai que la revendication de la *wilâyat al-faqîh*, alors prônée par Téhéran, ne faisait pas l'unanimité en son sein. Mais ces divergences tendirent à s'atténuer dès lors qu'il apparut que le pouvoir visait les chiites et leurs chefs religieux en tant que tels. La propagande officielle put aussi trouver un certain écho parmi des chiites très attachés à l'identité irakienne. Grâce à la rente pétrolière, qui lui permettait de pratiquer une large politique de redistribution, le régime put retarder l'échéance d'une défection massive.

La révolution islamique en Iran avait suscité l'émergence de partis politiques islamistes chiites dans l'ensemble du monde musulman. Ce fut le cas aussi en Irak. Après l'exécution de l'aya-tollah Muhammad Bâqir al-Sadr, il ne semblait subsister que des « nains » sur le terrain de l'activisme religieux et politique : Muhammad Bâqir al-Hakîm, l'un des fils de l'ayatollah Muhsin al-Hakîm, sans grand charisme et considéré par beaucoup comme prisonnier de la politique iranienne ; les Mudarrisi, trop mar-qués par leur attitude hostile à l'*establishment* religieux de Najaf. Seuls Mahdi al-Hakîm, fils aîné de Muhsin al-Hakîm, et cheikh Muhammad al-Asefi, porte-parole du parti Da'wa, paraissaient avoir la stature de dirigeants politico-religieux. Mahdi al-Hakîm fut, après bien d'autres, assassiné par des agents baassistes irakiens à Khartoum en 1988. Quant à al-Asefi, le fait qu'il œuvrât en faveur de l'Iran le contraignit à quitter la direction du parti Da'wa.

Ce parti a probablement été le plus important d'Irak dans les années 1980 et 1990. S'il a soutenu sans réserve la révolution islamique en Iran, certains de ses dirigeants étaient opposés au principe de la *wilâyat al-faqîh* ou le restreignaient dans de grandes proportions. Longtemps dirigé de façon collégiale par un bureau politique où siégeaient, aux côtés de cheikh Muhammad al-Asefi, un certain nombre de jeunes clercs, le parti Da'wa, à la différence des autres organisations islamistes, avait un programme politique précis. Ses membres furent les premiers parmi les islamistes chiites irakiens à accepter le principe d'élections libres et le multipartisme dans le cadre d'un régime constitutionnel et parlementaire, ainsi que la coopération avec les partis laïques, notamment le Parti communiste, ancien rival au sein de la communauté chiite. Dès 1980, le parti Da'wa publia un *Manifeste pour la compréhension mutuelle* dans lequel il déclarait que toutes les forces d'opposition devaient s'unir pour renverser le régime de Saddam Hussein. Face au fédéralisme prôné par les Kurdes, il appelait à une décentrali-sation épousant le découpage des anciens vilayets ottomans. Cette décentralisation devait être régionale, et non pas fondée sur les divisions ethniques ou confessionnelles. Le parti refusait d'institutionnaliser ces dernières, car il y voyait un premier pas vers une partition. Préconisant la lutte armée à l'intérieur de l'Irak, il refusait de lier le destin du pays à la politique américaine. Différentes forces de guérilla dépendaient de lui et opéraient dans le Sud et à Bagdad sous le nom de Forces du martyr al-Sadr.

Deuxième en importance au sein de la mouvance islamiste chiite, l'Assemblée suprême de la révolution islamique en Irak (ASRII) avait un statut particulier. Fondée en 1982 en Iran sous la présidence de l'un des fils de l'ayatollah Muhsin al-Hakîm, elle était censée représenter toutes les organisations islamistes chiites d'Irak. À ses débuts, l'ASRII regroupait les partisans de Muhammad Bâqir al-Hakîm, le parti Da'wa, l'Organisation de l'action islamique des frères Mudarrisi et d'autres groupes islamistes chiites. Cependant, très vite, elle apparut comme le principal bras politique de l'Iran en Irak, ce qui conduisit ses membres à s'éloigner d'elle. Le parti Da'wa reprit sa liberté et les deux organisations devinrent indépendantes l'une de l'autre. Quant à l'Organisation de l'action islamique, qui s'était formée à Karbala à l'initiative des familles Shîrâzi et Mudarrisi, et qui s'était fait connaître en 1979 par des actions de guérilla dans Bagdad, elle reprit rapidement son indépendance au cours des années 1980.

L'ASRII était dirigée par un conseil consultatif et présidée par Muhammad Bâqir al-Hakîm, l'un des rares survivants de la famille al-Hakîm. Né à Najaf en 1937, il dirigeait l'Assemblée depuis Téhéran. Force est de constater qu'il ne réussit pas à apparaître comme l'unique héritier et successeur légitime de Muhammad Bâqir al-Sadr. Contrairement à ce dernier, il n'était pas reconnu comme *marja'*. Reprenant généralement les positions du gouvernement iranien au sein de l'opposition irakienne, il était l'interlocuteur privilégié des autorités de Téhéran pour tout ce qui touchait au dossier irakien, ainsi que pour la délicate gestion des camps de réfugiés irakiens en Iran. Muhammad Bâqir al-Hakîm revendiquait le rôle de défenseur des intérêts des milliers de chiites qui vécurent dans ces camps, le long de la frontière irakienne, pendant toute la durée du conflit. C'est parmi ces réfugiés que furent recrutés et entraînés, à partir de 1983, les hommes qui formèrent les bataillons Badr, le bras armé de l'ASRII. Ces forces, évaluées à environ 15 000 soldats en armes, se composaient d'une division d'infanterie, d'une division d'artillerie, d'une division blindée et d'une unité de guérilla. Elles étaient réparties dans le Sud, où les bonnes relations de l'ASRII avec le gouvernement iranien leur permettaient d'entrer en Irak par la zone des marais et le Kurdistan. Les bataillons Badr menèrent des actions ponctuelles contre l'armée irakienne dans les régions de Bassorah, Kût, Amâra et Nâsiriyya. Durant la guerre Iran-Irak, l'ASRII constitua la principale force armée dont disposait Téhéran en territoire irakien, alors que le régime de Saddam Hussein utilisait les Moudjahidin du peuple dans ses propres offensives en territoire iranien.

Le numéro deux de l'ASRII et son porte-parole, Mahmûd al-Hâshimi (Shahrûdi), était un élève de l'ayatolah Khû'i, mais aussi de Muhammad Bâqir al-Sadr. Il était considéré comme un *mujtahid*. Ses nouvelles responsabilités iraniennes lui firent prendre ses distances avec l'opposition irakienne, puisqu'il se percevait désormais comme un Iranien. Le troisième personnage de l'ASRII était Muhammad Bâqir al-Nâsiri, qui dirigeait l'Association des ulémas. Le frère cadet du président de l'ASRII, Abd al-Azîz al-Hakîm, dirigeait de son côté le Mouvement des mujâhidin irakiens, premier embryon des forces armées du mouvement islamiste chiite.

L'ASRII considérait l'Iran comme la base arrière de la révolution islamique en Irak. Elle apporta un soutien total à Khomeyni pendant et après la guerre entre l'Iran et l'Irak, espérant que le conflit entre les deux pays lui permettrait de renverser le régime de Saddam Hussein, voire d'accéder au pouvoir. À l'instar du parti Da'wa, l'ASRII préconisait en Irak des élections libres, un régime constitutionnel et parlementaire, ainsi que le multipartisme. Mais elle était réticente à l'idée du fédéralisme, qu'elle assimilait à un éclatement de l'Irak.

Créée comme lui dans la foulée de la révolution islamique en Iran, l'ASRII présentait de nombreuses similitudes avec le Hezbollah libanais. Mais elle ne connut pas le même destin, car elle fut rapidement victime de l'échec du confessionnalisme institutionnalisé en Irak.

Turbulences au sein de la marja'iyya

La *marja'iyya* en Irak fut victime d'une alliance stratégique inavouée : celle entre les États-Unis et le régime de Saddam Hussein. L'arrivée au pouvoir de Khomeyni avait bouleversé toute la stratégie des Américains. Une fois déchu le chah, leur principal allié dans la région, nul ne semblait en mesure de le remplacer comme gendarme régional. Washington avait alors commencé à voir l'Irak de Saddam Hussein d'un autre œil, une inclination qui allait se transformer en alliance de fait.

Le revirement de Washington fut chaleureusement salué dans la capitale irakienne. Saddam Hussein pensait que la reconnaissance de son rôle contre l'islamisme chiite lui conférerait une stature de leader du monde arabe. Il aspirait à avoir accès à la technologie américaine, qui avait fait la supériorité d'Israël. Au début de 1985, l'administration Reagan inaugura une politique ouvrant largement les achats de matériels aux Irakiens, alors en pleine guerre contre l'Iran : le lobby pro-irakien à Washington permit la vente à Bagdad des technologies occidentales les plus avancées, que l'Irak utilisa aussitôt contre l'Iran. Ce fut là une alliance militaire sans précédent entre les États-Unis et un pays du tiers-monde. Plus aucune restriction ne semblait limiter la vente à Bagdad de matériels dont les Occidentaux reprocheront ensuite à Saddam Hussein d'user sous l'appellation générique d'« armes de destruction massive ».

L'alliance entre Washington et le régime de Saddam Hussein se poursuivit au-delà du cessez-le-feu entre l'Iran et l'Irak. En 1988, Bagdad gaza les Kurdes à Halabja, et l'une des premières actions du président américain nouvellement élu, George H.W. Bush, en janvier 1989, fut de mettre son veto à une initiative de sénateurs américains visant à faire adopter le *Prevention of Genocide Act* à propos des Kurdes. L'exécutif américain ne s'était pas davantage ému des attaques réitérées à l'arme chimique contre les troupes iraniennes pendant le conflit. L'armée irakienne était devenue en quelque sorte le bras armé des grandes puissances et des pétromonarchies arabes du Golfe pour contenir une menace jugée majeure : la révolution islamique d'Iran. Ces mêmes pétromonarchies, notamment l'Arabie Saoudite et le Koweït, avaient largement financé la guerre de Saddam contre l'Iran.

La fin du conflit sonna l'heure des comptes pour le régime irakien. Le pays en ressortit endetté dans des proportions inimaginables. Lentement, mais sûrement, l'Irak avait resserré autour de son propre cou le nœud qui allait l'étrangler. Saddam Hussein avait cru pouvoir s'endetter sans limite auprès de ses créditeurs occidentaux et de ceux du Golfe. Sans doute pensait-il que sa puissance militaire serait reconnue et que la guerre qu'il avait menée contre la menace islamiste lui vaudrait de voir son ardoise effacée. N'avait-il pas sacrifié des centaines de milliers de ses soldats pour défendre indirectement les émirs et les monarques arabes du Golfe ? La suite prouva qu'il n'en était rien : la dette irakienne fut utilisée pour pousser le régime de Bagdad à la faute avec l'occupation du Koweït.

Au lendemain de la guerre contre l'Iran, l'Irak, bien qu'au bord de la banqueroute financière, était surarmé. Effrayés par cette puissance militaire, les États-Unis, Israël et les monarchies du Golfe se mirent d'accord pour se débarrasser de la menace qu'il constituait. Le petit émirat koweïti, aux frontières méridionales de l'Irak, insistait pour que son voisin rembourse ses dettes, ce qui était impossible compte tenu de l'état de destruction des infrastructures pétrolières irakiennes. Face au refus de Bagdad, qui fit valoir le prix du sang versé par ses soldats, le Koweït commença à inonder le marché de son pétrole, acculant l'économie irakienne à la faillite en raison de l'effondrement des cours ainsi provoqué. Saddam Hussein interpréta l'attitude du Koweït comme une déclaration de guerre et entreprit de préparer l'occupation du petit émirat, pensant que son alliance avec Washington ne serait pas remise en cause.

Le 2 août 1990, deux ans seulement après la fin de la guerre contre l'Iran, l'Irak envahit le Koweït, décrété « dix-neuvième province irakienne ». Ainsi s'ouvrit la deuxième guerre du Golfe, menée contre Bagdad par une vaste coalition regroupant les pays occidentaux et les pétromonarchies du Golfe. L'ONU imposa aussitôt, dès août 1990, des sanctions économiques à l'Irak. Saddam Hussein tenta de se rapprocher de l'Iran en reconnaissant l'accord d'Alger qui avait fixé la frontière entre les deux pays. Le 17 janvier 1991, la coalition lança l'opération *Tempête du désert*, marquée par des frappes aériennes massives. L'attaque au sol commença le 26 janvier. Le 26 février 1991, Saddam Hussein annonça son retrait du Koweït. Le fiasco militaire était total. Le 28 février, le président Bush décréta un cessez-le-feu.

C'est alors que, libérée de la peur par la défaite militaire, la population irakienne se souleva. Né dans la région de Bassorah, où les premiers à s'insurger furent les soldats en déroute, le mouvement gagna rapidement tout le pays. En quelques jours, quinze des dix-huit provinces irakiennes échappèrent, partiellement ou entièrement, au contrôle de Bagdad. Dans les régions chiites, l'insurrection prit l'allure d'une revanche féroce contre le Baas. Mais cette *intifâda* fut spontanée, anarchique. À Najaf, le vieil ayatollah Khû'i peinait à incarner une ligne directrice pour les insurgés. Dans la partie kurde, au contraire, les partis nationalistes encadraient la population. Bien que les Alliés eussent eux-mêmes appelé les Irakiens à se soulever, le commandement américain autorisa le régime de Saddam Hussein défait à utiliser la Garde républicaine, les hélicoptères et l'artillerie lourde contre l'*intifâda*. Ce fut un véritable carnage, surtout dans les villes saintes : la répression dans le pays chiite fit davantage de morts que la guerre du Golfe elle-même. Mais, les correspondants de presse étant absents, on n'en eut que peu d'images, contrairement à ce qui se passa au Kurdistan.

Occultée par l'ampleur de l'exode kurde, l'*intifâda* de mars 1991 en pays chiite fut sans précédent par son caractère généralisé et la rapidité avec laquelle elle s'étendit. En quelques jours, l'ensemble des régions chiites fut soustrait à l'autorité du gouvernement. Seule une partie de Bassorah, où s'étaient repliées des unités de la Garde républicaine, demeura sous le contrôle du pouvoir. La brutalité de la répression, menée par les unités d'élite de la Garde, qui utilisèrent massivement l'arme chimique, montra que le régime, s'il acceptait de perdre le Kurdistan, était en revanche bien déterminé à conserver le pays chiite. Les villes saintes furent les dernières à se rendre.

À Karbala, on se battit maison par maison ; le mausolée de l'Imam Husayn, où s'étaient réfugiés de nombreux habitants, fut bombardé et littéralement éventré. Témoignage de la férocité des combats, on ne trouvait plus un immeuble debout dans un périmètre de plusieurs centaines de mètres autour du tombeau. Il y aurait eu près de 30 000 morts en quelques jours dans cette seule ville, et plus de 100 000 en pays chiite.

La soif de vengeance du régime devait aller jusqu'à bouleverser la topographie et l'écosystème de certaines régions où les insurgés avaient trouvé refuge. À partir de 1991, le gouvernement irakien entreprit en effet d'assécher de vastes zones des marais du Sud. Décimée par des décennies de répression, la hiérarchie religieuse chiite ne put prendre la tête du mouvement, comme elle l'avait fait au début du siècle contre les Britanniques. Durant les douze jours où Najaf fut entre les mains des insurgés, l'organisation des opérations échut à l'ayatollah Khû'i et à ses fils, mais cette direction improvisée, dépourvue de cadres, dans un pays livré à l'anarchie, ne suffit pas à donner un sens à l'insurrection. L'implication de l'Iran dans les événements, dénoncée par le régime, se limita en fait à l'infiltration de combattants chiites dans la région de Bassorah. Ces conditions chaotiques n'empêchèrent pas que l'*intifâda* dans les provinces chiites revête un caractère nettement islamique, car c'est en tant que chiites que la plupart des insurgés prirent les armes contre le régime.

Ainsi débuta la répression la plus brutale de toute l'histoire de l'Irak. Elle toucha surtout les villes saintes chiites. Le gouvernement n'hésita pas à porter atteinte à la personne la plus sacrée aux yeux des chiites : leur grand *marja'*, l'ayatollah Khû'i. Il fut kidnappé et contraint d'apparaître à la télévision irakienne face à Saddam Hussein. Hagard, le vieil homme, turban de travers, répéta ce que lui dictaient ses tortionnaires, condamnant les « voyous » insurgés. Au même moment, la Garde républicaine bombarda les mausolées des Imams chiites à Najaf et à Karbala.

À partir de 1991, l'Irak vaincu fit l'objet d'une série de résolutions de l'ONU instaurant une véritable mise sous tutelle internationale, cependant que l'embargo était renforcé. En août 1992, sa souveraineté, déjà contestée au nord, fut limitée au sud du 32e parallèle « pour protéger les populations chiites ».

Khû'i mourut en août 1992. Abd al-A'la Sebzevâri, Iranien lui aussi, était alors, parmi les *mujtahid* de Najaf, celui qui apparaissait le plus apte à lui succéder, mais il succomba l'année suivante. De plus, la répression en Irak y rendait difficile de faire fonctionner la *marja'iyya*. Le pouvoir irakien chercha à désigner un uléma arabe encore inconnu, Muhammad Sâdiq al-Sadr, mais cette tentative tourna court. La grande majorité des chiites se rallièrent donc à Mohammed Reza Golpâyegâni, un religieux âgé de quatre-vingt-douze ans, résidant à Qom, et qui avait le soutien des autorités iraniennes pour succéder à Khû'i. Mohammed Rôhâni, son concurrent dans la ville de Qom, soutenu par la majorité des grands ayatollahs, dut battre en retraite.

Golpâyegâni mourut en décembre 1993. Après la *marja'iyya* transitoire d'Arâki (mort peu après sa reconnaissance comme *marja' a'la*), c'est une direction collégiale qui fut instituée. En effet, aucun candidat n'était acceptable par tous, en particulier par le gouvernement iranien, qui soutenait les prétentions de Khamenei à la *marja'iyya*. L'ayatollah Sîstâni, un Iranien résidant à Najaf, poursuivait l'héritage de Khû'i au prix d'immenses difficultés. Le 25 novembre 1996, sa résidence fut visée par une attaque qui coûta la vie à l'un de ses gardes – une nouvelle illustration des tentatives d'intimidation du pouvoir. Les autres grands ayatollahs présents en Iran, hostiles au régime de la république islamique à divers degrés, étaient tous des élèves de Khû'i.

Muhammad Sâdiq al-Sadr, le religieux que le gouvernement irakien avait tenté de promouvoir à la mort de l'ayatollah Khû'i, se révéla bien plus indépendant que prévu. Tout en prenant ses distances avec le pouvoir, il commença à intervenir sur un terrain extrêmement dangereux, celui de la prière du vendredi. Chez les chiites irakiens, cette prière était traditionnellement absente : une des raisons en était leur répugnance à prier derrière un imam sunnite ou à invoquer le nom du dirigeant dans les prêches, obligation à laquelle sacrifiaient les sunnites. La reviviscence de cette prière avait été un thème récurrent dans le clergé militant, avant même que Khomeyni en eût fait en Iran un élément clé de la mobilisation contre le pouvoir du chah. La prière du vendredi avait toujours été pratiquée dans ce pays, où les pouvoirs successifs se réclamaient tous du chiisme d'une façon ou d'une autre, alors que le gouvernement irakien la considérait comme un acte de guerre de la part des chiites.

Les prêches de Muhammad Sâdiq al-Sadr à Najaf attiraient un public de plus en plus nombreux. Malgré plusieurs avertissements, il persévéra et fut tué le 19 février 1999. Son assassinat provoqua le plus important mouvement d'insurrection depuis l'*intifâda* de mars 1991 ; les émeutes se propagèrent à Nâsiriyya, Kûfa, Kût, Amara, et jusqu'à Bagdad. Son nom s'ajoutait à la longue liste des religieux chiites assassinés par le pouvoir depuis la fin de la deuxième guerre du Golfe.

Désormais, la majorité des chiites irakiens, y compris les islamistes, considéraient l'ayatollah Sîstâni comme leur *marja'*. D'autres continuaient de se référer au défunt Muhsin al-Hakîm, bien que le dogme chiite eût interdit d'imiter un *marja'* mort. Enfin, certains suivaient toujours les avis de Khomeyni. S'il n'avait pas retrouvé le monopole dont il jouissait au début du XXᵉ siècle, le mouvement religieux était derechef la première manifestation politique de la communauté chiite. Les rapports entre le mouvement islamiste et la *marja'iyya* allaient dès lors dépendre en grande partie de l'évolution de la scène politique intérieure iranienne, mais aussi de la Fondation Khû'i à Londres. Au sein du mouvement islamiste, c'était la tendance « irakienne » qui prédominait, c'est-à-dire celle, islamiste ou non, qui entendait préserver l'indépendance de l'Irak par rapport à l'Iran, même si nul ne remettait en cause l'importance de ce dernier et la nécessité de maintenir les liens historiques, religieux et culturels unissant les deux pays.

Après des années de marginalisation et d'exil, l'invasion du Koweït fut l'occasion pour l'opposition irakienne d'apparaître de façon publique et organisée. En dépit de tout, le mouvement religieux chiite était paradoxalement celui qui recueillait la plus large audience. C'est dans ce contexte que se tint la première conférence significative de l'opposition irakienne, à Beyrouth, du 11 au 13 mars 1991, alors que l'*intifâda* se trouvait encore dans sa phase ascendante. Dans un climat d'euphorie, plus de 300 délégués représentant l'ensemble du spectre politique irakien prirent acte de leur volonté d'agir ensemble. Islamistes chiites, nationalistes arabes, Kurdes, communistes, délégués des minorités, démocrates et personnalités indépendantes, tous étaient persuadés de vivre les derniers jours du régime en place. Cette conférence s'acheva sur un appel à renverser Saddam Hussein et à instaurer en Irak un État constitutionnel et parlementaire respectant le multipartisme, avec organisation d'élections libres.

Cependant, avant que l'opposition ne parvienne à se réunir à nouveau, l'*intifâda* avait été réprimée. L'avenir apparut alors sous un jour bien différent. Les nationalistes arabes, le Parti communiste et les islamistes chiites ne participèrent pas à la réunion suivante. Ils reprochaient à ses organisateurs d'avoir cédé aux pressions américaines et britanniques, et de vouloir à tout prix imposer à l'ordre du jour le droit des Kurdes à l'autodétermination.

Du côté des partis islamistes, le parti Da'wa, dirigé par Muhammad al-Asefi, résidant à Qom en Iran, se retira du Congrès national irakien (CNI) en août 1993 afin de protester contre les tentatives des États-Unis pour placer l'opposition irakienne sous leur tutelle. Ce parti reconnaissait alors la *marja'iyya* de l'ayatollah Sîstâni à Najaf, tout en paraissant favoriser les prétentions à la *marja'iyya* de sayyid Fadlallâh, l'ex-guide spirituel du Hezbollah libanais. Le parti connut dans les années 1990 plusieurs scissions liées à la question des rapports avec l'Iran. Ainsi, Asefi exprima son soutien à Khamenei et se retira de la direction du parti Da'wa. Quant à l'assassinat de Muhammad Sâdiq al-Sadr, en 1999, il suscita des tensions avec Muhammad Bâqir al-Hakîm, résidant à Téhéran et considéré comme le protégé des Iraniens. En effet, l'ascension de l'ayatollah de Najaf avait été perçue par les religieux irakiens exilés en Iran comme une concurrence, et certains, dont Muhammad Bâqir al-Hakîm, ne s'étaient pas privés de la critiquer. Depuis lors, le parti Da'wa se réclame de l'héritage des « deux Sadr », Muhammad Bâqir et Muhammad Sâdiq, « martyrs de la foi » à près de dix ans d'intervalle et dont l'arabité est parfois opposée à l'iranité d'autres religieux.

L'ASRII, deuxième en importance au sein de la mouvance islamiste, s'engagea après la deuxième guerre du Golfe, avec l'approbation de l'Iran, dans une politique d'intenses contacts tous azimuts, multipliant les visites dans les pays arabes, notamment au Koweït, afin de s'assurer de leur soutien. Elle a longtemps maintenu une appartenance formelle au CNI, sur l'insistance des autorités iraniennes, qui voyaient là un moyen d'entrer en contact avec les États-Unis. Le parti Da'wa et l'ASRII divergeaient sur quelques autres points, en particulier l'embargo contre l'Irak et le nouveau tracé de la frontière avec le Koweït, très défavorable à l'Irak : le premier s'y opposait, la seconde les approuvait.

La marja'iyya *et l'occupation américaine*

Le 11-Septembre bouleversa radicalement la donne. Les néo-conservateurs arrivés au pouvoir à Washington firent de la lutte contre le terrorisme une cause nationale à laquelle sembla adhérer la quasi-totalité de l'opinion américaine. « Croisade », « axe du mal » : ces mots renvoyaient aux croisades de la chrétienté contre l'Orient byzantin et musulman, avant d'évoquer l'ère coloniale.

À partir de novembre 2001, les avertissements répétés des Américains à Saddam Hussein accréditèrent l'idée que leur prochaine cible serait l'Irak. Dans les années 1990, les États-Unis avaient permis la résurrection de Saddam Hussein moyennant une mise sous tutelle de son pays, notamment sur le plan pétrolier. C'est cette position que les néoconservateurs, de façon irrationnelle, se mirent en tête de renverser.

La guerre fut lancée à partir de justifications mensongères et sans l'aval des Nations unies. Baptisée *Liberté pour l'Irak*, l'opération débuta le 20 mars 2003 par des bombardements sélectifs sur Bagdad. Sous le nom de *Choc et stupeur*, un déluge de bombes s'abattit sur la capitale irakienne le 22 mars. Trente pays participaient officiellement à la coalition, mais, outre une implication importante de la Grande-Bretagne, cette guerre était largement américaine. Les troupes coalisées envahirent l'Irak à partir du Koweït. Les GI's parvinrent rapidement aux abords de Bagdad. Le 9 avril, les premiers soldats américains pénétrèrent dans la capitale irakienne, qui se rendit sans combattre. Le 11 avril, toutes les villes irakiennes étaient sous contrôle américain. Le 1er mai, George W. Bush annonça la victoire de la coalition et la fin de la guerre. La chute du régime s'accompagna d'un immense chaos et de pillages généralisés. Pour Washington, l'Irak était alors censé devenir un modèle de démocratie au Moyen-Orient.

L'incroyable retour à une occupation militaire occidentale de l'Irak a marqué tous les esprits. Elle semblait tourner le dos à un siècle de conceptions anticolonialistes qui avaient fait de l'indépendance et de la souveraineté la pierre angulaire de toute politique de développement et de démocratisation. À près de quatre-vingt-dix ans de distance, les troupes britanniques débarquaient une seconde fois à Fao, à l'extrémité de la péninsule la plus méridionale du pays. Après le premier débarquement, le 6 novembre 1914, les Britanniques avaient mis plus de deux ans et demi pour occuper

Bagdad. Mossoul n'avait été investie qu'en 1918. Par comparaison, l'offensive de 2003 fut une guerre éclair : débutée le 20 mars 2003, elle se termina par l'occupation de Bagdad le 10 avril. Lors du jihad de 1914-1916, les Britanniques avaient reconnu environ 15 000 pertes humaines en deux ans et demi de combats. La guerre de 2003 fit moins de 200 morts américains et britanniques. En revanche, le nombre de soldats irakiens tués au combat fut estimé en 2003 entre 12 000 et 30 000, soit approximativement un soldat américain tué pour 150 soldats irakiens !

En 1914, la Grande-Bretagne avait mis en avant le « droit des peuples à disposer d'eux-mêmes ». En 2003, le leitmotiv a été la « démocratisation ». Dans les deux cas, les discours se voulaient libérateurs. Les propos de Tony Blair, le 8 avril 2003 – « Nos forces sont des forces amies et libératrices du peuple irakien, pas vos conquérants » –, ont paru faire écho à ceux du général britannique vainqueur, Stanley Maude, s'adressant aux habitants de Bagdad le 19 mars 1917 : « Nos armées ne sont pas venues dans vos villes et dans vos campagnes en tant que conquérants ou ennemis, mais comme des libérateurs… »

Le régime de Saddam Hussein était le dernier avatar d'un système de discrimination confessionnelle et ethnique arrivé en bout de course. La guerre conduite par les États-Unis a mis à bas ce système, instauré par leur allié britannique quatre-vingts ans auparavant, toujours au nom d'idéaux émancipateurs.

Trois années de conquête pour les Britanniques, trois semaines pour les Américains ! Sans doute la puissance militaire britannique lors de la Première Guerre mondiale n'était-elle pas aussi décisive que celle des États-Unis en 2003. Mais, surtout, les dirigeants religieux chiites ont choisi cette fois-ci de ne pas s'opposer à l'invasion de l'Irak. Dès la fin de 2002, l'ayatollah Sîstâni a fait valoir dans ses fatwas qu'il ne fallait ni faire la guerre au régime irakien, ni aider les Américains, mais sans s'opposer à eux non plus. La neutralité ambiguë affichée par les autorités religieuses chiites masquait mal un constat fait par tous les Irakiens : la seule puissance capable de renverser le régime était précisément celle qui l'avait maintenu en place contre toute attente, en lui permettant de réprimer dans le sang l'*intifâda* de février-mars 1991. Sans se faire d'illusions sur les desseins américains en Irak, les chiites aspiraient avant tout à en finir avec le cauchemar d'un régime implacable. Cette ambivalence permit aux forces de la coalition américano-britannique de l'emporter rapidement, alors que l'occupation précédente s'était heurtée au jihad généralisé décrété par les grands *mujtahid* en 1914.

Autre différence par rapport à 1914 : la direction religieuse chiite, décimée par des décennies de répression en Irak et confrontée aux enjeux post-islamistes de l'Iran, était désormais représentée par sa tendance quiétiste. Au nom d'une conception traditionnelle de l'autorité religieuse, elle était hostile à l'implication des *mujtahid* dans les affaires politiques. Et, comme on l'a vu avec sayyid Yazdi au lendemain de l'occupation britannique de 1916-1918, cette tendance est toujours tentée d'instaurer un *modus vivendi* avec la puissance d'occupation.

En 2003, chiites et Kurdes, qui constituaient plus des trois quarts de la population irakienne, ne s'opposèrent pas à la progression des GI's, quand ils ne les reçurent pas à bras ouverts. L'ambiguïté de la position des chiites d'Irak se retrouvait du côté de Téhéran : malgré des discours antiaméricains convenus et tout en accueillant la flotte aérienne irakienne pour la « mettre à l'abri », l'Iran cachait mal sa satisfaction de voir mis à bas l'ennemi mortel qui l'avait attaqué dans le cadre d'une « guerre imposée », avec le soutien du monde entier, ou presque. Que la puissance qui se proposait de renverser ce régime fût précisément celle qui l'avait encouragé à attaquer l'Iran islamique ne pouvait qu'ajouter à la jubilation de ce dernier.

L'opposition irakienne fit un retour remarqué lors d'une première réunion sous patronage américain à Nâsiriyya le 15 avril 2003. Quelques jours auparavant, des règlements de compte avaient coûté la vie au fils du défunt ayatollah Khû'i, Abd al-Majîd Khû'i, religieux pro-occidental rentré en Irak dans le sillage des chars américains. Les 22 et 23 avril, pour la première fois depuis 1977, plus d'un million de chiites commémorèrent ostensiblement le quarantième jour après le martyre de l'Imam Husayn à Karbala. Le 10 mai, Muhammad Bâqir al-Hakîm, en exil à Téhéran, fit un retour triomphal en Irak.

Le 11 mai 2003, la Coalition Provisional Authority (CPA) nomma à sa tête Paul Bremer. À peine entré en fonction, celui-ci prit plusieurs mesures radicales : dissolution de l'armée irakienne (23 mai), débaassification, libéralisation de l'économie, contrôle des nominations dans l'administration. Le 13 juillet, un Conseil intérimaire de gouvernement fut proclamé, regroupant essentiellement des membres de l'opposition politique en exil, mais comprenant aussi des représentants des islamistes chiites.

Un nouveau venu : le courant sadriste

À peine entamée l'offensive des troupes américaines sur Bagdad, un nouveau venu fit irruption sur la scène politico-religieuse irakienne. Le 7 avril 2003, deux jours avant la chute officielle de la capitale, les partisans d'un jeune clerc encore inconnu hors d'Irak se soulevèrent, attaquèrent les postes de police, s'emparèrent des dépôts d'armes et prirent le pouvoir dans l'immense quartier déshérité de Madînat Saddam (« la Ville de Saddam »), qu'ils renommèrent Madînat al-Sadr (« la Ville de Sadr »). Avec ses plus de 2 millions d'habitants, soit près de la moitié de la population de Bagdad, le quartier passa ainsi sous le contrôle de ce mouvement que les Américains, notamment, avaient largement ignoré.

D'après sa biographie, Muqtada al-Sadr serait né en 1973. Il a survécu au massacre de sa famille ordonné par le régime de Saddam Hussein en février 1999, au cours duquel furent tués son père, l'ayatollah Muhammad Sâdiq al-Sadr, et deux de ses frères. Autour de lui s'est formé un vaste mouvement dénommé Jamâ'at al-Sadr al-Thâni, l'Association du second Sadr. On y honore en effet les « deux martyrs Sadr » : Muhammad Bâqir al-Sadr et le père de Muqtada (le « second Sadr »). Pourtant, le second Sadr avait peu en commun avec le premier, son cousin. Le père de Muqtada n'était pas un grand *marja'*, et sa production intellectuelle semblait indigente comparée à celle de Muhammad Bâqir al-Sadr, inspirateur du réveil islamique des années 1960-1970. Muhammad Sâdiq al-Sadr était surtout connu pour ses ouvrages de *fiqh*, dans lesquels il tentait de réconcilier la *sharî'a* avec les coutumes tribales en donnant notamment aux chefs tribaux le droit de faire appliquer la loi islamique. Pendant un certain temps, on l'a dit, il avait fait figure d'ayatollah « officiel » du régime de Saddam Hussein, et c'était donc contre la *marja'iyya* de l'ayatollah Sîstâni qu'il avait été mis en avant par Bagdad. Le régime de Saddam Hussein faisait aussi valoir l'« arabité » de Muhammad Sâdiq al-Sadr face à l'« iranité » de Sîstâni. Mais, à partir de 1997, le premier commença à s'opposer ouvertement au gouvernement, d'abord en revendiquant le droit de conduire la prière du vendredi en son nom, puis en réclamant la libération de cent six religieux emprisonnés lors de l'*intifâda* de 1991.

Encore adolescent à la mort de son père, Muqtada, qui avait assisté au massacre de sa famille, passa dans la clandestinité. Muhammad Sâdiq al-Sadr avait laissé des instructions à ses partisans : à sa mort, ses imitateurs devaient se reporter sur l'ayatollah Kâzim Hâ'iri, installé à Qom. Ce religieux, né en Iran, mais ayant passé une grande partie de sa vie en Irak, où il figure parmi les fondateurs du parti Da'wa dans les années 1950, avait dû se résoudre à regagner l'Iran dans les années 1970 à cause d'activités politiques qui mettaient sa vie en péril. Partisan de la *wilâyat al-faqîh*, Kâzim Hâ'iri reconnaît aujourd'hui la *marja'iyya* de Khamenei, dont il est un proche conseiller. Muhammad Sâdiq al-Sadr avait spécifié : « Que mes imitateurs se reportent sur l'ayatollah Kâzim Hâ'iri jusqu'à ce qu'un de mes élèves devienne *marja'*. » Dès lors, Kâzim Hâ'iri fut considéré comme la référence de Muqtada, qui n'exerçait lui-même aucune autorité religieuse en propre. Le 8 avril 2003, Kâzim Hâ'iri promulgua une fatwa appelant ses partisans en Irak à obéir à Muqtada, à ignorer l'occupation américaine, et invitant les chiites à combler le vide du pouvoir.

C'est précisément ce que firent les sadristes à Madînat al-Sadr. Après leur prise de contrôle du plus grand quartier de Bagdad, ils se manifestèrent rapidement de façon violente contre l'*establishment* religieux chiite. Le 3 avril 2003, alors que les troupes américaines, britanniques et polonaises s'enfonçaient dans le Sud irakien sur la route de Bagdad, Abd al-Majîd Khû'i, le fils aîné de l'ayatollah Khû'i, fit retour dans leur sillage. Après l'écrasement de l'*intifâda* chiite de février-mars 1991 et la répression ayant frappé nombre de religieux, il s'était installé à Londres pour diriger la Fondation de son père. Étant parvenu à Najaf avant les troupes de la coalition, Abd al-Majîd Khû'i réussit à s'entretenir avec l'ayatollah Sîstâni. Alors même qu'il se trouvait devant le mausolée de l'Imam Ali, il fut frappé à mort avec deux de ses assistants. La foule qui l'avait pris à partie se réclamait de Muqtada. Trois jours plus tard, 100 membres de la Jamâ'at al-Sadr al-Thâni dans la ville sainte encerclèrent la maison de Sîstâni et lui intimèrent l'ordre de « retourner en Iran sous quarante-huit heures ». Le siège ne prit fin qu'après que Sîstâni eut fait appel à 1 500 hommes des tribus des campagnes environnantes. Ceux-ci parvinrent à disperser là foule menaçante. Au terme de leur enquête, les représentants de la *hawza* déclarèrent Muqtada responsable du meurtre de Khû'i.

La confrontation entre Muqtada et la *marja'iyya* avait débuté dans le sang. Les sadristes reprochaient à Abd al-Majîd Khû'i d'être revenu dans les fourgons de l'armée américaine, alors qu'eux-mêmes se réclamaient d'un « chiisme de l'intérieur ». Ils l'accusaient aussi de vouloir inciter l'ayatollah Sîstâni à collaborer avec la coalition américaine. À ce dernier, enfin, ils reprochaient d'être « iranien » et de ne pas s'opposer ouvertement à l'occupation de l'Irak. Le 11 avril 2003, Muqtada prononça son premier sermon à la mosquée de Kûfa, qui allait devenir sa tribune.

Les frictions avec la population des villes saintes ne cessèrent pas pour autant. Le 15 octobre 2003, les miliciens de Muqtada tentèrent de s'emparer des mausolées de l'Imam Husayn et d'Abbâs à Karbala. Il y eut des dizaines de morts. À Najaf, les sadristes réitérèrent leurs tentatives de prise de contrôle du mausolée de l'Imam Ali, causant des heurts sanglants avec les bataillons Badr, bras armé de l'ASRII. Au cours de ce même mois d'octobre, Muqtada annonça la création de l'Armée du Mahdi. En faisant savoir qu'il se plaçait sous la protection directe du douzième Imam chiite occulté, promis à un retour triomphal sur terre en tant que *mahdi*, il témoignait d'une sensibilité messianique bien présente chez les chiites d'Irak, ainsi que de sa détermination à contourner la *marja'iyya*.

La *hawza* n'était pas aveugle à la menace que représentait pour elle la toute nouvelle Armée du Mahdi. La base sociale des sadristes ressemble étrangement à celle des « organisations démocratiques » du Parti communiste à la fin des années 1950. Seul Muqtada est parvenu à mobiliser par millions les chiites déshérités qui avaient souffert sous Saddam Hussein et dont la situation ne s'est en rien améliorée avec l'occupation. Cette base électorale est d'autant plus impressionnante qu'elle est fortement dominée par le bas de l'échelle sociale, ainsi que par une puissante identité locale et régionale. Le Moyen-Tigre, Kût et Amara, d'où sont originaires la majorité des habitants de Madînat al-Sadr à Bagdad, constituent le bastion du mouvement. Chiisme de l'intérieur *versus* chiisme des exilés, chiisme arabe *versus* chiisme iranien : ce n'est pas l'idéologie qui caractérise les sadristes, plutôt l'identité.

Que veut exactement Muqtada ? Il tient un discours populiste, religieux et conservateur, et exploite le mécontentement de la population face à l'incapacité de l'occupant américain à rétablir la sécurité et les services publics de base. Il se distingue surtout par son rejet de l'occupation, qu'il est le seul dirigeant chiite à déclarer illégitime. Les grands *marja'* n'avaient pas appelé à combattre l'offensive de la coalition, et avaient même exhorté les Irakiens à « ne pas prendre parti » entre les deux camps, renvoyés dos à dos.

Départ immédiat des troupes américaines, rétablissement d'un État central fort, mais sans lien avec les anciens baassistes, lutte contre la corruption : tels sont à présent les mots d'ordre de la mouvance sadriste. Muqtada prône un Irak uni, ce qui l'a conduit à dénoncer les revendications des Kurdes et à soutenir les Turkmènes chiites de Kirkouk face aux velléités kurdes d'annexer la ville. Même s'il parle parfois de démocratie, l'imposition d'un ordre moral puritain par ses milices laisse planer un doute sur la nature du régime politique qu'il appelle de ses vœux. Dans ses visions de long terme, Muqtada n'a jamais mis en avant un gouvernement islamique affirmé, sauf pour rejeter le modèle iranien. Les sadristes fustigent le consumérisme occidental et la globalisation à l'américaine, mais c'est dans l'activisme de rue qu'ils se définissent le mieux. Muqtada se réclame de la *marja'iyya nâtiqa* (la *marja'iyya* qui parle), par opposition à la *marja'iyya sâmita* (la *marja'iyya* qui se tait), incarnée à Najaf par les quatre grands *marja'* présents dans la ville sainte : l'ayatollah Sîstâni, Muhammad Sa'îd al-Hakîm (un cousin de Muhammad Bâqir al-Hakîm), l'Afghan Ishâq al-Fayyâd et le Pakistanais Bashîr al-Najafi.

Durant les discussions visant à former le Conseil de gouvernement intérimaire, en mai 2003, le proconsul américain Paul Bremer a approché le parti Da'wa et l'ASRII, mais ignoré Muqtada. Exclu, celui-ci a aussitôt mis en cause la légitimité du Conseil et s'est engagé dans une opposition radicale aux institutions créées par l'Autorité provisoire de la coalition. En avril et août 2004, deux insurrections sadristes ont occasionné des combats meurtriers avec les forces américaines. À Najaf, l'ayatollah Sîstâni a de nouveau été menacé par les miliciens de l'Armée du Mahdi. Vaincus par les GI's, les sadristes se sont repliés sur leurs bastions. La *marja'iyya* est demeurée silencieuse, trop heureuse de voir Muqtada défait ou, du moins, expulsé des villes saintes.

D'autres combats meurtriers ont opposé la nouvelle armée irakienne aux partisans de Muqtada à Madînat al-Sadr en 2008. Le Premier ministre était alors le chiite Nûri al-Mâliki, issu du parti Da'wa, ce qui montre bien que c'est à une guerre entre chiites que l'on assiste en Irak. L'Armée du Mahdi est accusée par l'armée américaine, comme par de nombreux sunnites, de constituer la plupart des « escadrons de la mort » qui commettent des exactions contre les sunnites. Muqtada al-Sadr continue d'être regardé par les Américains comme l'un de leurs principaux ennemis en Irak, au même titre que la guérilla sunnite. En 2005, Muqtada s'est prononcé contre la Constitution irakienne soumise à référendum le 15 octobre de cette année-là. Il lui reproche en particulier d'introduire le fédéralisme.

Le clergé dans le piège du confessionnalisme

Les Américains n'avaient sans doute pas prévu que la chute du régime de Saddam Hussein serait aussi celle de l'État irakien lui-même. Cet État fondé en 1920 par les Britanniques avait assuré pendant plus de quatre-vingts ans la domination confessionnelle des sunnites sur les chiites, puis celle, ethnique, des Arabes sur les Kurdes. Il s'est effondré en même temps que le régime qui avait été le dernier défenseur de ce système de discrimination communautaire. À l'arrivée des Américains à Bagdad, il fut vite patent que les institutions s'écroulaient : les militaires étaient rentrés dans leurs régions d'origine avec leurs armes, les ministères et les administrations avaient été livrés au pillage. Vaincue, l'armée irakienne, gardienne du système et colonne vertébrale de l'État, fut dissoute par Paul Bremer. On eut tôt fait de constater que, dans ce contexte d'occupation, les solidarités communautaires l'emportaient sur toute autre considération, notamment politique.

Avec qui les Américains allaient-ils bâtir le nouvel État irakien ? Il y avait urgence, car, dès les lendemains de l'occupation, les sunnites manifestèrent leur refus de se voir écartés des positions de pouvoir qu'ils occupaient depuis toujours, tandis que l'essor de la mouvance sadriste laissait augurer que les chiites basculeraient rapidement dans l'insurrection contre les forces d'occupation. Les assassinats se multiplièrent, à l'instar de l'attentat qui, à Najaf, coûta la vie à Muhammad Bâqir al-Hakîm en 2003.

C'est donc presque « naturellement » que l'Autorité provisoire de la coalition s'adressa d'abord aux représentants exilés de l'opposition au régime de Saddam Hussein. Depuis plusieurs années déjà, Washington entretenait un dialogue soutenu avec les différentes composantes de cette opposition, majoritairement des partis communautaires. Chez les chiites, le parti Da'wa et l'ASRII s'imposaient comme des interlocuteurs obligés, ce qui ne fut pas facile à accepter d'emblée. Légitimer des dirigeants religieux chiites fraîchement rentrés d'Iran et anciens partisans de Khomeyni comme représentants de la première communauté du pays constituait un sacré pari! Mais les autorités d'occupation ne trouvèrent pas d'alternative, puisqu'elles devaient à tout prix éviter que la communauté chiite ne se retournât massivement contre elles.

Déjà, en 2003, le premier Conseil de gouvernement provisoire reflétait un mode de reconstruction fondé sur les appartenances communautaires. Les Américains avaient remplacé les élites arabes sunnites, assommées par la chute du régime et peu disposées à accepter leur nouveau statut de minorité sans pouvoir, par les exclus de l'ancien système, les chiites et les Kurdes. Si le choix des Kurdes semblait s'imposer, celui des interlocuteurs chiites posait problème. À l'instar d'Ahmad Chalabi et d'Iyâd Allâwi, des politiciens rentrés d'exil tentèrent de relancer leur carrière à partir de différents projets mal affranchis des attaches confessionnelles. Lors des élections législatives de 2010, Iyâd Allâwi forma une liste dénommée Al-Iraqiyya, censée émanciper les électeurs du confessionnalisme. Ayant voté en masse pour cette liste, les sunnites la transformèrent en liste sunnite. Pour leur part, les membres des partis religieux chiites rentrés d'exil se retrouvèrent en première ligne face à la concurrence sévère des sadristes.

La Constitution provisoire, rédigée par des experts américains et rendue publique en février 2004, provoqua une levée de boucliers parmi les chiites. L'ayatollah Sîstâni sortit de sa relative réserve pour affirmer qu'elle était « inacceptable », car « engageant l'Irak dans une voie à propos de laquelle le peuple n'aura pas été consulté ». Muqtada al-Sadr dénonça la « Constitution de l'occupant », qu'il considérait comme « une déclaration de guerre au peuple irakien ».

Les élections libres au suffrage universel, censées consacrer le droit de la majorité (c'est-à-dire des chiites), étaient devenues le slogan de la *marja'iyya*. L'institution religieuse chiite renouait avec la vision confessionnelle des grands *marja'* quiétistes privilégiant la communauté en tant que telle. Les dirigeants religieux de Najaf furent encouragés en ce sens par la politique en vigueur à Téhéran : après la période révolutionnaire, le Thermidor iranien avait renoué, à partir de 1989, avec la politique confessionnelle du chah. Il s'agissait de soutenir tout ce qui était chiite et de considérer les communautés chiites de par le monde islamique comme des vecteurs de l'influence iranienne.

En janvier 2005, les premières élections législatives libres en Irak donnèrent la victoire aux partis chiites. Les sadristes, qui commençaient à s'intégrer au jeu électoral, avaient timidement fait listes à part. Quant aux sunnites, ils avaient, dans leur majorité, boycotté le scrutin. C'est dans ce contexte que la Constitution de 2005 vit le jour. Approuvée par référendum le 15 octobre, elle instaurait un régime parlementaire et fédéral. Lors des législatives du 15 décembre 2005, la victoire revint sans surprise à l'Alliance irakienne unifiée, « maison commune » chiite rassemblant le parti Da'wa et l'ASRII. Les sadristes avaient finalement accepté de participer à plein au scrutin sur plusieurs listes différentes. Pour peu que l'on additionnât les voix récoltées sur ces différentes listes, ils étaient devenus le premier parti politique d'Irak. Lors de la campagne électorale, les partis chiites de l'Alliance irakienne unifiée avaient arboré des photos de l'ayatollah Sîstâni. Les affiches électorales de l'Alliance étaient toutes à l'effigie du grand *marja'* quiétiste, qui avait appelé à voter en masse. C'était comme si ce dernier était descendu dans l'arène politique et s'était retrouvé au centre du jeu électoral. Les sadristes, pour leur part, acceptaient désormais de participer au gouvernement.

Les Américains feignirent de confondre majorité démocratique et majorité démographique. Le système mis en place en Irak a ceci de commun avec le confessionnalisme politique au Liban qu'il sollicite les représentants de la société sur des bases confessionnelles et ethniques (les Kurdes dans le cas de l'Irak). La *marja'iyya* a donné sa bénédiction à ce système avant de comprendre quel piège mortel il représentait.

En effet, le caractère pervers de ce système confessionnel inavoué est qu'il génère toujours des exclus : hier les chiites et les Kurdes, aujourd'hui les sunnites. Ces derniers n'ont pas accepté leur nouvelle situation de minorité sans pouvoir et marginalisée. En conséquence, ils sont devenus le bras armé d'une mouvance djihadiste internationale, liée ou non à Al-Qaïda, qui n'a d'autre projet pour l'Irak que d'y piéger les États-Unis et une haine antichiite viscérale. Le terrorisme antichiite s'est développé au-delà de toute attente, faisant des centaines de milliers de morts.

Le 22 février 2006, l'attentat contre le mausolée de l'Imam Al-Askari à Sâmarra, qui renferme les tombes des dixième et onzième Imams chiites, a donné le signal d'une première guerre confessionnelle inexpiable. Celle-ci a d'abord été une guerre de territoires : les chiites l'ont gagnée à Bagdad au prix de dizaines de milliers de victimes. La capitale irakienne, où les effectifs des deux communautés musulmanes s'équilibraient, est devenue chiite à 80 %. Les milices chiites ont chassé les habitants sunnites des quartiers mixtes, obligeant les autres à se claquemurer derrière les palissades en béton dont Bagdad s'est hérissée. À partir de 2011, une seconde guerre confessionnelle s'est développée, cette fois par le biais d'un terrorisme aveugle, frappant notamment les pèlerins chiites en route pour les villes saintes et les lieux publics. Signe de l'impuissance de la *marja'iyya*, l'ayatollah Sîstâni demeure silencieux pendant que sa communauté endure quotidiennement le martyre face aux *takfiri* (les « excommunicateurs »), dont les violences sont légitimées par les discours de certains religieux sunnites, notamment en Arabie et dans le Golfe, selon lesquels les chiites ne sont pas de vrais musulmans. En 1922, les agressions wahhabites contre les villes saintes avaient poussé les *marja'* à convoquer d'énormes rassemblements ; aujourd'hui, la direction religieuse chiite semble tétanisée face aux conséquences apocalyptiques d'un système dont elle a béni la fondation.

Au fil des élections, sunnites et sadristes se sont intégrés au jeu politique. Une classe politique confessionnelle s'est emparée des leviers du pouvoir. Promue sous un régime d'occupation, à une époque où l'Irak avait perdu sa souveraineté, elle dépend de solidarités confessionnelles qui empêchent toute démocratisation. Violences quotidiennes, corruption généralisée, incurie des services publics vont de pair avec la marginalisation d'une communauté sunnite qui a renoué avec ses anciens alliés djihadistes. Face à l'impopularité des partis chiites au pouvoir, rendus responsables du cauchemar actuel, l'ayatollah Sîstâni s'est muré dans un silence absolu, s'abstenant même désormais de recevoir les envoyés du Premier ministre chiite Nûri al-Mâliki. La *marja'iyya* a toutefois régulièrement exprimé son refus de tout report du retrait des soldats américains comme d'un éventuel traité liant l'Irak à Washington. En décembre 2011, les derniers GI's ont quitté l'Irak, laissant derrière eux un système politique ingérable.

Les prémices d'un « printemps irakien », à l'image des soulèvements dans le monde arabe, n'ont pu aboutir. À partir de février 2011, le courant sadriste a tenté de se faire le porte-parole du désespoir ambiant – dénonciation de la corruption et du népotisme, refus du confessionnalisme –, provoquant l'embrasement des villes du Moyen-Tigre, Kût et Amâra. En vain.

Avec la dégénérescence confessionnelle du « printemps arabe » en Syrie, l'Irak se voit emporté par un conflit entre chiites et sunnites à l'échelle de la région. En dépit des condamnations de Muqtada al-Sadr, des milliers de miliciens d'une dissidence de l'Armée du Mahdi ont rejoint le Hezbollah libanais pour combattre en Syrie aux côtés du régime de Bachar al-Assad. Au même moment, les politiciens sunnites les mieux intégrés au gouvernement irakien ne font pas mystère de leur soutien actif à la résistance armée syrienne. Le piège du confessionnalisme s'est refermé sur le clergé chiite.

Conclusion

Peu d'institutions religieuses peuvent se prévaloir d'une histoire aussi fulgurante et aussi épique. Dirigeants religieux, chefs de guerre, chefs d'État, chefs de partis et de mouvements sociaux, écrivains prolixes et promoteurs de théories politiques, les membres du clergé chiite *usûli* auront indéniablement marqué l'histoire récente.

L'objet du présent ouvrage – l'histoire politique du clergé chiite aux époques moderne et contemporaine – ne doit pas masquer que ce clergé « combattant », « militant » ou « engagé » a toujours été minoritaire au sein de la hiérarchie religieuse chiite. C'est là le paradoxe : malgré l'éclatante avancée de certaines personnalités dans l'arène politique, la majorité, surtout chez les plus grands *marja'*, est demeurée quiétiste, attachée à l'enseignement de la religion et au développement de la *hawza*. Cependant, l'implication en politique est devenue un moyen de contourner la démarche traditionnelle pour acquérir l'autorité religieuse. L'émergence d'un jeune clergé militant, dit « islamiste », puis d'« intellectuels musulmans », pour qui l'islam est devenu le langage du politique, a illustré l'irrépressible processus de sécularisation en cours. Il faut « sauver la religion de la politique », entend-on dire désormais en Iran. Certes, mais rien ne sera jamais plus comme avant la République islamique et le Hezbollah. Une partie du clergé s'est aventurée sur un terrain susceptible de donner accès à un pouvoir sans précédent, mais aussi extrêmement sensible aux évolutions du temps.

Naissance, apogée et déclin ? La question est posée par certains intellectuels iraniens. Déjà, en 2006, le politologue américain d'origine iranienne Mehdi Khalaji n'hésitait pas à affirmer que l'ayatollah Sîstâni était le dernier *marja'* : « La *marja'iyya* appartient à un contexte et à une période historiques qui ne peuvent perdurer après Sîstâni. La fin de l'ère de la *marja'iyya* ne marque pas seulement la fin d'une institution, mais aussi une évolution fondamentale de l'autorité politique et sociale au sein du chiisme[1]. » Échec de la *velâyat-e faqîh* en Iran, sécularisation galopante des sociétés, favorisée par une rapide élévation du niveau d'éducation, rejet du confessionnalisme : nombreux sont les facteurs qui semblent lui donner raison.

La folle course au pouvoir politique du clergé chiite s'est concentrée dans les trois « régions » du chiisme et à leur périphérie, laissant en partie de côté le sous-continent indien (Pakistan, Inde) ou l'Afghanistan, dont les communautés chiites sont pourtant importantes en termes démographiques. Elle a connu son apogée avec la mise en application de la *velâyat-e faqîh* en Iran. Si le clergé chiite *usûli* entré en politique a échoué à étendre sa révolution islamique à l'ensemble du monde musulman, les résultats sont en revanche étonnants pour ce qui concerne les communautés chiites des « régions ». L'Iran s'est libéré de la tutelle séculaire d'un Occident prédateur et est devenu un pays souverain. La révolution islamique dans ce pays a aussi constitué une révolution sociale qui a permis à de nouvelles couches de la société d'accéder au pouvoir. Et, en l'espace de quelques décennies, le

---

1. Mehdi Khalaji, « The Last Marja. Sistani and the End of Traditional Religious Authority in Shiism », *Policy Focus* (Washington Institute for Near East Policy), n° 59, septembre 2006, p. 4.

clergé « militant » a réussi à engager les chiites du monde arabe dans un processus d'émancipation politique et sociale rapide. Ces derniers avaient tous en commun d'être dominés par des pouvoirs sunnites (Irak, Golfe) ou par un système confessionnel qui les marginalisait (Liban) ; ils sont désormais au pouvoir en Irak, dominants au Liban et à la tête des mouvements pour les droits civiques dans le Golfe.

Ce processus d'émancipation chiite mené par le clergé a souvent été perçu avec hostilité par les sunnites. Cette hostilité est facile à comprendre lorsqu'il s'agit de pouvoirs sunnites autoritaires menacés par les revendications en faveur d'une citoyenneté également partagée. Mais elle a aussi été le fait des sunnites dans leur ensemble. Islamismes chiite et sunnite ne se sont pas rencontrés. Bien au contraire, on a assisté à des radicalisations identitaires sans précédent entre les deux principales branches de l'islam. Le confessionnalisme l'avait déjà emporté durant la période révolutionnaire : on se souvient du soutien de la République islamique d'Iran au régime de Hafez al-Assad lorsque celui-ci écrasa dans le sang le soulèvement des Frères musulmans syriens en 1982. À plus forte raison le Thermidor iranien a-t-il fait revenir Téhéran à sa politique traditionnelle de soutien aux chiites du monde musulman. Le discours révolutionnaire ayant vécu, le retour sur le devant de la scène politique et religieuse d'un clergé quiétiste a fait le reste : le confessionnalisme est redevenu la seule politique envisagée, avec des conséquences désastreuses pour les relations avec les sunnites. Ces derniers ont en effet pris modèle sur les chiites dans les pays où ils leur sont confrontés : comme eux, ils ont emprunté le chemin de la confessionnalisation (Irak, Liban, Syrie), abandonnant leur vision d'une communauté majoritaire représentant l'*umma* musulmane dans son ensemble.

Dès lors, quel avenir va connaître ce clergé chiite *usûli*, qu'il soit « militant » ou quiétiste ? Il est trop tôt pour le dire, même s'il semble acquis qu'on ne reviendra pas au temps de l'akhbârisme triomphant. Cette page étonnante de l'histoire politique moderne et contemporaine écrite par une institution religieuse révèle en tout cas une singularité qui n'est pas près de se démentir.

Glossaire

akhbârisme : école de pensée chiite hostile à l'usage de la raison et favorable au recours direct aux Traditions des Imams dans la formulation des avis religieux.

âkhund : mot persan provenant de la contraction de *rawda-khwândan* (littéralement : « lire la *rawda* », c'est-à-dire un sermon religieux ou l'histoire de la tragédie de Karbala). Appellation respectueuse des membres de la hiérarchie religieuse chiite. Au début du XXᵉ siècle, le mot n'avait pas encore la connotation péjorative qu'il devait acquérir plus tard au cours du siècle.

âlim, au pluriel *ulama* (ulémas) : lettré, savant. Employé au pluriel, il désigne toujours les religieux.

ayatullâh (ayatollah) : « Signe de Dieu », titre attribué aux *mujtahid*.

faqîh : docteur de la Loi, expert en *fiqh*, la jurisprudence islamique.

hadith : tradition rapportant les paroles et le comportement du Prophète, de ses compagnons ou des Imams.

hawza : désigne l'ensemble des centres d'enseignement de la religion.

hujjatulislâm : « Preuve de Dieu », titre de respect décerné aux *mujtahid* et équivalent à ayatollah au début du xxᵉ siècle.

husayniyya : lieu de culte chiite où se tiennent les *majles husayni*, pendant les commémorations de la « tragédie de Karbala » lors du mois sacré de *muharram*. On s'y rassemble également à l'occasion des décès.

ijtihâd : effort d'interprétation de la *sharî'a* par l'exercice de la raison.

Imam : l'un des douze successeurs du Prophète descendant d'Ali et chefs légitimes de l'*umma* musulmane.

jihad : effort sur soi et sur l'environnement pour défendre l'islam, souvent assimilé à la guerre sainte contre les infidèles.

mahdi : littéralement, « le bien dirigé », « celui qui est dans le droit chemin ». L'attente messianique du *mahdi* rédempteur, incarné en la personne du XIIᵉ Imam lorsqu'il redeviendra visible au moment de son retour triomphal parmi les croyants, est l'un des fondements du chiisme duodécimain.

marja' taqlîd : désigne un *mujtahid* pris comme source de référence et dont l'imitation par les croyants a été rendue obligatoire avec le triomphe des conceptions *usûli*.

minbar : chaire d'où sont prononcés les sermons dans les mosquées.

Mîrza : contraction du mot persan *amîrzâdeh* (prince). Placé avant le nom, il désigne un religieux ou un savant.

mujtahid : désigne chez les chiites un religieux qualifié par sa science pour pratiquer l'*ijtihâd*.

mollâ (mollah) : du mot arabe *mawlan* (« maître », « seigneur »), désigne un membre de la hiérarchie religieuse. Le mot est devenu péjoratif, surtout après la victoire de la révolution islamique en Iran.

muqallid : imitateur d'un *mujtahid*.

sayyid : désigne chez les chiites plus particulièrement les descendants du Prophète par Husayn. Ils sont reconnaissables à leur turban noir ou vert.

sharîf (chérif), au pluriel *ashrâf* : désigne chez les chiites les descendants du Prophète par Hasan.

shaykhulislâm : grand mufti, premier fonctionnaire du culte de l'Empire ottoman.

sharî'a : la Loi religieuse musulmane.

usûl : principe de *fiqh*, la jurisprudence islamique.

usûlisme : école de pensée chiite duodécimaine qui a imposé l'usage de la raison et de l'*ijtihâd* comme principe fondamental de jurisprudence.

Chronologie

Dynastie qâdjâre

1779-1797 : Aghâ Muhammad Khân
1797-1834 : Fath Ali Shâh
1834-1848 : Muhammad Shâh
1848-1896 : Nâsir al-Dîn Shâh (meurt assassiné)
1891-1892 : révolte du tabac
1896-1907 : Muzaffar al-Dîn Shâh
1906 : révolution constitutionnelle persane
1907-1909 : Muhammad Ali Shâh
1908 : coup d'État absolutiste contre le *majles*
1909 : restauration de la Constitution et destitution de Muhammad Ali Shâh
1909-1925 : Ahmad Shâh

Dynastie pehlevie

1925-1941 : Reza Shâh
1941-1979 : Mohammed-Reza Shâh

République islamique

Guides

1979-1989 : Rûhollâh Khomeyni
1989- : Ali Khamenei

Présidents

1979-1980 : Conseil de la révolution
1980-1981 : Abo'l-Hasan Bani Sadr
juin-août 1981 : Mohammed Ali Rajâ'i
1981-1989 : Ali Khamenei
1989-1997 : Ali Akbar Hâshemi Rafsandjâni
1997-2005 : Mohammed Khâtami
2005-2013 : Mahmûd Ahmadinejâd
2013- : Hasan Rôhâni

EMPIRE OTTOMAN

1839-1861 : Abdülmedjid Ier
1861-1876 : Abdülaziz Ier
1876 : Murad V
1839-1876 : Tanzîmât
1876 : première Constitution ottomane
1876-1909 : Abdülhamit II
1908 : seconde révolution constitutionnelle ottomane
1909-1918 : Mehmet V
1914 : proclamation du jihad contre les Alliés
1918-1922 : Mehmet VI

1918 : armistice de Moudros, dislocation de l'Empire ottoman
1922-1924 : Abdülmedjid II, calife

IRAK

1914-1918 : jihad contre l'occupation britannique
1920 : révolution de 1920 contre l'attribution par la Société des Nations du mandat sur l'Irak à la Grande-Bretagne ; fondation du gouvernement arabe provisoire par sir Percy Cox
1921 : Faysal couronné roi du royaume hachémite d'Irak
1924 : première Constitution irakienne
1958 : coup d'État militaire, fin de la monarchie et instauration de la République
1958-1963 : régime du général Qassem, allié aux Kurdes et au parti communiste irakien
1963 : premier coup d'État baassiste
1963-1968 : régime des frères Aref
1968 : second coup d'État baassiste ; arrivée au pouvoir du tandem Ahmad Hasan al-Bakr/Saddam Hussein
1979 : Saddam Hussein s'empare de tous les pouvoirs
1980-1988 : guerre entre l'Iran et l'Irak
1990 : occupation du Koweït par l'armée irakienne
1991 : défaite militaire irakienne, évacuation du Koweït par les Irakiens
février-mars 1991 : *intifâda* chiite et kurde contre le régime de Saddam Hussein
1990-2003 : embargo contre l'Irak
2003 : troisième guerre du Golfe, chute du régime de Saddam Hussein
2003 : création d'un conseil de gouvernement provisoire sous patronage américain

2005 : vote de la nouvelle Constitution irakienne

2005-2008 : première guerre confessionnelle entre chiites et sunnites

2011 : départ des derniers soldats américains d'Irak ; début de la seconde guerre confessionnelle entre chiites et sunnites

LIBAN

1842-1860 : double caïmacamat maronite et druze sur le Mont-Liban après un accord entre les autorités ottomanes et les grandes puissances européennes

1er septembre 1920 : proclamation de la création de l'État du Grand Liban par le général Gouraud à Beyrouth

1920 : mandat français sur le Liban et la Syrie

1943 : indépendance du Liban : le Pacte national fonde le confessionnalisme politique

1975-1980 : guerre civile libanaise

1982-2000 : Israël occupe le Sud-Liban

2006 : conflit israélo-libanais où le Hezbollah s'illustre par sa résistance face à l'armée israélienne

BAHREÏN

1867 : protectorat britannique sur Bahreïn

1971 : indépendance de Bahreïn

1971-1999 : règne de l'émir Îsa bin Salmân Âl Khalîfa

1973 : proclamation de la Constitution et premier Parlement du pays

1975 : dissolution du Parlement et suspension de la Constitution

1999 : l'émir Hamad bin Îsa Âl Khalîfa succède à son père
2002 : nouvelle Constitution, droit de vote accordé aux femmes
2011 : « printemps arabe » à Bahreïn; occupation de Bahreïn par des troupes saoudiennes et émiraties pour mettre fin au « printemps arabe »

ARABIE SAOUDITE

1803-1814 : premier État wahhabite, détruit par l'expédition égyptienne de Muhammad Ali (1811-1815)
1821-1884 : second État wahhabite, détruit par la coalition entre les Ottomans et l'émirat des Shammar
1913 : occupation de la province à majorité chiite du Hasa par les forces d'Abd al-Azîz ibn Sa'ûd
1924 : occupation des villes saintes du Hedjaz, La Mecque et Médine
1929 : élimination des Ikhwân par les Saoudiens
1932 : proclamation du royaume d'Arabie Saoudite
1980 : occupation de la grande mosquée de La Mecque par des islamistes saoudiens
1987 : bain de sang lors de manifestations de pèlerins iraniens à La Mecque

KOWEÏT

1899 : protectorat britannique sur le Koweït
1961 : indépendance du Koweït
1962 : adoption de la Constitution; le Koweït devient une monarchie constitutionnelle et parlementaire

1990 : occupation du Koweït par l'armée irakienne

1991 : seconde guerre du Golfe; défaite de l'armée irakienne, qui évacue l'émirat

2005 : amendements à la Constitution accordant le droit de vote aux femmes

Bibliographie

Outre les travaux de l'auteur sur les pays arabes du Moyen-Orient, cet ouvrage s'est largement inspiré des études suivantes, notamment pour ce qui concerne l'Iran, le Liban et le Golfe :

Ajami Fouad, *The Vanished Imam. Musa al-Sadr and the Shia of Lebanon*, Ithaca et Londres, Cornell University Press, 1986.

Algar Hamid, *Religion and State in Iran, 1785-1906. The Role of the Ulama in the Qajar Period*, Berkeley et Londres, University of California Press, 1969.

Amir-Moezzi Mohammad-Ali, Jambet Christian, *Qu'est-ce que le shî'isme ?*, Fayard, 2004.

Arjomand Saïd Amir, *Authority and Political Culture in Shi'ism*, Albany, State University of New York Press, 1988.

Arjomand Saïd Amir, Brown Nathan J. (dir.), *The Rule of Law, Islam, and Constitutional Politics in Egypt and Iran*, Albany, State University of New York Press, « Pangaea II, Global/Local Studies Series », 2013.

Arminjon Hachem Constance, *Chiisme et État. Les clercs à l'épreuve de la modernité*, CNRS Éditions, 2013.

Cole Juan R. I. et Keddie Nikki R., *Shi'ism and Social Protest*, New Haven et Londres, Yale University Press, 1986.

Corbin Henry, *En islam iranien. Aspects spirituels et philosophiques, 1. Le shî'isme duodécimain*, Gallimard, 1971.

Digard Jean-Pierre, Hourcade Bernard, Richard Yann (dir.), *L'Iran au xxᵉ siècle. Entre nationalisme, islam et mondialisation*, Fayard, 2007.

Enayat Hamid, *Modern Islamic Political Thought*, Londres, The Macmillan Press, 1982.

Étienne Bruno, *L'Islamisme radical*, Hachette, 1987.

Hairi Abdul-Hadi, *Shî'ism and Constitutionalism in Iran*, Leyde, Brill, 1977.

Hermann Denis, Mervin Sabrina (dir.), *Courants et dynamiques chiites à l'époque moderne (XVIIIᵉ-XXᵉ siècle)*, Orient-Institut, Beyrouth, IFRI, Téhéran, 2010.

Keddie Nikki R., *Scholars, Saints, and Sufis. Muslim Religious Institutions since 1500*, Berkeley et Londres, University of California Press, 1978.

Keddie Nikki R., *Roots of Revolution. An Interpretive History of Modern Iran*, New Haven et Londres, Yale University Press, 1981.

Keddie Nikki R. (dir.), *Religion and Politics in Iran. Shi'ism from Quietism to Revolution*, New Haven et Londres, Yale University Press, 1982.

Kepel Gilles, Richard Yann (dir.), *Intellectuels et militants de l'islam contemporain*, Seuil, 1990.

Kepel Gilles, *Jihad*, Gallimard, 2003.

Kepel Gilles, *Le Prophète et le Pharaon*, La Découverte, 1984 ; rééd., Gallimard, 2012.

Al-Khâlisi Muhammad, *La Vie de l'ayatollah Mahdî al-Khâlisî par son fils (Héros de l'islam)*, traduit de l'arabe et annoté par Pierre-Jean Luizard, La Martinière, 2005.

Khosrokhavar Farhad, *L'Utopie sacrifiée. Sociologie de la révolution iranienne*, Presses de la Fondation nationale des sciences politiques, 1993.

Khosrokhavar Farhad, Roy Olivier, *Iran : comment sortir d'une révolution religieuse*, Seuil, 1999.

Louër Laurence, *Transnational Shia Politics. Religious and Political Networks in the Gulf*, New York, Columbia University Press, 2008.

Louër Laurence, *Chiisme et politique au Moyen-Orient. Iran, Irak, Liban, monarchies du Golfe*, Perrin, coll. « Tempus », 2009.

Luizard Pierre-Jean, *La Question irakienne*, Fayard, 2004.

Luizard Pierre-Jean, *Laïcités autoritaires en terres d'islam*, Fayard, 2008.

Luizard Pierre-Jean, *Comment est né l'Irak moderne*, CNRS Éditions, 2009.

Mallat Chibli, *The Renewal of Islamic Law. Muhammad Baqer as-Sadr, Najaf and the Shi'i International*, Cambridge Middle East Library, n° 29, 1993.

Mervin Sabrina, *Muhsin al-Amîn (1867-1952). Autobiographie d'un clerc chiite du Jabal 'Âmil*, Damas, IFEAD, 1998.

Mervin Sabrina, *Un réformisme chiite. Ulémas et lettrés du Jabal 'Âmil (actuel Liban-Sud) de la fin de l'Empire ottoman à l'indépendance du Liban*, Karthala-CERMOC-IFEAD, 2000.

Mervin Sabrina (dir.), *Les Mondes chiites et l'Iran*, IFPO et Karthala, 2007.

Mervin Sabrina (dir.), *Le Hezbollah. État des lieux*, Sindbad, 2008.

Momen Moojan, *An Introduction to Shi'i Islam*, New Haven et Londres, Yale University Press, 1985.

Nakash Yitzhak, *The Shi'is of Iraq*, Princeton, Princeton University Press, 1994.

Nasr Vali, *Le Renouveau chiite*, Demopolis, 2007.

Richard Yann, *L'Islam chiite*, Fayard, 1991.

Richard Yann, *L'Iran. Naissance d'une république islamique*, La Martinière, 2006.

Richard Yann, *L'Iran de 1800 à nos jours*, Flammarion, coll. « Champs Histoire », 2009.

Roy Olivier, *L'Échec de l'islam politique*, Seuil, 1999.

Roy Olivier, *Généalogie de l'islamisme*, Fayard, coll. « Pluriel », 2011.

Wiley Joyce N., *The Islamic Movement of Iraqis Shi'as*, Boulder et Londres, Lynne Rienner Publishers, 1992.

Table des matières

TABLE DES MATIÈRES

الشيعة سياسي الخالصي

١٠٧

← ١١٤

← ١١٥   ١٠٩

دولة   ← ١١٦   ١٦١

← ١١٧   ١٦٤

١٦٢

١٦٤

محمد

سعيد   ١٦٦

١٦٧

محمد

فصل يستثنى الخالصي من العودة   ١٦٨

١٧٩

١٧٩

١٧٠

وصول   ١٧٠

البغداد   محمد

Cet ouvrage a été imprimé en France par
CPI Bussière
à Saint-Amand-Montrond (Cher)
en mars 2014

Composition Belle Page

36-57-4657-7/01

Dépôt légal : mars 2014.
N° d'impression : 2005856.